Ghazi Bousselmi

Contributions à la reconnaissance automatique de la parole non-native

AF099637

Ghazi Bousselmi

Contributions à la reconnaissance automatique de la parole non-native

Approche automatisée pour la reconnaissance de la parole non-native multi-accents

Presses Académiques Francophones

Impressum / Mentions légales
Bibliografische Information der Deutschen Nationalbibliothek: Die Deutsche Nationalbibliothek verzeichnet diese Publikation in der Deutschen Nationalbibliografie; detaillierte bibliografische Daten sind im Internet über http://dnb.d-nb.de abrufbar.
Alle in diesem Buch genannten Marken und Produktnamen unterliegen warenzeichen-, marken- oder patentrechtlichem Schutz bzw. sind Warenzeichen oder eingetragene Warenzeichen der jeweiligen Inhaber. Die Wiedergabe von Marken, Produktnamen, Gebrauchsnamen, Handelsnamen, Warenbezeichnungen u.s.w. in diesem Werk berechtigt auch ohne besondere Kennzeichnung nicht zu der Annahme, dass solche Namen im Sinne der Warenzeichen- und Markenschutzgesetzgebung als frei zu betrachten wären und daher von jedermann benutzt werden dürften.

Information bibliographique publiée par la Deutsche Nationalbibliothek: La Deutsche Nationalbibliothek inscrit cette publication à la Deutsche Nationalbibliografie; des données bibliographiques détaillées sont disponibles sur internet à l'adresse http://dnb.d-nb.de.
Toutes marques et noms de produits mentionnés dans ce livre demeurent sous la protection des marques, des marques déposées et des brevets, et sont des marques ou des marques déposées de leurs détenteurs respectifs. L'utilisation des marques, noms de produits, noms communs, noms commerciaux, descriptions de produits, etc, même sans qu'ils soient mentionnés de façon particulière dans ce livre ne signifie en aucune façon que ces noms peuvent être utilisés sans restriction à l'égard de la législation pour la protection des marques et des marques déposées et pourraient donc être utilisés par quiconque.

Coverbild / Photo de couverture: www.ingimage.com

Verlag / Editeur:
Presses Académiques Francophones
ist ein Imprint der / est une marque déposée de
OmniScriptum GmbH & Co. KG
Heinrich-Böcking-Str. 6-8, 66121 Saarbrücken, Deutschland / Allemagne
Email: info@presses-academiques.com

Herstellung: siehe letzte Seite /
Impression: voir la dernière page
ISBN: 978-3-8416-2889-3

Copyright / Droit d'auteur © 2013 OmniScriptum GmbH & Co. KG
Alle Rechte vorbehalten. / Tous droits réservés. Saarbrücken 2013

Département de formation doctorale en informatique École doctorale IAEM Lorraine
UFR STMIA

Contributions à la reconnaissance automatique de la parole non-native

THÈSE

présentée et soutenue publiquement le Présentée et soutenue publiquement le 12 Novembre 2008

pour l'obtention du

Doctorat de l'université Henri Poincaré – Nancy 1
(spécialité informatique)

par

Ghazi Bouselmi

Composition du jury

Rapporteurs :	Pr. Ellouze Noureddine
	Besacier Laurent
Directeur :	Jean-Paul Haton
Examinateurs :	Jean-François Bonastre
	Jean-Pierre Martens
	Dominique Fohr
	Irina Illina
	Marie-Odile Berger

Laboratoire Lorrain de Recherche en Informatique et ses Applications — UMR 7503

Mis en page avec la classe thloria.

Remerciements

Je tiens à vivement remercier le professeur Jean-Paul Haton à qui je dois ma présence au LORIA. Il m'a permis de découvrir cet environnement et a été mon directeur et guide bien avant cette thèse. Outre ses conseils et son orientation, je lui exprime ma gratitude pour sa générosité et sa bonté de coeur.

J'exprime également ma reconnaissance pour Irina Illina et Dominique Fohr pour leur suivi constant, leurs conseils précieux et leur soutient continu. Leurs encadrement et encouragements incessants ont été des facteurs clefs dans l'avancement de ma thèse. Au delà des connaissances scientifiques qu'ils m'ont apportées, c'est une véritable expérience des relations humaines que j'ai eu l'occasion de vivre avec eux et qui m'a considérablement enrichi.

Je tiens aussi à remercier Mme Martine Kuhlmann, assistante de l'équipe Parole et Cortex au LORIA, et Mme Nadine Beurné pour leur extrême amabilité et gentillesse. Elles ont toujours été serviables, patientes et attentionnées même dans les situations les plus difficiles.

Enfin, il me tient à coeur d'exprimer ma reconnaissance à tous les membres de l'équipe Parole pour m'avoir accueilli parmi eux et aidé tout au long de ma thèse. Je remercie particulièrement Blaise Potard, Farid Feiz, Jeremy Fix et Imen Jemaa pour leur soutient et leur amitié.

Je dédie cette thèse à ma mère et ma soeur. Elles ont toujours été présentes, aux meilleurs comme aux pires moments. Toute ma gratitude et amour.

Résumé

Aidée par les avancées technologiques, la reconnaissance automatique de la parole (RAP) est de plus en plus performante. Toutefois, la RAP non native souffre encore d'une chute significative de précision. Cette dégradation est due aux erreurs d'accent et de prononciation que produisent les locuteurs non natifs. Le travail présenté dans cette thèse s'inscrit dans le cadre de la RAP non native. Les recherches que nous avons entreprises ont pour but d'atténuer l'impact des accents non natifs sur les performances des systèmes de RAP. Nous avons proposé une nouvelle approche pour la modélisation de prononciation non native permettant de prendre en compte plusieurs accents étrangers. Cette approche automatique utilise un corpus de parole non native et deux ensembles de modèles acoustiques : le premier ensemble représente l'accent canonique de la langue cible et le deuxième représente l'accent étranger. A chaque phonème du premier ensemble de modèles sont associées une ou plusieurs prononciations étrangères, représentée chacune par une suite de phonèmes du deuxième ensemble. Les modèles acoustiques du premier ensemble sont modifiés par l'ajout de nouveaux chemins d'états HMM. Chacun de ces nouveaux chemins d'états HMM correspond à une prononciation étrangère, et est constitué de la concaténation des modèles acoustiques des phonèmes correspondants. Cette approche nécessite la connaissance *a priori* de la langue d'origine des locuteurs dont la parole est à reconnaître. A cet égard, nous avons proposé une nouvelle approche pour la détection de la langue maternelle basée sur la détection de séquences discriminantes de phonèmes. Par ailleurs, nous avons proposé une approche de modélisation de prononciation non native *multi-accent* permettant de prendre en compte plusieurs accents étrangers simultanément. D'autre part, dans le but d'affiner la précision de la modélisation de prononciation, nous avons proposé l'utilisation de contraintes graphémiques. Nous avons conçu une approche automatique pour la detection des contraintes graphémiques et leur prise en compte pour l'approche de RAP non native. Vu que notre méthode de modélisation de prononciation augmente la complexité des modèles acoustiques, nous avons étudié les approches de calcul rapide de vraisemblance pour les GMM. En outre, Nous avons proposé trois nouvelles approches efficaces dont le but est l'accélération du calcul de vraisemblance sans dégradation de la précision.

Mots-clés: Reconnaissance automatique de la parole, parole non native, modélisation de prononciation, modélisation acoustique, multi-accent, détection de la langue maternelle, contraintes graphémiques, calcul rapide de vraisemblance.

Abstract

Speech recognition technology attained a high level of reliability, mainly thanks to technological advances. Nevertheless, automatic speech recognition (ASR) systems are still vulnerable to non native accents. Their precision drastically drops as non native speakers commit acoustic and pronunciation errors. Our research work aims at rendering ASR systems more tolerant to non native accents. We have proposed a new approach for non native ASR based on pronunciation modelling. This approach uses a non native speech corpus and two sets of acoustic models : the first set stands for the canonical target language accent and the second stands for the non native accent. It is an automated approach that associates, to each phoneme from the first set of models, one or several non native pronunciations each expressed as a sequence of phonemes from the second set of models. These pronunciations are taken into account through adding new HMM paths to the models of each phoneme from the first set of models. Each of these new HMM paths corresponds to one non native pronunciation and consists of the concatenation of the models of the underlying phones from the second set. The pronunciation modeling approach requires the *a priori* knowledge of the origin of the tested speakers. For that matter we have developed a new approach for the automatic detection of the mother tong of non native speakers. This approach is based on the detection of discriminative phoneme sequences, and is used as a first step of the ASP process. As opposed to origin detection, we have proposed a *multi-accent* non native pronunciation modeling approach that takes into account several foreign accents. Besides, we have developed an approach of automatic phoneme-grapheme alignment in order to take into account the graphemic constraints within the non native pronunciation modeling. The gaol of this procedure is the sharpen the pronunciation modeling and enhance the ASR accuracy. As our non natice ASR approach increases the complexity of acoustic models, we have studied some fast likelihood computation techinques, and we have proposed three novel appraoches that aim at enhancing likelihood computation speed without harming ASR precision.

Keywords: Automatic speech recognition, non-native speech, pronunciation modeling, acoustic modeling, multi-accent, native language detection , graphemic constraints, fast likelihood computation

Table des matières

Introduction générale

1 État de l'art

- 1.1 Historique 2
- 1.2 Reconnaissance analytique de la parole 4
  - 1.2.1 Paramètrisation 5
  - 1.2.2 Modèles de langage statistiques 6
  - 1.2.3 Modèle de prononciation 6
  - 1.2.4 Modèles acoustiques 7
  - 1.2.5 Décodage avec l'algorithme de Viterbi 7
  - 1.2.6 Parole non-native 8
- 1.3 Reconnaissance de la parole non-native 8
  - 1.3.1 Spécificités de la parole non-native 8
  - 1.3.2 Impacts de la parole non-native sur les performances de la reconnaissance automatique 10
  - 1.3.3 Notions de confusions phonétiques 10
  - 1.3.4 Modélisation acoustique de l'accent non-natif 12
  - 1.3.5 Modélisation de la prononciation non-native 18
  - 1.3.6 Adaptation du modèle de langage à la parole non-native 22
- 1.4 Conclusion 23

2 Notre contribution pour la reconnaissance de parole non-native

- 2.1 Schéma général de nos approches pour la RAP non-native 27
  - 2.1.1 Approches utilisant une détection de la langue maternelle 27
  - 2.1.2 Approches multi-accents 31
- 2.2 Détection de l'origine du locuteur 31
  - 2.2.1 Détection automatique des séquences discriminantes de phonèmes 31

		2.2.2	Calcul de probabilités	32
		2.2.3	Classification de la langue maternelle	34
	2.3	Modèle de prononciation non-native		34
		2.3.1	Formalisation du modèle de prononciation	36
	2.4	Construction automatique du modèle de prononciation		36
		2.4.1	Extraction des règles de confusions phonétiques	38
	2.5	Modification des HMM en fonction des règles de confusions phonétiques		40
		2.5.1	Ajout de nouveaux chemins dans les modèles HMMs	41
	2.6	Combiner la modélisation de prononciation et l'adaptation acoustique aux accents étrangers		43
		2.6.1	MLLR et MAP	45
		2.6.2	Modèles ré-estimés	45
	2.7	Utilisation de contraintes graphémiques		47
		2.7.1	Extraction des contraintes graphémiques	48
		2.7.2	Utilisation des contraintes graphémiques	50
	2.8	Approches multi-accents pour la reconnaissance de la parole non-native		50
		2.8.1	Adaptation acoustique multi-accents	51
		2.8.2	Modélisation de prononciation multi-accents	52
		2.8.3	Robustesse aux accents inconnus	55
	2.9	Conclusion		55

3 Expérimentations et résultats

	3.1	Condition expérimentales		59
		3.1.1	Projet HIWIRE	59
		3.1.2	Corpus HIWIRE	59
		3.1.3	Lexique et grammaire	60
		3.1.4	Notre système de RAP, paramètres et modèles acoustiques	61
		3.1.5	Protocole de test	61
		3.1.6	Remarque sur l'utilisation de la technique MLLR	63
	3.2	Évaluation des approches classiques d'adaptation acoustique à l'accent étranger		63
		3.2.1	Évaluation sur les locuteurs non-natifs	64
		3.2.2	Évaluation sur les locuteurs anglais	65
		3.2.3	Adaptation acoustique au locuteur	66
	3.3	Évaluation de notre approche de modélisation de prononciation		69
		3.3.1	Systèmes testés	70
		3.3.2	Tests sur la parole non-native	70

		3.3.3	Tests sur la parole anglaise	77
		3.3.4	Conclusions	80
	3.4	Détection de la langue maternelle		83
		3.4.1	Construction du décideur probabiliste	83
		3.4.2	Exemples de séquences de phonèmes discriminantes	84
		3.4.3	Précision de la détection de l'origine	84
		3.4.4	Combinaison de la détection de l'origine avec un système de RAP adapté à l'accent	84
	3.5	Approches multi-accent		86
		3.5.1	Adaptation acoustique multi-accent	86
		3.5.2	Modélisation de prononciation multi-accent	89
		3.5.3	Robustesse à la parole canonique anglaise	89
		3.5.4	Robustesse aux accents inconnus	91
	3.6	Adjonction de contraintes graphémiques		92
		3.6.1	Tests de RAP non-native avec les contraintes graphémiques	95
	3.7	Conclusion		96

4 Calcul rapide de probabilité

	4.1	Approches existantes	101
		4.1.1 L'approche PDE	101
		4.1.2 PDE pour le calcul de probabilité	102
		4.1.3 Sélection statique de gaussienne par VQ	107
	4.2	Notre approche de EPDE	108
	4.3	Notre approche de sélection dynamique de gaussiennes	110
	4.4	Approches DGS et EPDE combinées	113
	4.5	Evaluation expérimentale	115
	4.6	Conclusion	118

Conclusions et perspectives

A Listes de publications

B Exemple de règles de confusions phonétiques

	B.1	Cas du français comme langue maternelle	129
	B.2	Cas du grec comme langue maternelle	130

B.3 Cas de l'italien comme langue maternelle 131

B.4 Cas de l'espagnol comme langue maternelle 132

Bibliographie **135**

Chapitre

Introduction générale

La reconnaissance automatique de la parole (RAP) consiste à reconnaître la suite de mots qui a été prononcée dans un enregistrement de parole par un dispositif automatique. Les recherches conduites ces deux dernières décennies ont permis l'essor de la RAP. De plus en plus de technologies intègrent la RAP comme une interface alternative aux claviers et autres dispositifs de contrôle. La dictée de textes sur ordinateur, les services de billetteries et de réservations par téléphone, les serveurs vocaux en sont des exemples courants, la commande vocale d'appareillages, l'indexation de documents audio et le sous-titrage d'enregistrements vidéo en sont des exemples courants.

Les systèmes de RAP sont basés sur des paradigmes statistiques permettant de modéliser les différents aspects du langage humain. D'une manière générale, ces systèmes de RAP sont composés de trois parties principales. La première partie est le modèle de langage, ou grammaire, dont la finalité est de représenter la structure des phrases d'une langue particulière. La grammaire est un modèle statistique contenant les suites de mots qui peuvent être prononcées dans la langue. Ce modèle est entraîné à l'aide de corpus textuels, tels que des archives de journaux. La deuxième partie composant les systèmes de RAP est le modèle de prononciation qui détermine la manière dont les mots de la langue sont prononcés. A chaque mot est associée une ou plusieurs suites de sons, phonèmes, définissant chacune une manière de prononciation de ce mot. Le modèle de prononciation peut être construit manuellement ou d'une manière automatique basée sur les propriétés phono-morphologiques de la langue. Enfin, l'ensemble des modèles acoustiques représente la troisième partie dont se composent les systèmes de RAP. Les modèles acoustiques sont des modèles stochastiques (généralement des modèles de Markov cachés, Hidden Markov Model - *HMM*) représentant les différents sons de la langue. Ces modèles sont entraînés à l'aide de corpus audio. Ces différents modèles sont utilisés par le moteur de reconnaissance afin de déterminer la suite de mots la plus probable correspondant à un enregistrement de parole.

La technologie de RAP est de plus en plus fiable à mesure que les systèmes informatiques sur lesquels elle repose évoluent. Le développement de la puissance de calcul et des capacités de stockage des ordinateurs actuels ont été des facteurs déterminants pour le développement de la RAP. Ces capacités accrues permettent la gestion de corpus textuels et de parole de grande taille. De plus, la puissance des équipements informatiques actuels autorisent l'utilisation de modèles acoustiques et de langage de plus en plus complexes et précis. Les performances des systèmes de RAP s'en trouvent consolidées et les taux d'erreurs réduits.

Chapitre . Introduction générale

Toutefois, les systèmes de RAP souffrent d'une chute de performances importante face à de la parole non-native. La parole non-native est la parole de locuteurs ne s'exprimant pas dans leur langue maternelle. La parole non-native peut différer de la parole native sur plusieurs points. Selon leurs maîtrise de la langue qu'ils parlent (langue cible), les locuteurs non-natifs peuvent formuler des constructions grammaticales incohérentes, mal utiliser des connecteurs lexicaux, commettre des erreurs d'accord en genre et en nombre des articles et adjectifs. Les locuteurs non-natifs peuvent également utiliser des mots inexistants dans la langue cible, ou mal utiliser des mots par manque de maîtrise de la langue cible. Par ailleurs, l'accent des locuteurs non-natifs peut être influencé par les mécanismes de prononciation de leur langue maternelle. Ainsi, ces locuteurs peuvent prononcer les phonèmes d'une manière similaire à leur langue maternelle. Ils peuvent également prononcer d'une même manière des phonèmes différents dans la langue cible, ou encore remplacer des phonèmes par d'autres phonèmes de leur langue d'origine.

Ces erreurs de prononciation nuisent fortement à la précision des modèles statistiques utilisés dans la RAP, et il en résulte la chute de performance des systèmes de RAP face à la parole non-native. Nos évaluations de cette dégradation de performances sur le corpus de parole non-native *HIWIRE*[1] ont montré que les taux d'erreurs peuvent augmenter de plus de 240% en présence de parole non-native. Cette chute de performances est un problème bien connu : elle est due à la nature des modèles utilisés dans la RAP et la manière dont ils sont entraînés. En effet, ils s'agit de modèles statistiques et stochastiques entraînés sur des corpus (textuels et de parole) ne contenant que de la parole native.

Le but de cette thèse est de proposer des approches visant à augmenter la robustesse des systèmes de RAP face à la parole non-native. Dans le cas idéal de RAP non-native, on disposerait d'un large corpus de parole non-native pour chaque couple de langue parlée/maternelle. Ces corpus de parole accentuée seraient de taille suffisante pour l'entraînement de modèles acoustiques appropriés pour la RAP de la langue cible prononcée par des locuteurs non-natifs. Cependant, l'acquisition de tels corpus serait une opération coûteuse et difficile à réaliser, vu qu'il existe un très grand nombre de langues parlées.

Cette thèse s'inscrit dans le cadre du projet européen *HIWIRE*. Ce projet a pour but d'augmenter la robustesse des interfaces vocales homme/machine dans des conditions réelles de fonctionnement. L'une des applications développées au sein de ce projet est une interface homme/machine à commandes vocales destinée à assister les pilotes d'avions de ligne dans leurs communications avec le contrôle aérien. Vu que les communications entre les pilotes de ligne et les agents de contrôles doivent se dérouler en langue anglaise, cette interface sera confrontée à de la parole non-native.

Nous nous sommes intéressés à l'adaptation de systèmes de RAP à la parole non-native, en utilisant un corpus de parole accentuée de taille réduite. Il s'agit de modifier un système de RAP d'une langue cible afin de le rendre plus tolérant aux erreurs que produisent des locuteurs non-natifs. Nous avons adopté des approches d'adaptation à l'accent non-natif opérants au niveau de la modélisation acoustique et de la modélisation de prononciation.

Nous avons passé en revue les approches d'adaptation acoustique classiques telles que les techniques *Maximum Likelihood Linear Regression (MLLR)*, *Maximum A Posteriori (MAP)* et

---
[1] Human Input that Works In Real Environments, www.hiwire.org

de *ré-estimation*. Ces méthodes permettent d'adapter les modèles acoustiques canoniques de la langue à l'accent étranger et améliorent ainsi la précision de la RAP.

Nous avons proposé une nouvelle approche automatique pour la modélisation de prononciation pour la RAP non-native. Cette approche utilise un corpus de parole non-native (corpus d'adaptation) afin de détecter automatiquement les erreurs de prononciation. Elle utilise également l'ensemble des modèles acoustiques de la langue cible ainsi que l'ensemble de modèles acoustiques de la langue maternelle des locuteurs. L'analyse automatique du corpus d'adaptation permet de retenir les prononciations alternatives pour chacun des phonèmes de la langue cible. Pour chaque phonème de la langue cible, les erreurs de prononciation sont exprimées en tant que suites de phonèmes de la langue maternelle des locuteurs non-natifs.

Nous nous sommes intéressés également à la manière d'utilisation de la modélisation de prononciation non-native. L'approche classique est de modifier le modèle de prononciation en ajoutant toutes les combinaisons de prononciations pour chaque mot, entraînant un accroissement exponentiel de la taille du modèle. Nous avons proposé une méthode efficace pour l'utilisation de la modélisation de prononciation, en ce sens où l'accroissement du modèle de prononciation n'est que linéaire. Cette méthode modifie les modèles acoustiques de la langue cible afin d'ajouter les prononciations alternatives correspondantes. Elle permet aux modèles acoustiques modifiés de représenter, pour chacun des phonèmes, l'accent canonique en concurrence avec les différentes réalisations non-natives possibles.

Nous avons également exploré la combinaison des approches des modélisations acoustique et de prononciation. Nous avons utilisé des modèles acoustiques adaptés à l'accent non-natif au sein de la modélisation de prononciation. Nous avons utilisé les modèles acoustiques de la langue cible et de la langue parlée adaptés à l'accent non-natif avec les approches *MLLR*, *MAP* et *ré-estimation*. L'utilisation de tels modèles permet une modélisation plus fine des accents non-natifs et obtient en une précision accrue de la RAP.

Par ailleurs, nous avons étudié l'influence de la graphie des mots sur les erreurs de prononciation produites par les locuteurs non-natifs. Les locuteurs non-natifs s'appuient parfois sur les règles phono-morphologiques de leur langue maternelle afin de prononcer certains mots difficiles ou inconnus. La prononciation des phonèmes par les locuteurs non-natifs pourrait donc dépendre des graphèmes (caractères) qui leur sont associés dans les mots. Nous avons entrepris de prendre en compte cette association entre phonèmes et graphèmes au sein de notre approche de modélisation de prononciation non-native. Nous avons proposé de détecter les erreurs de prononciation pour les couples de (phonème, graphèmes) en lieu et place des phonèmes simples.

Les systèmes de RAP non-native sont souvent prévus pour reconnaître un seul accent étranger. Il est nécessaire de disposer de la connaissance *a priori* de l'origine des locuteurs à reconnaître, ou encore d'une méthode de détection de cette origine. Nous avons développé une approche pour la détection automatique de la langue maternelle de locuteurs non-natifs. Cette approche est basée sur la détection de séquences de phonèmes discriminantes au sein des phrases prononcés par les locuteurs non-natifs.

D'autre part, nous avons considéré la possibilité d'adapter un même système de RAP à plusieurs accents non-natifs simultanément. Un tel système *multi-accent* serait capable de gérer plusieurs origines et ne nécessiterait aucune détection de la langue maternelle. Nous avons pro-

Chapitre . Introduction générale

posé des approches de modélisation acoustique et de prononciation *multi-accent* pour la parole non-native. La robustesse de ces approches *multi-accent* a été évaluée vis-à-vis des accents absents à l'apprentissage et de la parole canonique de la langue cible.

D'une manière générale, l'adaptation des systèmes de RAP aux accents non-natifs impliquent un accroissement de la complexité des modèles acoustiques, de prononciation et/ou de langage. L'approche de modélisation de prononciation non-native que nous avons proposée modifie les modèles acoustiques. Bien que l'augmentation de la complexité des modèles acoustiques impliquée par notre approche n'est que linéaire, cet accroissement induit une charge de calcul supplémentaire lors de la phase de RAP, notamment lors du calcul des probabilités acoustiques. A cet égard, nous nous sommes intéressés aux approches de calcul rapide de vraisemblance pour les HMM. Nous avons proposé trois nouvelles approches visant à réduire la charge de calcul pour l'évaluation des vraisemblances des modèles acoustiques.

Le premier chapitre de cette thèse comporte un bref historique de la RAP et l'architecture d'un système de RAP analytique. Nous découvrirons les types de modèles acoustiques, de prononciation et de langages généralement utilisés ainsi qu'une brève introduction à l'algorithme de décodage de *Viterbi*. Ensuite, ce chapitre décrit les spécificités de la parole non-native ainsi que son impact sur la précision des systèmes de RAP. Quelques unes des méthodes d'adaptation à l'accent étranger seront ensuite décrites.

Le second chapitre présente nos approches pour la reconnaissance de parole non-native. Tout d'abord, nous découvrirons notre approche de détection de la langue maternelle. Ensuite, nous décrirons les approches de modélisation acoustique et de prononciation. Par la suite, nous présenterons l'utilisation des contraintes graphémiques au sein de la modélisation de prononciation. Enfin, les approches de reconnaissance de parole *multi-accent* seront présentées.

Le troisième chapitre présente les résultats des expérimentations que nous avons effectuées. Dans ce chapitres nous décrivons notre cadre expérimental incluant les corpus de parole non-native utilisés et les modèles acoustiques. Nous y présentons les différentes évaluons que nous avons effectuées ainsi que les discussions des résultats et les conclusions que nous en avons tirées.

Nos approches de calcul rapide de vraisemblance seront décrites au quatrième chapitre. Enfin, une conclusion générale achèvera ce document.

Chapitre 1
État de l'art

Sommaire

1.1	**Historique**	**2**
1.2	**Reconnaissance analytique de la parole**	**4**
	1.2.1 Paramètrisation	5
	1.2.2 Modèles de langage statistiques	6
	1.2.3 Modèle de prononciation	6
	1.2.4 Modèles acoustiques	7
	1.2.5 Décodage avec l'algorithme de Viterbi	7
	1.2.6 Parole non-native	8
1.3	**Reconnaissance de la parole non-native**	**8**
	1.3.1 Spécificités de la parole non-native	8
	1.3.2 Impacts de la parole non-native sur les performances de la reconnaissance automatique	10
	1.3.3 Notions de confusions phonétiques	10
	1.3.4 Modélisation acoustique de l'accent non-natif	12
	1.3.5 Modélisation de la prononciation non-native	18
	1.3.6 Adaptation du modèle de langage à la parole non-native	22
1.4	**Conclusion**	**23**

Glossaire :

- **loi gaussienne** : loi normale, définie par une moyenne et une variance (le carré de l'écart-type), notée $\aleph(\mu, \Sigma)$.
- **GMM** : *Gaussian Mixture Model*, mélange de lois gaussiennes.
- **HMM** : *Hidden Markov Model*, modèle de Markov caché.
- **RAP** : reconnaissance automatique de la parole.
- **langue cible** : langue parlée par un locuteur.
- **langue d'origine** : langue maternelle d'un locuteur.
- **locuteur natif** : locuteur parlant sa lange d'origine.

Chapitre 1. État de l'art

- **locuteur non-natif / étranger** : locuteur parlant une langue cible différente de sa langue d'origine.
- **parole native** : produite par un locuteur natif.
- **parole non-native** : produite par un locuteur non-natif.
- **canonique** : définition extraite du dictionnaire français *"Larousse"* : En linguistique, se dit d'une forme de la langue qui répond aux normes les plus habituelles de la grammaire (par opposition à variante).
- **parole canonique / accent canonique** : conforme aux normes de prononciation de la langue considérée, sans accents étrangers.
- **WER** : *Word Error Rate*, taux d'erreurs en mots.
- **chemin d'états HMM** : un chemin commençant de l'état initial du HMM et aboutissant à l'état final, en suivant les transitions entre les états du HMM.

Introduction

La reconnaissance automatique de la parole consiste à interpréter le langage parlé humain par une machine. Les applications de cette technologies sont vastes et variées. La RAP peut servir à dicter un texte à un ordinateur, commander vocalement un équipement automatique, utiliser des services d'informations ou de réservations par téléphone, permettre à des personnes handicapées d'utiliser un ordinateur ou tout autre appareillage ... Le traitement automatique de la parole est au carrefour de plusieurs disciplines dont l'informatique, la linguistique, la phonétique et la psychologie.

1.1 Historique

La conception d'une machine capable de mimer la capacité humaine à communiquer par le biais de la parole a attiré l'attention des scientifiques et chercheurs depuis quelques siècles. L'une des premières tentatives concernait la production de la parole avec les travaux du professeur en psychologie Ch. G. Kratzenstein en 1782 [Kratzenstein, 1782]. Kratzenstein a réussi à approximer le fonctionnement du conduit vocal humain en utilisant des tubes métalliques inter-connectés. Le procédé de Kratzenstein reproduit des sons vocalisés : des voyelles. Différentes machines de production de sons ont été développées à la fin du 19eme siècle, notamment grâce aux travaux de *Wolfgang Von Kempelen* et *Charles Wheatstone* [Dudley and Tarnoczy, 1950]. Le développement de ces inventions mécaniques repose sur la compréhension des mécanismes de production de la parole chez l'homme, et notamment les résonances ayant lieu dans différentes parties du conduit vocal.

L'une des premières tentatives d'enregistrement et reproduction de la voix humaine date de 1881 avec les travaux d'Alexandre Graham Bell et ses collaborateurs [Thomas et al., 2002]. Ils ont inventé une machine capable d'enregistrer la voix humaine sur un cylindre de cire et de la restituer ultérieurement. En 1888, l'entreprise *Volta Graphophone Co.*, fondée par Bell et al., commercialise cette machine qui sera nommée *"Dictaphone"* en 1907. Le dictaphone a été concurrencé par une version de Thomas Edison, appelée *"phonograph"*.

Dans les années 1920, le physicien américain *Harvey Fletcher* ainsi que d'autres chercheurs de *Bell Labs*, étudient les caractéristiques de la parole humaine. *Fletcher* étudie en outre la relation entre le spectre fréquentiel d'un signal de parole et les caractéristiques du son ainsi que

1.1. Historique

la perception de l'oreille humaine et l'intelligibilité de la parole [Fletcher, 1922]. Les travaux de *Fletcher* ont influencé l'ingénieur *Homer Dudley*, travaillant au sein de *Bell Labs*.. Dans les années 1930, *Dudley* développe le *VODER* (*Voice Operating Demonstrator*) [Dudley et al., 1939] qui est un dispositif électronique permettant la synthèse de parole continue.

Les travaux de *Fletcher* et *Dudley* ont été précurseurs pour la reconnaissance automatique de la parole (RAP), dans le sens où ils ont établi le lien entre la composition fréquentielle de la parole (spectre) et les caractéristiques des sons et leur perception. Les premiers travaux concernant la RAP datent du début des années 1950 avec un premier dispositif électronique permettant de reconnaître des chiffres isolés. Ce dispositif, développé par *Bell Labs* [Davis et al., 1952], est basé sur l'analyse des deux premiers formants de la voix. Ces formants sont définis comme les fréquences de résonance du conduit vocal. Durant les années 1950, divers appareillages électroniques on été développés pour la reconnaissance de syllabes, chiffres et lettres isolés. Ce n'est qu'aux alentours de 1960 que les premières tentatives d'utilisation de méthodes numériques pour la reconnaissance de la parole ont vu le jour. A la fin des années 1960, Atal et Itakura ont formalisé le codage linéaire prédictif (*LPC, Linear Predictive Coding*) [Atal and Hanauer, 1971], [Itakura and Saito, 1970].

Alternativement aux approches analytiques précédentes, la reconnaissance de la parole "*par l'exemple*" a pris un nouvel essort avec l'introduction de l'alignement avec la programmation dynamique (*DTW, Dynamic Time Warping*, a été développé par Tom Martin [Martin et al., 1964] et Vintsyuk [Vintsyuk, 1968]). Il s'agit de comparer le signal de parole à des signaux de parole pré-enregistrés pour des mots ou des phrases donnés. L'alignement avec échelle de temps non-uniforme, ou encore . Différentes méthodes basées sur le concept de la programmation dynamique ont été développées à la fin des années 1960. Ces méthodes de reconnaissances donnent des précisions très élevées pour des vocabulaires de taille réduite (moins de 100 mots). Parmi ces méthodes, l'algorithme de décodage de Viterbi a constitué une grande avancée pour la reconnaissance de la parole [Viterbi, 1971]. Cet algorithme a trouvé son utilité dans diverses applications de reconnaissance de suites temporelles et est aujourd'hui au coeur de la plupart des systèmes de reconnaissance.

Les premiers travaux concernant la modélisation du langage ont été développés dans les laboratoires de *IBM* avec une machine à écrire basée sur la dictée vocale [Jelinek et al., 1975]. Le système de reconnaissance, appelée Tangora, est un système mono-utilisateur nécessitant un apprentissage de la voix à reconnaître. Ce système utilise un ensemble de règles syntaxiques qui permettent d'évaluer, *a priori*, la probabilité d'observer toute suite de mots. Plusieurs variantes de la modélisation de langage précédente ont été développées. La plus répandue de ces variantes est la structure appelée *n-gram* qui modélise la probabilité des suites de n mots. La représentation des règles syntaxiques d'un langage par une structure *n-gram* est aujourd'hui la plus répandue des méthodes de modélisation linguistique dans les systèmes de reconnaissance de la parole.

Au début des année 1980, les recherches des laboratoires de $AT\&T^2$ se sont concentrés sur le développement de services téléphoniques basées sur des procédés automatiques et destinés au grand public. La difficulté majeure était le caractère mono-locuteur des systèmes de reconnaissance vocale. Les laboratoires $AT\&T$ se sont focalisés sur le développement de méthodes permettant aux systèmes de reconnaissances de gérer plusieurs locuteurs, accents régionaux et

---

[2]un des plus grands fournisseurs de services téléphoniques aux États-Unis d'Amérique

manières d'élocution. Les travaux des laboratoires *AT&T* ont conduit à plusieurs approches de classification et de regroupement pour des mots et des enregistrements de référence dans le cadre de la reconnaissance de parole *"par l'exemple"*. Une seconde voie de recherche entreprise par *AT&T* a conduit à l'utilisation de modèles statistiques pour la représentation d'une grande variété de prononciations [Juang, 1985] [Juang et al., 1986].

Durant la décennie 1975-1985, les travaux entrepris par les laboratoires de *AT&T* et *IBM* ont contribué à des avancements considérables dans le domaine de la reconnaissance automatique de la parole. L'utilisation des modélisations statistiques pour représenter les règles syntaxiques de la langue ainsi que pour modéliser la variabilité acoustique constitue un tournant pour la reconnaissance vocale. La modélisation statistique (du langage ou du signal acoustique) offre une plus grande robustesse pour la représentation des phénomènes considérés. En particulier, les chaînes de Markov sont un procédé doublement stochastique dans le sens où il permet de gérer la succession dans le temps de suites d'observations et donne également une estimation de la probabilité que ces observations correspondent à un modèle particulier (un mot ou un phonème). La formalisation des méthodes d'apprentissage des modèles de Markov a été établie par *Leonard E. Baum* et *Lloyd R. Welch* qui ont développé l'algorithme portant leurs noms (*algorithme d'apprentissage Baum-Welch*) [Baum, 1972]. Ces approches de modélisation stochastique sont aujourd'hui les plus utilisées dans le domaine de la reconnaissance vocale, et ce grâce aux améliorations continues dont elles ont bénéficié ces deux dernières décennies.

Il est intéressant de noter que d'autres méthodes de classification ont été utilisées dans le domaine de la reconnaissance automatique de la parole. Dans les années 1940, les premiers travaux utilisant les réseaux de neurones pour la reconnaissance de la parole n'ont pas abouti à des résultats concluant [McCullough and Pitts, 1943]. A la fin des années 1980, les réseaux de neurones artificiels ont été utilisés avec succès pour la reconnaissance de phonèmes et de mots isolés [Lippmann, 1990]. Toutefois, les réseaux de neurones classiques ne sont pas adapté à la reconnaissance de la parole puisqu'ils ne permettent pas de gérer l'aspect temporel de la voix.

1.2 Reconnaissance analytique de la parole

A la fin des années 1980, les structures des systèmes de RAP convergent vers une conception utilisant les modèles de langages statistiques (n-$gram$), les modèles acoustiques stochastiques (HMM) et le décodage par l'algorithme de Viterbi. Cette structure perdurera durant les deux dernières décennies notamment grâce à son efficacité, sa simplicité d'utilisation et au développement des fondements mathématiques sur lesquelles elle repose.

La procédure générale pour la reconnaissance de parole avec un système de RAP basé sur des modèles HMM est illustrée dans la figure 1.1. La première étape dans cette procédure est la paramètrisation du signal de parole qui consiste à extraire des paramètres pertinents. La seconde étape est la reconnaissance proprement dite : le décodage par l'algorithme de Viterbi. Les modèles acoustiques, de prononciation et de langage sont utilisés dans cette deuxième étape. Dans les prochains paragraphes, nous allons détailler les deux modules principaux de la RAP, les modèles utilisés ainsi que l'algorithme de *Viterbi*.

1.2. Reconnaissance analytique de la parole

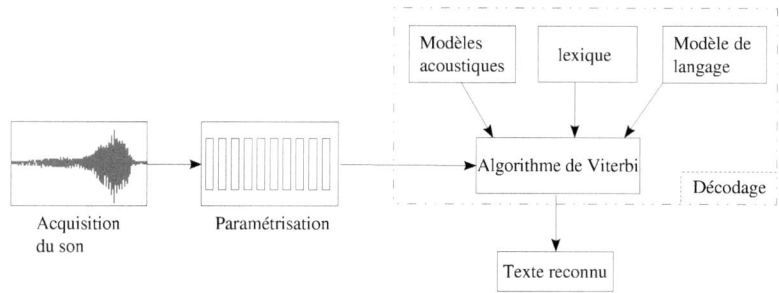

FIG. 1.1 – *Procédure générale pour la reconnaissance de parole.*

1.2.1 Paramètrisation

La paramètrisation consiste à transformer le signal acoustique du domaine temporel vers le domaine spectral (fréquentiel) afin d'en extraire les informations pertinentes pour la RAP. La paramètrisation la plus utilisée est la transformation en coefficients *MFCC* (*Mel Frequency Cepstrum Coefficients*). L'échelle *Mel*, utilisée dans la paramètrisation MFCC, prend en compte la perception des changements de fréquences sonores par l'oreille humaine. En effet, l'oreille humaine est plus sensible aux changements de fréquences sonores dans les basses fréquences que dans les hautes fréquences.

Le signal de parole (échantillonné) est découpé en fenêtres recouvrantes. Sur chacune de ces fenêtres, la paramètrisation MFCC est effectuée en quatre étapes principales, comme illustrées par la figure 1.2. La première étape consiste à appliquer une transformation de Fourier discrète, transposant le signal du domaine temporel vers le domaine spectral [Bracewell, 1999]. Un filtrage est ensuite appliqué sur le spectre en utilisant un banc de filtres avec une échelle de Mel. L'étape suivante consiste à appliquer la fonction logarithme aux coefficients en sortie du banc de filtres. Enfin, on applique une transformation en cosinus discrète (*DCT, Discrete Cosine Transform*).

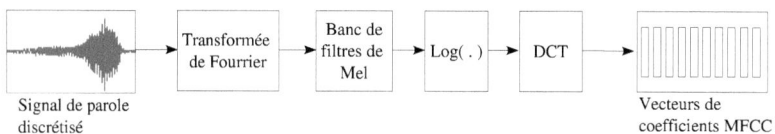

FIG. 1.2 – *Paramètrisation MFCC.*

La paramètrisation permet donc de transformer le signal de parole discrétisé en une suite de vecteurs d'observations acoustiques de dimension N. On obtient 100 vecteurs acoustiques par seconde. Les dérivées premières et secondes sont généralement ajoutées afin de prendre en compte les changements des paramètres acoustiques au cours du temps.

Chapitre 1. État de l'art

1.2.2 Modèles de langage statistiques

Dans un système de RAP, le rôle du modèle de langage est de coder les règles syntaxiques du langage parlé de manière statistique. Plus généralement, le modèle de langage définit les phrases, ou suites de mots, que le système de RAP peut reconnaître. De plus, il incombe au modèle de langage d'estimer la probabilité d'apparition de toute une suite de mots $(w_1, w_2, ..., w_m)$ présents dans le vocabulaire V (lexique). Plus précisément, le modèle de langage estime la probabilité d'un mot w_m connaissant tous les mots qui le précèdent $(w_1, w_2, ..., w_{m-1})$. La probabilité d'apparition de la suite de mots $(w_1, w_2, ..., w_m)$ est estimée selon l'équation (1.1).

$$P(w_1, w_2, ..., w_m) = \prod_{i=1..m} P(w_i | w_1, w_2, ..., w_{i-1}) \tag{1.1}$$

Les modèles de langage les plus utilisés sont les modèles dit *n-gram*. Dans cette catégorie de modèles de langage, l'historique pris en compte dans les probabilités conditionnelles d'apparition des mots est restreint à $n-1$. Ces modèles estiment la probabilité d'apparition d'un mot w_n connaissant les $n-1$ mots qui le précèdent $(w_1, w_2, ..., w_{n-1})$, i.e. $P(w_n | w_1, w_2, ..., w_{n-1})$. La probabilité d'apparition d'une suite de mots $(w_1, w_2, ..., w_m)$ est approximée selon l'équation (1.2). La restriction du nombre de mots dans les conditions des probabilités conditionnelles permet de réduire considérablement la complexité du modèle de langage.

$$P(w_1, w_2, ..., w_m) \approx \prod_{i=1..m} P(w_i | w_{i-n+1}, w_{i-n+2}, ..., w_{i-1}) \tag{1.2}$$

Les modèles *n-gram* sont appris sur un large corpus textuel représentatif du langage de l'application cible. Les probabilités d'apparition des mots sont estimées au maximum de vraisemblance selon l'équation 1.3. Il existe des procédés plus complexes d'élagage et de prise en compte d'évènements n'apparaissant pas dans le corpus d'apprentissage.

$$P(w_n | w_1, ..., w_{n-1}) = \frac{C(w_1, w_2, ..., w_n)}{C(w_1, ..., w_{n-1})} \tag{1.3}$$

où $C(x)$ dénote le nombre d'occurrence de la suite de mots x dans le corpus textuel d'apprentissage.

1.2.3 Modèle de prononciation

Le modèle de prononciation, ou encore *dictionnaire phonétique*, contient les différentes prononciations de chaque mot du vocabulaire V, et ce en termes de phonèmes. Généralement, une prononciation d'un mot est représentée par la suite des phonèmes qui le composent. De plus, il est possible de considérer plusieurs prononciations pour mot. La table suivante illustre deux entrées dans le dictionnaire phonétique du CMU[3] pour le mot anglais *commensurately* (proportionnellement).

| commensurately | [k] | [ə] | [m] | [ɛ] | [n] | [s] | [ɚ] | [ə] | [t] | [l] | [iː] |
| commensurately | [k] | [ə] | [m] | [ɛ] | [n] | [ʃ] | [ɚ] | [ə] | [t] | [l] | [iː] |

---

[3]http://www.speech.cs.cmu.edu/cgi-bin/cmudict

1.2. Reconnaissance analytique de la parole

1.2.4 Modèles acoustiques

Un HMM est un automate stochastique qui modélise un processus Markovien à temps discret. Un processus Markovien est un système qui émet des observations au cours du temps et qui possède un ensemble dénombrable d'états internes ($S = \{s_1, s_2, ..., s_n\}$). A l'instant $t = 0$, un processus de Markov se trouve à l'état interne s_i avec une probabilité π_i. L'ensemble des probabilités initiales est noté $\Pi = \pi_1..\pi_n$, il vérifie $\underset{i=1..n}{\Sigma} \pi_i = 1$. L'émission d'une observation o_t, à l'instant t, par un processus Markovien suit une loi de probabilité $b_i(o_t) = P(o_t|X_t = s_i)$ qui ne dépend que de l'état X_t dans lequel il se trouve à cet instant. Après avoir émis une observation, un processus de Markov change d'état avec une probabilité $P(X_{t+1} = s_i|X_1, X_2, ..., X_t)$. Afin de simplifier la modélisation et les mécanismes d'apprentissage, on utilise des processus de Markov d'ordre 1 où l'état interne à l'instant suivant ne dépend que de l'état interne qui le précède : $P(X_{t+1} = s|X_1, X_2, ..., X_t) \approx P(X_{t+1} = s|X_t)$. Si les transitions entre les états du processus de Markov ne dépendent pas du temps, le processus est dit *homogène* et on peut définir une matrice de transition A de dimension n^2, dont les éléments sont $a_{ij} = P(X_{t+1} = s_j|X_t = s_i)$. Le modèle HMM est alors défini par l'ensemble de paramètres $(S, A, b_i(.), \Pi)$.

Dans les systèmes de RAP analytiques, les phonèmes sont modélisés par des HMM à topologie "gauche droite", comme l'illustre la figure 1.3. Généralement, les lois de probabilité d'émission d'observations par un état s d'un processus de Markov sont modélisées par des mélanges de lois gaussiennes. La probabilité d'émission d'un état de HMM modélisé par un GMM est donnée en équation (1.4).

$$P(o_t|X_t = s) = \overset{d_s}{\underset{i=1}{\Sigma}} \omega_{si} \aleph(o_t; \mu_{si}, \Sigma_{si}) = \overset{d_s}{\underset{i=1}{\Sigma}} \omega_{si} \frac{e^{(o_t - \mu_{si})\Sigma_{si}^{-1}(o_t - \mu_{si})}}{\sqrt{2\pi|\Sigma_{si}|}} \qquad (1.4)$$

où d_s est le nombre de gaussiennes dans le GMM de l'état s ; et ω_{si}, μ_{si} et Σ_{si} sont respectivement le poids, la moyenne et la matrice de covariance de la gaussienne i (du même GMM).

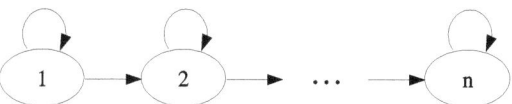

FIG. 1.3 – *Exemple d'un modèle HMM à topologie "gauche-droite"*.

1.2.5 Décodage avec l'algorithme de Viterbi

Dans un système, la phase de reconnaissance est effectuée par l'algorithme de *Viterbi*. Étant donné une séquence de vecteurs d'observations acoustiques $O = \{o_1, o_2, ..., o_T\}$ et les modèles acoustiques, de prononciation et de langage, il s'agit de retrouver la suite de mots W^* qui maximise la probabilité $P(W/O)$ selon l'équation (1.5). Par la règle de *Bayes*, cette probabilité se réécrit en (1.6). Dans cette équation, la probabilité de la séquence O ne dépend pas de la séquence W, et la maximisation de (1.6) est effectuée uniquement sur le numérateur $P(O/W)P(W)$ selon l'équation (1.7).

$$W^* = \underset{W}{argmax}\ P(W/O) \qquad (1.5)$$

$$P(W/O) = \frac{P(O/W)P(W)}{P(O)} \qquad (1.6)$$

$$W^* = \underset{W}{argmax}\ P(O/W)P(W) \qquad (1.7)$$

où $P(W/O)$ est la probabilité de la séquence de mots W sachant la séquence d'observations O, $P(O/W)$ est la probabilité que la séquence O ait été émise par la séquence de mots W (donnée par les modèles acoustiques), $P(W)$ est la probabilité de la séquence de mots W et $P(O)$ est la probabilité d'observer la séquence O.

En terme de complexité algorithmique, on peut démontrer que la recherche de la séquence optimale W^* dans l'équation (1.7) est un problème *Exptime*[4]. En effet, dans le cas extrême où chaque mot de W génère une observation unique, l'ensemble de séquences de mots candidates est $V^{Card(O)}$, où V est le vocabulaire. Le nombre de séquences à explorer est donc $Card(V)^{Card(O)}$. A cet égard, l'algorithme de décodage de *Viterbi* constitue un atout considérable puisqu'il permet de réduire la complexité algorithmique de la recherche de W^* à une valeur linéaire en fonction du nombre des observations.

1.2.6 Parole non-native

Les systèmes de RAP sont généralement conçus pour la RAP de la langue cible canonique. Les accents des locuteurs non-natifs ne sont généralement pas pris en compte. Les performances des systèmes de RAP chutent grandement face à ces accents étrangers. Dans la section suivante, nous allons décrire les propriétés de la parole étrangère et nous passerons en revue quelques des approches développées pour la RAP non-native.

1.3 Reconnaissance de la parole non-native

La *"parole non-native"* est définie comme étant la parole d'un locuteur parlant dans une langue qui n'est pas sa langue maternelle. Dans la définition précédente, on dit que le locuteur est un *"locuteur non-natif"*. La langue dans laquelle s'exprime un locuteur non-natif est dite *"langue parlée"*, *"langue étrangère"* ou encore *"langue cible"*. La langue d'origine d'un locuteur non-natif est dite *"langue maternelle"*.

1.3.1 Spécificités de la parole non-native

Comme décrit dans [Compernolle, 2001], chaque langue humaine utilise un petit nombre de sons (phonèmes) parmi les sons que l'appareil articulatoire humain est capable de produire. Chaque langue possède "un répertoire de sons" répartis dans des régions de l'espace acoustique. Ces répertoire de sons peut différer d'une langue à l'autre, et certains sons peuvent apparaître dans une langue et être absents dans une autre.

Les travaux de [Giraud et al., 2007] montrent que les cortex cérébraux auditif (décodage et production de sons) et moteurs (mouvements des articulateurs) sont fortement liés. Les locuteurs humains sont habitués à produire et à reconnaître les sons de leur langue maternelle. Leurs appareils articulatoires sont entraînés à vocaliser les sons du répertoire de leur langue maternelle.

---
[4]Problème décidable par un algorithme déterministe en temps exponentiel par rapport à la taille des données.

1.3. Reconnaissance de la parole non-native

D'un point de vue perceptif, leurs appareils auditifs sont capables de discerner les fines variations sonores qui sont pertinentes dans leurs langue d'origine.

Toutefois, certains locuteurs peuvent percevoir des sons acoustiquement éloignés d'une langue étrangère comme étant identiques car la différenciation de ces sons n'est pas pertinente dans leur langue maternelle. De la même manière, en parlant une langue étrangère, certains locuteurs peuvent produire des sons identiques pour des phonèmes acoustiquement éloignés. Les locuteurs non-natifs remplacent parfois des sons difficiles à prononcer par d'autres sons de leur langue maternelle qu'ils considèrent proches. Ces substitutions de phonèmes apparaissent le plus souvent dans le cas où les phonèmes à prononcer n'existent pas dans la langue d'origine des locuteurs. Le tableau 1.1 illustre les substitutions de phonèmes les plus courantes dans le cas où la langue cible est l'anglais. Ce tableau a été extrait des travaux de Ladefoged [Ladefoged and Maddieson, 1996] et de Jeffers [Jeffers and Lehiste, 1979] dans le domaine de la linguistique.

TAB. 1.1 – *Substitutions courantes de phonèmes lors de l'exercice de parole non-native dans la langue anglaise. Les phonèmes anglais substitués n'existent pas dans les langues maternelles respectives. Tableau basé sur les travaux de [Ladefoged and Maddieson, 1996] et [Jeffers and Lehiste, 1979].*

Langue maternelle	Phonème anglais	Phonème prononcé
Français	/ð/	[z] ou [s]
	/tʃ/	[ʃ]
	/dʒ/	[ʒ]
Grec	/ʃ/	[s]
	/tʃ/	[ts]
	/dʒ/	[dz]
	/h/	[x]
Espagnol	/ʊ/	[u]
	/æ/	[ɛ], [e] ou [a]
	/oʊ/	[o]
Italien	/ɪ/	[i]
	/ʊ/	[u]
	/oʊ/	[o]

Nous pouvons voir dans le tableau 1.1 que les substitutions phonétiques les plus courantes dépendent de la langue d'origine. Par exemple, le phonème anglais /ð/ n'existe pas dans la langue française, il est souvent prononcé par les locuteurs français comme les phonèmes français [z] ou [s]. Ce même phonème anglais /ð/ est correctement prononcé par les locuteurs grecs, espagnols et italiens. D'une manière générale, les erreurs de prononciations produites par les locuteurs non-natifs dépendent du couple (langue maternelle, langue parlée) et du niveau de maîtrise de la langue cible.

D'autre part, les locuteurs non-natifs peuvent commettre des erreurs au niveau syntaxique et grammatical. Les phrases non-natives peuvent contenir des erreurs d'accord en genre et en nombre des verbes et adjectifs. Des mots connecteurs ainsi que les conjonction de coordinations peuvent être mal utilisés. De plus, la parole non-native peut contenir des mots n'appartenant pas à la langue cible, tels que des mots empruntés à la langue maternelle.

1.3.2 Impacts de la parole non-native sur les performances de la reconnaissance automatique

La parole non-native diffère de la parole native (canonique) par le fait qu'elle peut contenir des erreurs de prononciation. Les locuteurs non-natifs ont tendance à prononcer les phonèmes d'une manière similaire à leur langue maternelle. Ces erreurs de prononciation ont un impact négatif sur les performances des systèmes de reconnaissance automatique de la parole. Cette chute de performances est un problème bien connu dans la littérature. Le tableau 1.2 illustre cette chute de performance pour un système RAP anglaise. Il s'agit ici de reconnaître des phrases en langue anglaise prononcées par différents locuteurs. Les locuteurs dont l'anglais est la langue maternelle sont d'origine Anglaise et Canadienne. Les locuteurs non-natifs sont d'origine Française, Italienne, Grecque et Espagnole. Nous pouvons observer sur ce tableau que le taux d'erreur du système augmente fortement avec la parole non-native.

TAB. 1.2 – *Comparaison des performances d'un système RAP anglais entre la parole native et non-native (les taux d'erreurs sont exprimés en %)*

	Locuteurs dont l'anglais est la langue maternelle	Locuteurs d'origine non anglaise	Augmentation de l'erreur
Erreur en mots	2.1	7.2	**242%**
Erreur en phrases	5.7	14.6	**156%**

Le type de ces erreurs ainsi que leur fréquence dépendent de la langue maternelle des locuteurs ainsi que de leur capacité à reproduire l'accent et les tonalités de la langue cible. Les variations de prononciation dans la parole non-native sont plus marquées que dans la parole canonique, comme l'illustre la figure 1.4. Nous pouvons voir dans cette figure que les taux de reconnaissances varient de 0% à 20% pour les locuteurs non-natifs des quatres langues maternelles considérées (francaise, grèque, espagnole et italienne). Les tests illustrés dans cette figure ont été effectués sur le corpus de parole non-native *HIWIRE* ([Segura et al., 2007]) et avec un système de RAP anglaise canonique. La grande variation dans les taux de reconnaissance suggère une grande variation du niveau de maîtrise de la langue anglaise chez les locuteurs testés. Les système RAP classiques, entraînés au moyen de corpus de parole canonique de la langue cible, ne peuvent gérer les variations de prononciation produites par les locuteurs non-natifs et voient ses performances chuter grandement.

1.3.3 Notions de confusions phonétiques

Comme nous l'avons décrit dans la section 1.3.1, les locuteurs non-natifs ont tendance à prononcer les phonèmes de la langue cible d'une manière similaire à celle de leur langue maternelle. D'autres part, certains phonèmes de la langue cible sont remplacés par des phonèmes de la langue maternelle. Plusieurs travaux dans le domaine de la reconnaissance de la parole non-native se basent sur la détection et la prise en compte de ces erreurs de prononciation des phonèmes [Oh et al., 2006], [Tomokiyo and Waibel, 2001], [Schaden, 2003], [Livescu and Glass, 2000], [Wang et al., 2003]. Une "*matrice de confusions phonétiques*" est une structure associant à chaque phonème de la langue cible, une ou plusieurs réalisations non-natives possibles affectées d'une probabilité. Les "matrices de confusions phonétiques" peuvent être classifiées selon la manière dont elles sont construites, les ensembles de phonèmes qu'elles utilisent et la manière dont les réalisations non-natives sont exprimées.

1.3. Reconnaissance de la parole non-native

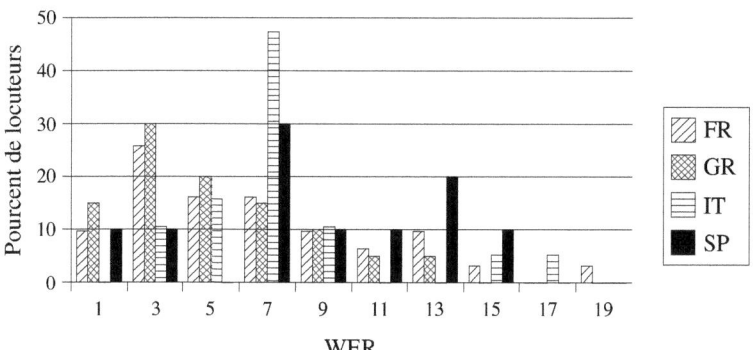

FIG. 1.4 – *Histogramme du nombre de locuteurs non-natifs vis-à-vis du taux d'erreurs en mots (par un système de RAP anglaise canonique). Tests effectués sur le corpus HIWIRE.*

Ces structures peuvent être construites manuellement grâce à des connaissances humaines sur les caractéristiques phonétiques des deux langues considérées. Elle peuvent également être construites par un procédé automatique, et ce en comparant, pour de la parole non-native, les phonèmes qui aurait dû être prononcés aux phonèmes qui ont été réellement prononcés. Cette détection automatique nécessite une phase d'alignement phonétique et une phase de reconnaissance phonétique sur les phrases d'un corpus de parole non-native.

Les réalisations non-native de chaque phonème de la langue cible peuvent être exprimées en termes d'autres phonèmes de la langue cible. Par exemple, les locuteurs français peuvent réaliser le phonème anglais [ð] comme le phonème anglais [s] ou [z]. Dans ce cas, la matrice de confusions phonétiques obtenue est dite "*intra-langue*". Ces réalisations peuvent également être exprimées en termes de phonèmes de la langue maternelle, et on obtient une matrice de confusions phonétiques "*inter-langue*".

D'autre part, une matrice de confusions phonétiques peut contenir une seule réalisation non-native pour chaque phonème de la langue cible (une table de confusions phonétiques) ou plusieurs réalisations par phonème (matrice de confusions phonétiques). Enfin, les réalisations non-natives d'un phonème de la langue cible peuvent être limitées à un seul phonème (de la langue cible ou maternelle), les confusions phonétiques sont alors dites "*one-to-one*". Citons le même exemple que précédemment, les locuteurs français peuvent réaliser le phonème anglais [ð] comme le phonème [s] ou [z]. Dans le cas où les réalisations non-natives des phonèmes de la langue cible peuvent être constituées d'une séquence de 2 ou plusieurs phonèmes, les confusions phonétiques sont dites "*one-to-many*". Les confusions phonétiques "*one-to-many*" sont intéressantes dans le cas où les réalisations non-natives sont exprimées en terme de phonèmes de la langue maternelle. En effet, dans certains couples de langues, il est possible de rencontrer des phonèmes de la langue cible n'ayant pas un correspondant direct dans la langue maternelle. C'est le cas de la diphtongue anglaise [tʃ] qui n'existe pas en français, mais qui peut être exprimée par la suite de phonèmes français ([t], [ʃ]).

Chapitre 1. État de l'art

1.3.4 Modélisation acoustique de l'accent non-natif

La modélisation acoustique de l'accent non-natif consiste à prendre en compte les variations des propriétés des phonèmes au sein des modèles acoustiques. Il s'agit de ré-estimer ou apprendre les paramètres des modèles acoustiques de façon à ce qu'ils représentent l'accent et l'intonation non-natifs. La modélisation acoustique de l'accent non-natif peut être réalisée en différentes étapes de la construction des modèles acoustiques. Dans les paragraphes suivants, nous allons décrire certaines des approches ayant été développées pour la modélisation acoustique de l'accent étranger.

Apprentissage de modèles acoustiques non-natifs

Pour la RAP non-native, le cas idéal serait de disposer d'un corpus de parole non-native pour chaque couple de langues parlée/maternelle. Il serait ainsi possible d'entraîner des modèles acoustiques spécifiques et appropriés pour la reconnaissance de la parole non-native pour chacun de ces couples de langue. Malheureusement, l'acquisition de tels corpus pourrait s'avérer impossible étant donné le coût financier et le temps que cela nécessiterait. Dans [Tomokiyo and Waibel, 2001], les auteurs utilisent un corpus contenant de la parole canonique de la langue cible ainsi que de la parole non-native afin d'entrainer des modèles non-natifs. Ces modèles sont susceptibles de gérer l'accent canonique de la langue cible et l'accent étranger des locuteurs non-natifs. Les auteurs ont observé une amélioration de la performance de reconnaissance pour les locuteurs non-natifs avec cette approche, en camparaison avec les modèles acoustiques canoniques de la langue cible.

Cette approche a l'avantage d'utiliser un corpus de parole non-native de petite taille. Toutefois, pour prendre un compte un nouvel accent non-natif, il est nécessaire de recommencer le processus d'entraînement des modèles acoustiques depuis le début.

Ré-estimation de modèles acoustiques

L'apprentissage de modèles acoustiques non-natifs nécessiterait la disposition d'un grand corpus de parole non-native, et ce afin que les modèles obtenus soient généralisables et robustes aux changements d'accents et de locuteurs. Toutefois, un corpus de parole non-native de petite taille pourrait-être utilisé afin de ré-estimer les paramètres d'un ensemble de modèles acoustiques canoniques pré-entraînés. Il s'agit, comme décrit dans [Tomokiyo and Waibel, 2001], d'effectuer des itérations d'apprentissage supplémentaires pour les modèles canoniques de la langue cible en utilisant le corpus de parole non-native. La robustesse des modèles canoniques de la langue cible, appris sur un large corpus de parole, assure le bon déroulement des itérations de réestimation et évite la dégénérescence des paramètres acoustiques (souvent observée lorsque le corpus d'apprentissage est de petite taille).

La ré-estimation de modèles acoustiques pour l'accent non-natif a l'avantage d'utiliser un corpus de parole non-native de petite taille. De plus, contrairement à l'approche du paragraphe précédent, l'approche de ré-estimation de modèles acoustiques ne nécessite pas l'entraînement complet de nouveaux modèles acoustiques afin de prendre en compte un nouvel accent non-natif. En effet, il suffit d'effectuer des itérations de ré-estimation pour des modèles acoustiques préentraînés. Toutefois, cette approche éloigne les modèles acoustiques de l'accent canonique de la langue cible, et causerait ainsi la dégradation de la précision de ces modèles pour la parole canonique de la langue cible.

Approches classiques : MLLR et MAP

Les méthodes d'adaptation acoustiques *MLLR* (*Maximum Likelihood Linear Regression*) [Gales and Woodl, 1996, Gales, 1998] et *MAP* (*Maximum a Posteriori*) [Lee and Gauvain, 1993] sont des méthodes classiques pour l'adaptation acoustique de modèles HMMs aux spécificités du signal de parole. Ces méthodes sont destinées à rapprocher les modèles acoustiques des caractéristiques du signal en cours de traitement, telles que le niveau de bruit ambiant, le canal d'enregistrement (microphone, téléphone, ...) et la voix du locuteur (grave, aiguë, ...). En réduisant la distance entre les modèles acoustiques (i.e. les caractéristiques qu'ils représentent) et les caractéristiques de la parole à traiter, les approches classiques d'adaptation acoustique permettent de réduire les taux d'erreurs des systèmes de RAP.

Les procédés de ces méthodes classiques sont similaires dans le sens où l'on utilise un certain nombre d'enregistrements sonores afin de modifier (ré-estimer) les paramètres des modèles acoustiques pré-entrainés.

Dans le cas de l'adaptation *MLLR*, l'ensemble des gaussiennes constituant les modèles acoustiques sont préalablement classifiées en un ensemble de groupes selon un critère de proximité prédéfini. A la phase d'adaptation, une transformation différente est calculée pour chaque groupe de gaussiennes. Ces transformations sont calculées à travers l'algorithme *EM* (*Expectation Maximisation*) et visent à maximiser la probabilité d'émission des échantillons d'adaptation par les modèles acoustiques concernés. Les paramètres d'une gaussienne sont modifiés conformément à l'équation (1.8).

$$\hat{\mu} = A\mu + b \quad (1.8)$$

où $\mu \in \mathbb{R}^n$ est le vecteur moyen de la gaussienne à transformer, $A \in \mathbb{R}^n \times \mathbb{R}^n$ et $b \in \mathbb{R}^n$ sont respectivement une matrice et un vecteur qui définissent la tranformation affine, et $\hat{\mu}$ est le vecteur moyen transformé.

Pour l'adaptation *MAP*, il s'agit de se baser sur la connaissance *a priori* des distributions de probabilité des modèles acoustiques afin d'exploiter au mieux les données d'adaptation, qui ne sont autres que les connaissances *a posteriori*. Plus explicitement, l'approche *MAP* consiste en une pondération entre les paramètres existants et les paramètres estimés au maximum de vraisemblance sur les données d'adaptation. Pour des raisons de simplicité, la modification d'une gaussienne en utilisant une seule séquence d'observations est explicitée à l'equation 1.9. Comme on peut le voir dans cette équation, plus il y a de données d'adaptation, plus le facteur d'occupation N est grand et plus la valeur de $\hat{\mu}$ se rapproche de la valeur de $\overline{\mu}$. A l'inverse, moins il y a de données, et plus la valeur de $\hat{\mu}$ est proche de la moyenne actuelle de la gaussienne μ (avant l'adaptation).

$$\hat{\mu} = \frac{N}{N+\tau}\overline{\mu} + \frac{\tau}{N+\tau}\mu \quad (1.9)$$

où τ est un facteur réel positif défini *a priori*, N est le taux d'occupation de la gaussienne (voir equ. 1.10), μ est la moyenne de la gaussienne à transformer, et $\hat{\mu}$ est le vecteur moyen transformé. $\overline{\mu}$ représente la moyenne pondérée des données d'adaptation (voir equ. 1.11), par rapport à la gaussienne à transformer. La valeur de $\overline{\mu}$ est calculée au maximum de vraisemblance (*EM*).

$$N = \sum_{t=1}^{T} L(t) \tag{1.10}$$

$$\bar{\mu} = \frac{\sum\limits_{t=1}^{T} L(t)o_t}{\sum\limits_{t=1}^{T} L(t)} \tag{1.11}$$

où $\{O = o_1...o_T\}$ est la phrase d'adaptation, T est le nombre d'observations dans cette dernière, et $L(t)$ est la probabilité d'occupation de la gaussienne à l'instant t.

Ces méthodes d'adaptation acoustique **MLLR** et **MAP** ont également été utilisées dans le cadre de l'adaptation à l'accent non-natif [Tomokiyo and Waibel, 2001]. Il s'agit ici de rapprocher les modèles acoustiques de la manière dont les locuteurs non-natifs prononcent les sons. L'approche la plus simple serait d'adapter les modèles acoustiques de la langue cible sur un corpus de parole non-native et ce afin d'utiliser ces modèles adaptés dans le système de RAP ([Tomokiyo and Waibel, 2001], [Wang et al., 2003]). Les travaux de [Clarke and Jurafsky, 2006] montrent que l'utilisation de l'adaptation *MLLR* pour la RAP non-native n'améliore pas significativement la précision, comparé à d'autres méthodes telle que l'adaptation *MAP*. Il est également possible d'adapter les modèles acoustiques de la langue cible sur un corpus de parole canonique de la langue maternelle ([Tomokiyo and Waibel, 2001], [Liu and Fung, 2000], [Witt and Young, 1999], [Schultz and Waibel, 1998]). Cette dernière procédure a pour but de capturer la manière dont les locuteurs non-natifs pourraient prononcer les phonèmes de la langue cible, puisque la prononciation non-native est influencée par la prononciation de la langue maternelle. Les travaux de [Tomokiyo and Waibel, 2001] et [Wang et al., 2003] montrent que l'adaptation acoustique des modèles de la langue cible sur un corpus de parole de la langue d'origine n'améliore pas les taux de reconnaissance.

Apprentissage de modèles acoustiques bilingues

Dans le travail de [Wang et al., 2003], les auteurs utilisent un corpus contenant de la parole canonique de langue cible, ainsi que de la parole canonique de la langue maternelle des locuteurs, et ce dans le but d'entrainer des modèles acoustiques bilingues pour les phonèmes de la langue cible. Dans ce corpus, les transcriptions des phrases en langue maternelle ont été transformées afin de remplacer les phonèmes de la langue maternelle par les phonèmes de la langue cible. Ils ont également utilisé une méthode statistique afin de déduire les correspondances entre les phonèmes des deux langues. Les modèles ainsi appris, seraient appropriés pour la reconnaissance de la parole de la langue cible ainsi que la parole non-native, puisque l'accent non-natif est influencé par la prononciation de la langue maternelle.

Fusion de mélanges de lois gaussiennes

La méthode de fusion de mélanges de lois gaussiennes utilise deux ensembles de modèles acoustiques représentant respectivement l'accent canonique de la langue cible et l'accent non-natif (cf. paragraphe suivant). Tout d'abord, une matrice de confusions phonétiques "*one-to-one*" (*inter-* ou *intra-langue*) entre les phonèmes des deux ensembles précédents est mise en place, de manière manuelle ou automatique (cf. 1.3.3). Le modèle acoustique de chaque phonème [p_1] du premier ensemble (accent canonique de la langue cible) est fusionné avec le modèle du phonème [p_2] du deuxième ensemble (accent non-natif) qui lui correspond (selon la matrice de confusions phonétiques), et ce au niveau des états HMM. La distribution de probabilité de chaque état s_i^1 du HMM de [p_1] est fusionnée avec la distribution de probabilité de l'état correspondant s_i^2 dans le HMM de [p_2], avec un facteur de pondération α. Autrement dit, dans le cas de GMM, la densité de probabilité f_i^r de l'état s_i^r du modèle HMM modifié est définie dans l'équation (1.12). Les transitions du modèle HMM modifié sont l'interpolation linéaire des transitions des deux modèles HMM des phonèmes [p_1] et [p_2]. La procédure de fusion de mélanges de lois gaussienne est illustrée dans la figure 1.5. La figure 1.6 illustre l'emplacement des phonèmes [p_1], [p_2] et [p_r] (résultat de la fusion) au sein de l'espace acoustique. Nous pouvons voir dans cette figure que la région de l'espace acoustique modélisée par le phonème interpolé [p_r] est la fusion des régions de l'espace acoustique modélisées par [p_1] et [p_2].

$$f_i^r = \alpha \Sigma_{k=1}^{N_i^1} \omega_{ik}^1 \aleph(\mu_{ik}^1, \Sigma_{ik}^1) + (1-\alpha) \Sigma_{k=1}^{N_i^2} \omega_{ik}^2 \aleph(\mu_{ik}^2, \Sigma_{ik}^2) \qquad (1.12)$$

où α est le facteur de pondération des deux densités de probabilités, N_i^1 (resp. N_i^2) est le nombre de gaussiennes du GMM de l'état s_i^1 (resp. s_i^2) ; ω_{ik}^1, μ_{ik}^1 et Σ_{ik}^1 (resp. ω_{ik}^2, μ_{ik}^2 et Σ_{ik}^2) sont le poids, la moyenne et la variance de la gaussienne k dans le GMM de l'état s_i^1 (resp. s_i^2).

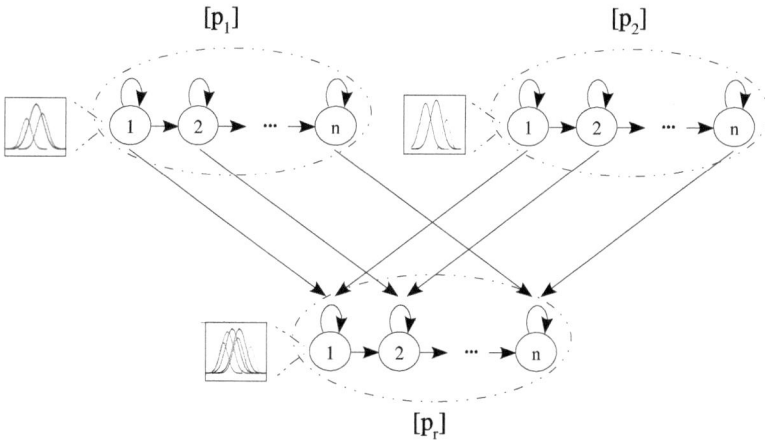

FIG. 1.5 – *Fusion de mélanges de lois gaussiennes.*

Cette méthode impose que les modèles acoustiques des deux ensembles aient la même topologie, et notamment le même nombre d'états HMM. Il est intéressant de noter que différents couples d'ensembles de modèles acoustiques peuvent être utilisés dans le cadre de cette approche. Dans [Morgan, 2004], les auteurs utilisent les modèles acoustiques canoniques de la langue cible comme premier ensemble de modèles (représentant l'accent canonique de la langue cible). Comme deuxième ensemble de modèles, les auteurs ont utilisé les modèles acoustiques de la langue maternelle, préalablement adaptés à l'accent non-natif à l'aide d'un corpus de parole non-native

Chapitre 1. État de l'art

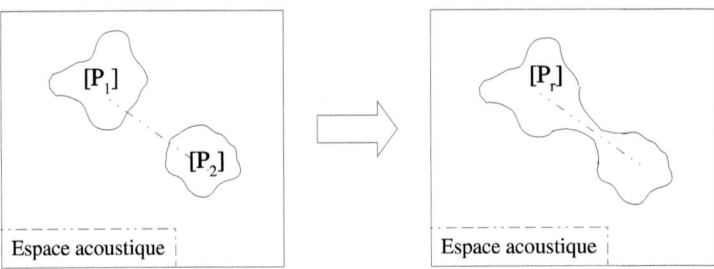

FIG. 1.6 – *Emplacement des phonèmes dans l'espace acoustique, pour la méthode de fusion de mélanges de lois gaussiennes.*

et les méthodes MLLR, MAP et ré-apprentissage par *Baum-Welch*. Les auteurs construisent ensuite une matrice de confusions phonétiques (*one-to-one*) avec ces deux ensembles et ce en utilisant un procédé automatique (utilisant le même corpus de parole non-native). Les auteurs [Morgan, 2004] montrent que les modèles acoustiques construits à travers la fusion de mélanges de lois gaussiennes améliorent les taux de reconnaissance pour les locuteurs non-natifs.

Une approche présentée dans [Wang et al., 2003], sous la dénomination "interpolation de modèles acoustique", serait classifiée dans la catégorie des méthodes de fusion de mélanges de lois gaussiennes. Les auteurs disposent deux ensembles de modèles acoustiques. Le premier ensemble, représentant l'accent canonique, est composé des modèles acoustiques canonique de la langue cible. Le deuxième ensemble, représentant l'accent non-natif, est un ensemble de modèles acoustiques non-natifs entraînés sur un corpus de parole non-native. Ces deux ensembles de modèles sont utilisés sans aucune modification dans la phase de reconnaissance de la parole. L'interpolation est effectuée lors du calcul de la probabilité d'émission d'une observation o par les modèles acoustiques. Pour un phonème $[p_1]$ du premier ensemble de modèles et son correspondant $[p_2]$ du deuxième ensemble de modèles, la probabilité d'émission d'un état HMM i est définie comme dans l'équation (1.13). Nous pouvons voir que l'interpolation entreprise dans [Wang et al., 2003] est équivalente à l'approche de fusion de mélanges de lois gaussiennes décrite plus haut. Les auteurs n'ont pas précisé la manière dont sont interpolés les transitions des modèles HMM.

$$P(o/i) = \alpha P(o/s_i^1) + (1-\alpha)P(o/s_i^2) \qquad (1.13)$$

où α est le facteur de pondération des deux modèles acoustiques, s_i^1 (resp. s_i^2) est le i^{eme} état HMM du modèle du phonème $[p_1]$ (resp. $[p_2]$).

Interpolation de modèles acoustiques au niveau des Gaussiennes

Cette approche utilise deux ensembles de modèles acoustiques, le premier ensemble représente l'accent canonique de la langue cible et le deuxième représente l'accent non-natif. Une matrice de confusions phonétiques "*one-to-one*", mise en place manuellement ou de manière automatique, permet de mettre en correspondance les phonèmes des ces deux ensembles de modèles. Le modèle acoustique de chaque phonème $[p_1]$ du premier ensemble (accent canonique de la langue cible) est combiné avec le modèle du phonème $[p_2]$ du deuxième ensemble (accent non-natif) qui lui correspond (selon la matrice de confusions phonétiques), et ce au niveau des états HMM. Contrairement à la méthode précédente, les densités de probabilité des états HMM correspondants (des modèles de $[p_1]$ et $[p_2]$) ne sont pas fusionnées, mais interpolées avec un facteur α.

Soient les modèles GMM $G_1 = \Sigma_{k=1}^{N_i} \omega_{ik}^1 \aleph(\mu_{ik}^1, \Sigma_{ik}^1)$ et $G_2 = \Sigma_{k=1}^{N_i} \omega_{ik}^2 \aleph(\mu_{ik}^2, \Sigma_{ik}^2)$ correspondants respectivement aux états HMM s_i^1 de $[p_1]$ et s_i^2 de $[p_2]$. Tout d'abord, les Gaussiennes de G_1 et de G_2 sont deux à deux mises en correspondance, selon une mesure de distance donnée (par exemple la divergence symétrique de Kullback-Leibler). Cette correspondance entre les gaussiennes de G_1 et de G_2 est une bijection entre les ensembles de G_1 et de G_2. La gaussienne $\aleph(\mu_{ik}^1, \Sigma_{ik}^1)$ de G_1 est mise en correspondance avec la Gaussienne $\aleph(\mu_{il}^2, \Sigma_{il}^2)$ de G_2 qui minimise la mesure de distance choisie.

Ensuite, les poids, moyennes et matrices de covariance des gaussiennes correspondantes (des deux GMM G_1 et G_2) sont interpolés linéairement avec un facteur α, selon les équations (1.14), (1.15) et (1.16). L'état HMM s_i^r du modèle acoustique interpolé aura la densité de probabilité de l'équation (1.17).

$$\omega_{ik}^r = \alpha \; \omega_{ik}^1 \; + \; (1-\alpha) \; \omega_{iT(k)}^2 \qquad (1.14)$$

$$\mu_{ik}^r = \alpha \; \mu_{ik}^1 \; + \; (1-\alpha) \; \mu_{iT(k)}^2 \qquad (1.15)$$

$$\Sigma_{ik}^r = \alpha \; \Sigma_{ik}^1 \; + \; (1-\alpha) \; \Sigma_{iT(k)}^2 \qquad (1.16)$$

$$\Sigma_{k=1}^N \omega_{ik}^r \aleph(\mu_{ik}^r, \Sigma_{ik}^r) \qquad (1.17)$$

où T est la fonction de bijection entre les indices des gaussiennes de G_1 et celles de G_2 et $\alpha \in [0..1]$ est un poids.

La figure 1.7 illustre l'emplacement dans l'espace acoustique des phonèmes $[p_1]$, $[p_2]$ et $[p_r]$ (résultat de l'interpolation). Contrairement à la méthode de fusion de mélange de gaussiennes, la région de l'espace acoustique modélisée par le phonème interpolé au niveau des gaussiennes $[p_r]$ est une région intermédiaire entre les régions de l'espace acoustique modélisées par $[p_1]$ et $[p_2]$ respectivement.

Cette approche d'interpolation au niveau des gaussiennes est très similaire à l'approche d'adaptation acoustique *MAP* (cf. 1.3.4). En effet, comme décrit dans [Tomokiyo and Waibel, 2001], l'approche *MAP* n'est autre qu'une pondération (interpolation linéaire) au niveau des gaussiennes entre les modèles à adapter et les données d'adaptation. Le facteur de pondération dans l'adaptation acoustique *MAP* est différent pour chaque gaussienne, et dépend de la taille des données d'adaptation. La méthode d'interpolation au niveau des gaussiennes est une interpolation avec un facteur de pondération commun à toutes les gaussiennes. Dans [Tomokiyo and Waibel, 2001], les auteurs ont utilisé les ensembles de modèles acoustiques suivants :
- **premier ensemble de modèles** : modèles acoustiques de la langue cible.
- **deuxième ensemble de modèles** : modèles acoustiques de la langue cible, adaptés acoustiquement (par *MLLR* et *MAP*) sur un corpus de parole non-native.

Les auteurs ont adaptés les modèles acoustiques de la langue cible sur un corpus de parole non-native. Ceci leur a permis de ne pas appliquer l'algorithme de mise en correspondances des gaussiennes des deux ensembles de modèles adaptés, puisque cette correspondance est immédiatement disponible.

Chapitre 1. État de l'art

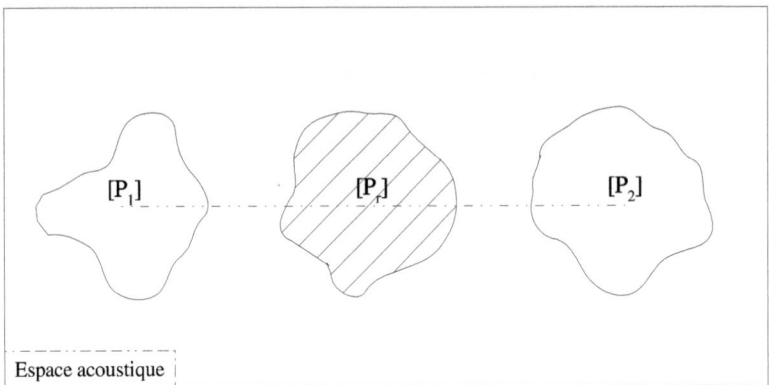

FIG. 1.7 – *Emplacement des phonèmes dans l'espace acoustique, pour la méthode d'interpolation de gaussiennes.*

La méthode d'interpolation de mélanges de lois gaussiennes, comparée à l'approche classique MAP, ne nécessite aucun corpus d'adaptation : l'interpolation est effectuée directement entre les modèles acoustiques. Cette méthode permet également de contrôler la pondération entre les couples de gaussiennes avec un facteur fixe, contrairement à la pondération de la méthode MAP dont le facteur de pondération dépend de la taille des données. Il est à noter que cette approche peut être utilisée avec différents couples de modèles acoustiques, tels que les modèles de la langue cible/maternelles adaptés ou non à l'accent non-natif.

Modification de l'apprentissage des modèles

Il est également possible d'intervenir à l'étape de l'apprentissage des modèles acoustiques afin de prendre en compte les accents non-natifs. Dans la méthode de [Oh et al., 2006], l'apprentissage des modèles acoustiques de la langue cible est modifié de manière à ce que les prononciations non-natives soient prise en compte. Tout d'abord, les auteurs construisent une matrice de confusions phonétiques "intra-langue" et "one-to-one", et ce en utilisant un système de RAP de la langue cible et un corpus de parole cible non-native. Cette matrice de confusions est ensuite utilisée au cours de l'apprentissage de modèles acoustiques de la langue cible (l'anglais). A l'issue de l'apprentissage des phonèmes hors-contexte et avant l'apprentissage de phonèmes contextuels (triphones), les triphones (dont les phonèmes centraux sont confondus au sens de la matrice de confusions) sont liés aux sommets de leurs arbres de décision respectifs. L'apprentissage de phonèmes contextuels ainsi liés (utilisant un corpus de parole canonique de la langue cible) tiendra compte des variantes de prononciation non-natives et les modèles acoustiques résultants seraient adaptés pour la reconnaissance de la parole étrangère.

1.3.5 Modélisation de la prononciation non-native

La modélisation de la prononciation non-native consiste à prendre en compte différentes manières de prononcer les phonèmes dans le système de RAP. La modélisation de prononciation vise

1.3. Reconnaissance de la parole non-native

à combiner différents modèles acoustiques (i.e. prononciation de phonèmes) de façon à ce qu'ils représentent, d'une manière concurrente, la même entité phonétique dans le système de RAP. Autrement dit, il s'agit de répertorier les différentes prononciations non-natives pour chaque phonème de la langue cible, et de les inclure dans le système de RAP de façon à pouvoir reconnaître l'une des différentes prononciations considérées pour chaque phonème.

Contrairement aux approches de modélisation acoustique, la modélisation de prononciation non-native ne modifient ni les paramètres des modèles acoustiques ni les régions de l'espace acoustique modélisées par les phonèmes (cf. section 1.3.4, figures 1.5, 1.6 et 1.7). La modélisation de prononciation vise plutôt à ce que les différents modèles acoustiques représentent chacun une prononciation non-native possible d'un phonème de la langue cible soient reconnus par le système de RAP comme étant les variantes de ce même phonème. Soit l'exemple suivant :
- un premier ensemble de modèles (représentant l'accent canonique) : $\{[a_1], [b_1], [c_1], ... \}$
- un deuxième ensemble de modèles (représentant l'accent non-natif) : $\{[a_2], [b_2], [c_2], ... \}$
- une matrice de confusions phonétiques contenant les associations suivantes : $\{ [a_1] \rightarrow [a_2], [b_1] \rightarrow [b_2], [c_1] \rightarrow [c_2] \}$
- un mot w de la langue cible, phonétisé de la manière suivante : "w : /a/ /b/ /c/"

Il s'agit, dans cet exemple, de permettre au système de RAP de reconnaître indifféremment les réalisations sonores $[a_1]$ et $[a_2]$ pour le même phonème /a/, de même pour les couples de phonèmes ($[b_1]$, $[b_2]$) et ($[c_1]$, $[c_2]$). De même, le système devrait reconnaître les combinaisons de prononciations possibles de chaque mot considéré. Pour le mot w, cité dans l'exemple, les phonétisations suivantes devraient être prise en compte par le système de RAP :
- w : $[a_1]$ $[b_1]$ $[c_1]$
- w : $[a_2]$ $[b_1]$ $[c_1]$
- w : $[a_1]$ $[b_2]$ $[c_1]$
- w : $[a_2]$ $[b_2]$ $[c_1]$
- w : $[a_1]$ $[b_1]$ $[c_2]$
- w : $[a_2]$ $[b_1]$ $[c_2]$
- w : $[a_1]$ $[b_2]$ $[c_2]$
- w : $[a_2]$ $[b_2]$ $[c_2]$

Les variantes de prononciation non-native peuvent être déduites de manière automatique (en construisant une matrice confusion phonétique) ou manuellement (en se basant sur des connaissances humaines). Les manières dont ces prononciations non-natives sont prises en compte sont variées ; nous en décrirons quelques unes dans les sections suivantes.

Ajout de variantes de prononciation dans le lexique

Une approche directe pour la prise en compte des variantes de prononciations phonétiques consiste à rajouter de nouvelles phonétisations dans le lexique. Rappelons que le lexique d'un système de RAP (ou dictionnaire phonétique) contient les mots à reconnaître et leurs phonétisations possibles. Dans l'exemple du paragraphe précédent, il s'agit de rajouter les différentes manières de prononcer le mot w au sein du lexique. Lors de la phase de reconnaissance, le système de RAP pourra ainsi évaluer ces différentes phonétisations et en sélectionner la plus probable.

Cette approche directe consistant à ajouter de nouvelles prononciations parallèles dans le

Chapitre 1. État de l'art

lexique présente un inconvénient majeur lié à la taille des informations supplémentaires. En effet, dans l'exemple précédent, le mot w génère 9 prononciations non-natives. D'une manière générale, pour un nombre moyen m de phonèmes dans un mot, et pour k prononciations alternatives par phonème, le nombre moyen de prononciations par mot s'élève à $(1+k)^m$.

Généralement, les approches d'ajout de variantes de prononciation dans le lexique réduisent le nombre de prononciations prises en compte. Ainsi, la taille du lexique résultant pourra être gérée par les systèmes de RAP [Amdal et al., 2000].

Règles de réécriture

Le travail de [Schaden, 2003] est une approche de modélisation de prononciation non-native basée sur des connaissances phonétiques des deux langues parlée et native. Les auteurs ont recours à l'expertise de phonéticiens afin de recenser les erreurs de prononciations susceptibles d'apparaître dans la parole non-native, pour L différents niveaux de maîtrise de la langue cible. Un ensemble de règles de réécriture de phonèmes de la langue cible est ensuite construit pour chacun des niveaux de maîtrise considérés, en tenant compte des contextes phonétique et graphémique. Une règle de réécriture r consiste à remplacer, dans la prononciation d'un mot w, un phonème p_1 de la langue cible par un phonème p_2 de la langue maternelle si :
- p_2 est une variante de prononciation non-native pour p_1 (selon les consignes des experts phonéticiens consultés)
- le contexte phonétique de la règle r est réalisée pour le phonème p_1 dans le mot w
- au sein du mot w, le phonème p_1 correspond à un graphème spécifié dans la règle r

Par la suite, les auteurs dérivent les L prononciations pour chaque mot en utilisant les L ensembles de règles de réécriture. Ces prononciations sont insérées dans le dictionnaire du système de RAP. Cette méthode présente l'avantage de générer des prononciations non-natives précises ainsi que de n'accroître que linéairement la taille du lexique. Toutefois, elle nécessite une étude phonologique poussée des caractéristiques des deux langues, et n'est donc pas facilement reproductible.

Transducteurs à états finis

L'approche décrite dans [Livescu and Glass, 2000] est une méthode de modélisation de prononciations non-natives basée sur une confusion phonétique et le paradigme des transducteurs finis. Les transducteurs finis sont des automates à états finis capables de coder des séquences de symboles. Ce paradigme a déjà été utilisé dans les systèmes de RAP afin de modéliser le dictionnaire phonétique (lexique) et le modèle de langage.

L'ensemble de confusions phonétiques utilisé dans [Livescu and Glass, 2000] est intra-langue et "one-to-one", i.e. un phonème de la langue cible peut être associé avec une (ou plusieurs) prononciations alternatives, constituées chacune d'un seul phonème de la langue cible. Ces confusions phonétiques sont extraites automatiquement à l'aide d'un corpus de parole non-native. Les auteurs ont exprimé cet ensemble de confusions sous la forme de transducteurs à états finis comme le décrit la figure 1.8. Cette formalisation permet d'introduire les prononciations non-natives d'une manière simple dans le système de RAP. En effet, il suffit de composer les transducteurs représentant les confusions phonétiques avec les transducteurs représentants les modèles de langage et de prononciation.

L'approche de [Livescu and Glass, 2000] souffre de l'accroissement exponentiel de la taille de

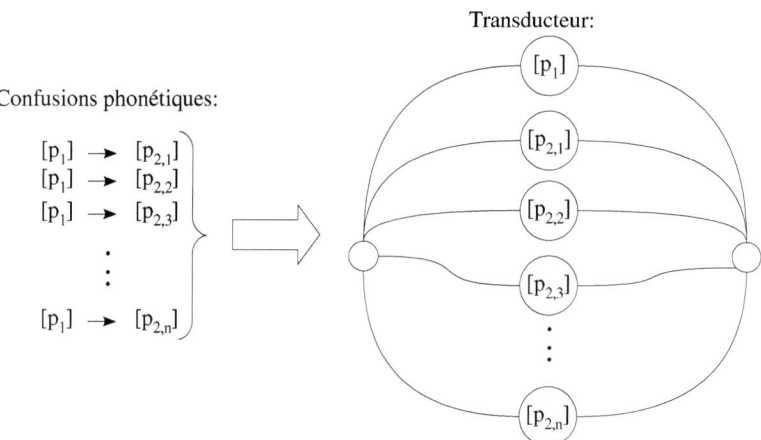

FIG. 1.8 – *Représentation des confusions phonétiques sous la forme d'un transducteur à états finis.*

modèles utilisés dans le système de RAP. En effet, similairement à l'approche d'ajout de variantes de prononciation dans le lexique, prendre en compte toutes les prononciations alternatives induit une augmentation importante de la taille des modèles. Afin de contourner ce problème, les auteurs n'appliquent la composition des transducteurs représentant les confusions phonétiques que pendant la phase de reconnaissance et élaguent une partie des prononciations alternatives.

Combinaison de modèles acoustiques

Le travail de [Bartkova and Jouvet, 2006] est une approche de modélisation de prononciation pour la RAP non-native pour des accents multiples. Cette approche concerne la parole en langue française prononcée par des locuteurs d'origines diverses. Pour un phonème $[p_1]$ de la langue cible, les auteurs combinent les modèles acoustiques suivants :
- le modèle acoustique canonique du phonème $[p_1]$
- pour chacune des langues d'origine considérées (notée $i \in \{2, 3, ..., n\}$), le modèle acoustique du phonème $[p_1]$ adapté acoustiquement sur un corpus de parole native de cette langue (noté $[p_1]^i$, $i \in \{2, 3, ..., n\}$)
- pour chacune des langues d'origine considérées, le modèle acoustique du phonème correspondant à $[p_1]$ dans cette langue (noté $[p_i]$, $i \in \{2, 3, ..., n\}$), et ce d'après des critères phonologiques

Ces modèles acoustiques sont combinés sous la forme d'un méta-HMM, où chacun représente un chemin d'états HMM distinct, comme illustré dans la figure 1.9. Le méta-modèle acoustique représente la prononciation canonique du phonème $[p_1]$, ainsi que ses différentes prononciations non-natives. Ce dernier est utilisé en lieu et place du modèle de $[p_1]$ dans le système de RAP. Les résultats publiés dans [Bartkova and Jouvet, 2006] montrent que cette méthode réduit les taux d'erreurs pour la parole non-native tout en introduisant une faible dégradation de performances pour la parole cible canonique. Bien que cette approche opère au niveau des modèles acoustiques, elle n'en reste pas moins une approche de modélisation de prononciation (utilisant une modélisation acoustique en amont). En effet, le but de la combinaison des modèles acoustiques est de permettre au système de RAP de reconnaître l'une des prononciations alternative de chacun des phonèmes. Ce procédé de modification des modèles acoustiques est très similaire à l'ajout de prononciations parallèles au lexique.toutefois, l'accroissement de la taille des modèles acoustiques n'est que linéaire, contrairement à l'ajout de prononciations au niveau du lexique qui résulte en un accroissement exponentiel de ce dernier.

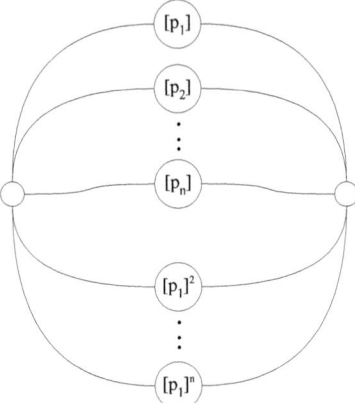

FIG. 1.9 – *Modèles acoustiques combinés.*

1.3.6 Adaptation du modèle de langage à la parole non-native

L'adaptation du modèle de langage pour la parole non-native consiste à prendre en compte les erreurs grammaticales produites par les locuteurs étrangers. Ces erreurs couvrent l'utilisation de mots inconnus, la conjugaison erronée des verbes, les erreurs dans les accords en genre et en nombre, structures erronées des phrases, etc. Le modèle de langage de la langue cible devrait être modifié afin de prendre en compte et tolérer ces erreurs.

Dans la littérature, peu de travaux ont été développés pour l'adaptation linguistique à la parole non-native. Toutefois, des approches ont été proposées pour l'adaptation de modèles de langages dans le but d'améliorer les taux de reconnaissance vocale d'une tâche spécifique au sein de la même langue cible. Ces approches peuvent être transposées à l'adaptation de modèles de langages dans le cadre de la parole non-native, puisque la problématique est similaire ([Bacchiani and Roark, 2003], [Bacchiani et al., 2004], [Gao et al., 2006], [Bellagarda, 2001]). Dans les paragraphes suivants, nous allons en décrire quelques unes.

Les travaux de [Bacchiani and Roark, 2003] concernent un modèle de langage statistique (n-gram) d'une application de traitement de messages vocaux d'ordre général. Ce modèle de langage a été adapté pour une application de message vocaux concernant des services de maintenance. Bien que la langue parlée soit la même dans les deux applications source et cible, le lexique, la fréquence d'utilisation de certains mots et même les structures grammaticales diffèrent de l'application source à l'application cible. Les auteurs de [Bacchiani and Roark, 2003] ont décrit différents scénarios d'adaptation du modèle de langage n-gram, basés sur deux approches d'adaptation MAP.

La première approche décrite dans cet article revient à une pondération des fréquences d'apparition des suites de mots dans les corpus textuels source et cible, selon l'équation (1.18). Rappelons que les probabilités de suites de mots dans les modèles de langage statistiques sont calculées au maximum de vraisemblance sur un corpus textuel.

La seconde approche proposée dans [Bacchiani and Roark, 2003] est une pondération des probabilités données par le modèle de langage source et le modèle de langage cible. Le corpus textuel de l'application cible est utilisé afin de construire un modèle de langage pour l'application cible, et ce afin d'estimer un modèle de langage adapté (pondéré), selon l'équation (1.19).

$$\widehat{P}(w_n|w_1,...,w_{n-1}) = \frac{\alpha\ \widetilde{C}(w_1,w_2,...,w_n)\ +\ \beta\ C(w_1,w_2,...,w_n)}{\alpha\ \widetilde{C}(w_1,w_2,...,w_{n-1})\ +\ \beta\ C(w_1,w_2,...,w_{n-1})} \quad (1.18)$$

$$\widehat{P}(w_n|w_1,...,w_{n-1}) = \lambda\ \frac{\widetilde{C}(w_1,w_2,...,w_n)}{\widetilde{C}(w_1,w_2,...,w_{n-1})}\ +\ (1-\lambda)\ \frac{C(w_1,w_2,...,w_n)}{C(w_1,w_2,...,w_{n-1})} \quad (1.19)$$

où $C(x)$ (resp. $\widetilde{C}(x)$) dénote le nombre d'occurrences de la suite de mots x dans le corpus textuel source (resp. cible), $P(x)$ (resp. $\widetilde{P}(x)$, $\widehat{P}(x)$) représente la probabilité de l'évènement x selon le modèle de langage source (resp. cible, adapté), α et β sont deux facteurs réels positifs, et λ est un facteur de pondération ($0 \leq \lambda \leq 1$).

1.4 Conclusion

Dans ce chapitre nous avons présenté un bref historique de la reconnaissance automatique de la parole ainsi qu'une description de la structure d'un système de RAP analytique. Nous avons également passé en revue quelques unes des approches pour la reconnaissance automatique de la parole non-native. Ces dernières sont classifiées en trois catégories : l'adaptation acoustique, la modélisation de prononciation et l'adaptation du modèle de langage. L'adaptation acoustique pour la RAP non-native consiste à capturer les accents et variantes de prononciations au niveau des modèles acoustiques. Les méthodes développées dans cette catégorie visent à entraîner des modèles adéquats pour la parole non-native, à rapprocher les modèles acoustiques de la langue cible ou native de l'accent non-natif ou à fusionner différents modèles acoustiques représentant l'accent cible canonique et l'accent non-natif. La modélisation de prononciation consiste à recenser les différentes manières dont un phonème peut être prononcé par les locuteurs non-natifs et de prendre en compte ces variantes de prononciation dans le système de RAP. Enfin, l'adaptation des modèles de langage pour la parole non-native visent à prendre en compte les erreurs syntaxique et grammaticale que les locuteurs non-natifs produisent.

Chapitre 2

Notre contribution pour la reconnaissance de parole non-native

Sommaire

- **2.1 Schéma général de nos approches pour la RAP non-native** 27
  - 2.1.1 Approches utilisant une détection de la langue maternelle 27
  - 2.1.2 Approches multi-accents 31
- **2.2 Détection de l'origine du locuteur** 31
  - 2.2.1 Détection automatique des séquences discriminantes de phonèmes ... 31
  - 2.2.2 Calcul de probabilités 32
  - 2.2.3 Classification de la langue maternelle 34
- **2.3 Modèle de prononciation non-native** 34
  - 2.3.1 Formalisation du modèle de prononciation 36
- **2.4 Construction automatique du modèle de prononciation** 36
  - 2.4.1 Extraction des règles de confusions phonétiques 38
- **2.5 Modification des HMM en fonction des règles de confusions phonétiques** 40
  - 2.5.1 Ajout de nouveaux chemins dans les modèles HMMs 41
- **2.6 Combiner la modélisation de prononciation et l'adaptation acoustique aux accents étrangers** 43
  - 2.6.1 MLLR et MAP 45
  - 2.6.2 Modèles ré-estimés 45
- **2.7 Utilisation de contraintes graphémiques** 47
  - 2.7.1 Extraction des contraintes graphémiques 48
  - 2.7.2 Utilisation des contraintes graphémiques 50
- **2.8 Approches multi-accents pour la reconnaissance de la parole non-native** 50
  - 2.8.1 Adaptation acoustique multi-accents 51
  - 2.8.2 Modélisation de prononciation multi-accents 52
  - 2.8.3 Robustesse aux accents inconnus 55
- **2.9 Conclusion** 55

Chapitre 2. Notre contribution pour la reconnaissance de parole non-native

Glossaire :

- **RAP** : reconnaissance automatique de la parole.
- **langue cible** : langue parlée par un locuteur, notée C.
- **langue d'origine** : langue maternelle d'un locuteur, notée O_i. Ensembles de langues d'origines noté $O = \{O_1...O_n\}$.
- **locuteur natif** : locuteur parlant sa lange d'origine.
- **locuteur non-natif** : locuteur parlant une langue cible différente de sa langue d'origine.
- **parole native** : produite par un locuteur natif.
- **parole non-native** : produite par un locuteur non-natif.
- **canonique** : définition extraite du dictionnaire français *"Larousse"* : En linguistique, se dit d'une forme de la langue qui répond aux normes les plus habituelles de la grammaire (par opposition à variante).
- **parole canonique / accent canonique** : conforme aux normes de prononciation de la langue considérée, sans accents étrangers.
- **modèles acoustiques canoniques** : modèles acoustiques n'ayant pas été adaptés à l'accent étranger, utilisés pour la RAP native.
- **système de RAP canonique** : système de RAP utilisant des modèles acoustiques canoniques, sans aucune adaptation aux accents étrangers.
- n : nombre de langues d'origine de l'ensemble $O = \{O_1...O_n\}$.
- $n(x)$, $n_c(x)$: nombre d'occurrences d'un évènement x, avec les conditions éventuelles c.
- n_c : nombre d'éléments dans l'entité c.
- **association phonétique** : notée $a = p \to (m_i)_{i \in [1..n_a]}$. Mise en correspondance entre un phonème p de la langue cible avec une séquences de phonèmes $(m_i)_{i \in [1..n_r]}$ (appartenant à la langue cible ou à la langue d'origine). Incarne une prononciation non-native pour le phonème de la langue cible en question.
- **règle de confusion phonétique** : une association phonétique fréquente, sélectionnée pour former une règle de prononciation non-native.
- **modèle de prononciation non-native** : ensemble des règles de confusions phonétiques.
- **lexique d'un système de RAP** : dictionnaire phonétique contenant les prononciations de chaque mot pris en compte par le système.
- **HMM** : *Hidden Markov Model*, modèle de Markov caché.
- **chemin d'états HMM** : un chemin commençant de l'état initial du HMM et aboutissant à l'état final, en suivant les transitions entre les états du HMM.

Introduction

La parole non-native diffère de la parole native car elle contient des erreurs de prononciations. Les locuteurs non-natifs ont tendance à réaliser certains sons d'une manière proche de celle de leur langue maternelle. Par exemple, une grande partie des locuteurs français prononcent le son [ð] -présent dans le mot anglais "**the**"- comme le son [z] lorsqu'ils parlent l'anglais. De ce fait, un système de reconnaissance automatique de la parole voit ses performances grandement chuter lorsqu'il est confronté à la parole non-native.

Le but de notre travail est de prendre en compte la prononciation des locuteurs non-natifs. L'idée motrice de notre approche est de rendre un système de RAP, d'une langue cible C, plus tolérant aux erreurs de prononciation que commettent les locuteurs d'origine O_i lorsqu'ils parlent la langue C. En d'autres termes, nous visons à ce que les mauvaises prononciations des locuteurs ayant une origine autre que la langue cible aient une influence réduite sur les performances du système de RAP. Vous visons également à maintenir les performances du système de RAP face à la parole canonique de la langue cible.

Dans les sections suivantes, nous allons décrire le schéma général de nos approches pour la RAP non-native. Ensuite, nous décrirons la première partie de notre travail qui concerne la détection de l'origine des locuteurs non-natifs. La méthode que nous avons développée se base sur la détection de séquences de phonèmes discriminantes. Cette détection de la langue maternelle permet de sélectionner le système de RAP approprié pour le locuteur en cours de test. Nous décrirons ensuite notre nouvelle approche pour la modélisation de la prononciation non-native. Nous détaillerons la procédure d'extraction et de mise en œuvre du modèle de prononciation. Nous décrirons également la manière dont nous avons combiné la modélisation de prononciation à l'adaptation acoustique dans le but d'obtenir une précision accrue de la reconnaissance. Ensuite, nous allons décrire l'ajout de contraintes graphémiques à la modélisation de prononciation dons le but d'affiner cette dernière. Enfin, nous présenterons nos approches *multi-accent* qui visent à prendre en compte plusieurs accents étrangers simultanément.

2.1 Schéma général de nos approches pour la RAP non-native

2.1.1 Approches utilisant une détection de la langue maternelle

La première approche que nous avons développée pour la RAP de parole non-native se décompose en deux parties principales, décrites dans les paragraphes suivants.

Détection de la langue d'origine

La première partie concerne la détection de la langue maternelle des locuteurs non-natifs. Il s'agit ici de déterminer, automatiquement, la langue d'origine d'un locuteur non-natif étant donné quelques phrases prononcées par ce locuteur. Le but étant d'orienter la RAP vers un sous-système adapté à l'accent non-natif correspondant à l'origine détectée. La procédure générale de la modélisation et la détection des accents étrangers est illustrée dans la figure 2.1. Dans cette figure, $(B_1 ... B_n)$ représentent les corpus de parole non-native prononcées par des locuteurs d'origines respectives $(O_1 ... O_n)$.

Approche pour la RAP non-native connaissant l'origine du locuteur

La deuxième partie concerne la reconnaissance de parole non-native pour un accent étranger connu. La langue maternelle du locuteur de test, notée O_i, est supposée être connue à l'avance dans cette approche. Cette approche pour la RAP de parole non-native est organisée en deux parties complémentaires. La première partie consiste à construire un modèle qui représente la manière dont les locuteurs étrangers prononcent les phonèmes. Ce modèle se présente sous la forme d'un ensemble de règles de confusions phonétiques résumant les substitutions de phonèmes susceptibles d'être rencontrées dans la parole non-native. La deuxième partie consiste à mettre à profit les informations collectées dans ce modèle de prononciation. Il s'agit de modifier le système de RAP afin que les différentes réalisations phonétiques non-natives soient prises en compte. La figure 2.2 illustre le schéma de notre approche que nous allons décrire plus en détail dans les paragraphes suivants.

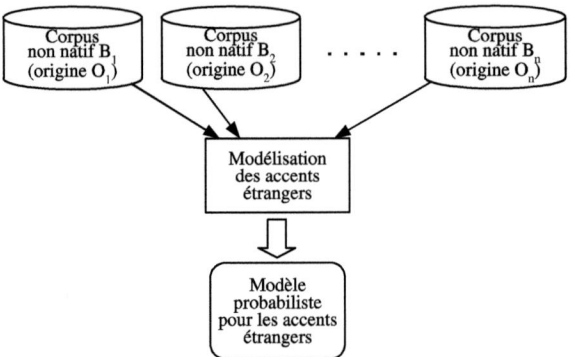

a. Construction du modèle d'accents étrangers

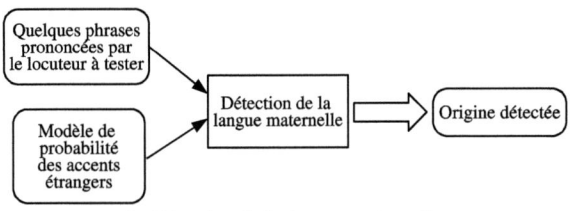

b. Détection de la langue maternelle

FIG. 2.1 – *Schéma général de notre approche pour la détection des accents étrangers.*

2.1. Schéma général de nos approches pour la RAP non-native

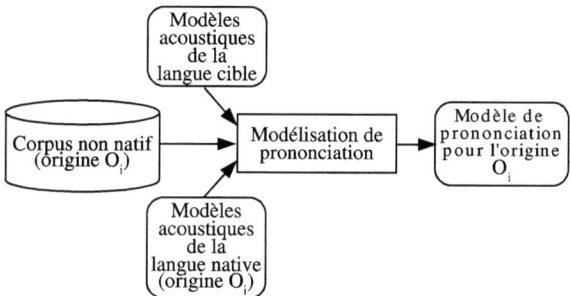
a. Construction du modèle de prononciation

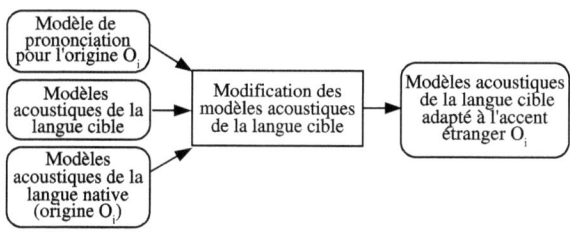
b. Utilisation du modèle de prononciation

FIG. 2.2 – Schéma de notre approche de RAP non-native connaissant l'origine des locuteurs.

29

Chapitre 2. Notre contribution pour la reconnaissance de parole non-native

Approche pour la RAP non-native utilisant une détection de l'origine du locuteur

Les deux méthodes précédentes, "détection de la langue maternelle" et "RAP de parole non-native", sont combinées afin d'obtenir un traitement automatique de la parole non-native. Tout d'abord, quelques phrases prononcées par le locuteur à traiter sont utilisées pour détecter son origine. La langue maternelle du locuteur à tester est ainsi classifiée dans l'une des origines prédéfinies dans le système : i.e. les origines reconnues et prises en compte par le système.

Par la suite, connaissant l'origine du locuteur à tester, les modèles acoustiques adaptés à l'accent étranger correspondant sont sélectionnés. La reconnaissance vocale est ensuite effectuée pour le reste des phrases du locuteur de test en utilisant ces modèles acoustiques.

Le schéma général de nos approches utilisant la détection de l'origine est présenté à la figure 2.3. Dans cette figure, les ensembles de modèles acoustiques illustrés correspondent aux accents (O_1 ... O_n) présentés dans la section précédente.

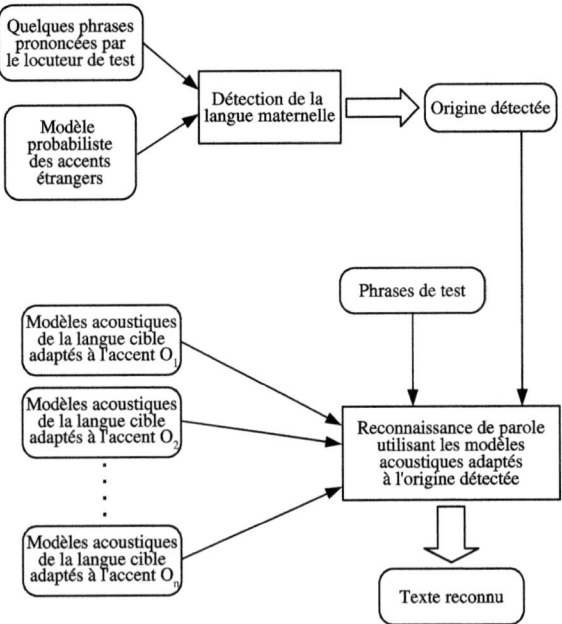

FIG. 2.3 – *Schéma général de la procédure de détection de l'origine et de reconnaissance de RAP non-native.*

2.1.2 Approches multi-accents

Les approches multi-accents, comme la dénomination le suggère, visent à prendre en compte plusieurs accents dans un même système de RAP. L'idée motrice est de s'affranchir de la détection de l'origine des locuteurs à tester. Cela permettrait également de minimiser le nombre de systèmes adaptés à mettre en place. Nous décrirons ces approches plus en détails dans la section 2.8.1.

2.2 Détection de l'origine du locuteur

Les méthodes pour la reconnaissance de parole non-native supposent la connaissance de la langue maternelle des locuteurs à reconnaître. Dans le cadre d'une application d'interaction homme-machine, l'utilisateur devra indiquer son origine au système afin que seul le système de RAP adapté à cette langue native soit utilisé Toutefois, une détection automatique de la langue maternelle du locuteur serait un atout considérable dans le cas d'applications basées sur la RAP et dont les locuteurs non-natifs forment une grande partie des utilisateurs.

Les locuteurs non-natifs sont susceptibles de produire des erreurs de prononciation en parlant une langue étrangère. Ces erreurs peuvent dépendre du niveau de connaissance de la langue cible et de la capacité des sujets à en imiter l'accent.

Dans le cadre de la parole non-native, P. Ladefoged et al. [Ladefoged and Maddieson, 1996] et ceux de R. Jeffers et al. [Jeffers and Lehiste, 1979] ont répertorié les erreurs typiques de prononciation de la langue cible anglaise pour différentes origines. D'une manière générale, ces fautes sont dues aux propriétés phonologiques et articulatoires du couple de langues native/cible. En effet, les locuteurs ayant les mêmes origines partagent les schémas d'articulation et le même ensemble de phonèmes. Ils sont donc susceptibles d'adopter les mêmes mécanismes dans l'exercice d'imitation de l'accent étranger.

Par ailleurs, pour déterminer l'origine d'un locuteur, un être humain se fonde sur ces erreurs typiques.

Nous proposons ici d'utiliser ces indices pour la détection automatique de la langue maternelle de locuteurs non-natifs. Nous supposons l'existence de productions phonétiques spécifiques à chaque origine permettant de les distinguer entre elles. En d'autres termes, nous supposons qu'il existe dans la parole non-native des séquences de phonèmes discriminantes pouvant aider à la détection de la langue d'origine. Plus explicitement, pour un ensemble de langues maternelles $O = \{O_1..O_n\}$ et une langue cible C, nous supposons qu'il existe des ensembles de séquences de phonèmes $S_1..S_n$ (correspondant resp. à $O_1..O_n$) pouvant discriminer les langues maternelles de locuteurs d'origines $(O_1..O_n)$ parlant la langue C.

Notre but ici est de détecter automatiquement ces séquences discriminantes et de les utiliser dans une approche de classification probabiliste. L'approche proposée a fait l'objet des articles [Bouselmi et al., 2007b] et [Bouselmi et al., 2007c], elle sera décrite dans les sections suivantes.

2.2.1 Détection automatique des séquences discriminantes de phonèmes

Nous utilisons à cet effet les modèles acoustiques canoniques $M_1..M_n$ des langues $O_1..O_n$ et les corpus de parole non-native $B_1..B_n$. Un corpus B_i est composé de phrases en langue C prononcées par des locuteurs d'origine O_i. Afin de rapprocher les modèles acoustiques à la parole non-native, nous appliquons une adaptation acoustique non supervisée (cf. 2.6.1). Chaque

Chapitre 2. Notre contribution pour la reconnaissance de parole non-native

ensemble de modèles M_i est adapté sur le corpus correspondant B_i, ce qui donne l'ensemble de modèles adaptés M'_i. Ceci permet de capturer l'accent non-natif des locuteurs composant chacun des corpus B_i.

Une reconnaissance phonétique (boucle de phonèmes) est ensuite effectuée sur l'ensemble du corpus $B = \bigcup_{i=1}^{n} B_i$ et ce en utilisant la réunion des modèles acoustiques adaptés $M' = \bigcup_{i=1}^{n} M'_i$. Les résultats de cette reconnaissance sont ensuite analysés séparément pour chaque partie B_i du corpus. En l'occurrence, toutes les séquences de phonèmes d'une longueur maximale max_p sont extraites avec leurs nombres d'apparitions.

Nous obtenons ainsi des ensembles de séquences de phonèmes préliminaires $S'_1..S'_n$ pour chaque langue $O_1..O_n$. Notons ces séquences $S'_i = \{s_{i,1}..s_{i,k'_i}\}$ et les nombres d'apparitions $n_i(s)$ pour une séquence s de la langue O_i. Ces ensembles S'_i sont ensuite filtrés afin de ne garder que les séquences significatives, ou plus précisément, les séquences discriminantes. Une séquence $s \in S'_i$ est considérée comme séquence discriminante si elle vérifie l'equation (2.1). En d'autre termes, une séquence est dite discriminante pour une langue O_i si son nombre d'apparitions pour O_i est supérieur à celui de toutes les autre langues. Plus simplement, une suite de phonèmes est significative pour O_i si elle est beaucoup plus fréquente pour O_i que pour les autres langues. On obtient ainsi les ensembles de séquences phonétiques discriminantes $S_1..S_n$. Des exemples de séquences discriminantes de phonèmes sont présentées dans le chapitre suivant.

$$n_i(s) \geq \zeta \; n_k(s), \forall k \neq i \tag{2.1}$$

où ζ est un facteur positif.

2.2.2 Calcul de probabilités

Connaissant les ensembles $S_i = \{s_{i,1}..s_{i,k_i}\}$ et les nombres d'apparitions des séquences qui les composent, il s'agit de déterminer la probabilité $P(O_i/H)$ d'une langue maternelle O_i sachant une liste de séquences phonétiques observées $H = \{s_1..s_{n_H}\}$. Cette probabilité n'est pas calculable directement et nous devons passer par d'autres expressions intermédiaires.

En premier lieu, nous pouvons procéder au calcul de quelques probabilités *a priori*. Les probabilités suivantes sont conditionnées par l'ensemble de modèles M', le corpus B et les ensembles $S_1..S_n$. Ces conditions ne sont pas présentes dans les notations pour des raisons de clarté.

La probabilité *a priori* d'une langue d'origine O_i est calculée au maximum de vraisemblance comme suit :

$$P(O_i) = \frac{\sum_{m=1}^{k_i} n_i(s_{i,m})}{\sum_{l=1}^{n} \sum_{m=1}^{k_l} n_l(s_{l,m})} = \frac{\sum_{x \in S_i} n_i(x)}{\sum_{l=1}^{n} \sum_{x \in S_l} n_l(x)} \tag{2.2}$$

où k_i est le nombre de séquences dans l'ensemble S_i relatif à l'origine O_i,
$k_i = card(S_i)$.

De même, la probabilité *a priori* d'une séquence de phonèmes s est calculée au maximum de vraisemblance comme suit :

$$P(s) = \frac{\sum_{l=1}^{n} n_l(s)}{\sum_{l=1}^{n} \sum_{m=1}^{k_l} n_l(s_{l,m})} = \frac{\sum_{l=1}^{n} n_l(s)}{\sum_{l=1}^{n} \sum_{x \in S_l} n_l(x)} \qquad (2.3)$$

Et enfin, la probabilité *a priori* d'une séquence de phonèmes s conditionnée par une langue O_i est calculée au maximum de vraisemblance comme suit :

$$P(s/O_i) = \frac{n_i(s)}{\sum_{m=1}^{k_i} n_i(s_{i,m})} = \frac{n_i(s)}{\sum_{x \in S_i} n_i(x)} \qquad (2.4)$$

En utilisant la loi de bayes, les équations (2.2), (2.3) et (2.4) nous pouvons déduire la probabilité d'une langue maternelle O_i sachant une séquence s conformément à l'équation (2.5).

$$P(O_i/s) = \frac{P(s/O_i)\ P(O_i)}{P(s)}$$

$$= \frac{\frac{n_i(s)}{\sum_{x \in S_i} n_i(x)} \frac{\sum_{x \in S_i} n_i(x)}{\sum_{l=1}^{n} \sum_{x \in S_l} n_l(x)}}{\frac{\sum_{l=1}^{n} n_l(s)}{\sum_{l=1}^{n} \sum_{x \in S_l} n_l(x)}} = \frac{n_i(s)}{\sum_{l=1}^{n} n_l(s)} \qquad (2.5)$$

En supposant que les séquences observées $H = \{s_1..s_{n_H}\}$ sont indépendantes, nous pouvons déduire l'expression de la probabilité $P(O_i/H)$ (équation 2.6). L'indépendance des séquences de H n'est pas valide, mais il est nécessaire de supposer sa véracité. Dans le cas contraire, il faudrait déterminer les dépendances entre toutes les séquences de phonèmes possibles, ce qui est impossible à réaliser, du moins pour ce qui concerne notre corpus de taille relativement réduite.

$$P(O_i/H) = \frac{P(H/O_i)P(O_i)}{P(H)} = \frac{P(s_1..s_{n_H}/O_i)P(O_i)}{P(s_1..s_{n_H})}$$

$$= \frac{P(O_i) \prod_{m=1}^{n_H} P(s_m/O_i)}{\prod_{m=1}^{n_H} P(s_m)}$$

$$= P(O_i)^{1-n_H} \prod_{m=1}^{n_H} \frac{P(s_m/O_i)P(O_i)}{P(s_m)}$$

$$= P(O_i)^{1-n_H} \prod_{m=1}^{n_H} P(O_i/s_m) \qquad (2.6)$$

2.2.3 Classification de la langue maternelle

A cette étape, pour déterminer l'origine d'un locuteur parlant la langue cible C, nous devons disposer de quelques phrases enregistrées par ce dernier. Une reconnaissance phonétique de ces enregistrements est appliquée en utilisant l'ensemble de modèles adaptés M' (cf. § 2.2.1). Les transcriptions résultantes sont analysées afin d'extraire toutes les séquences de phonèmes discriminantes, i.e. celles qui sont également présentes dans les ensembles $S_1..S_n$. Pour un ensemble de séquences observées $H = \{s_1..s_{n_H}\}$, nous pouvons calculer les probabilités *a posteriori* $P(O_i/H)$ que le locuteur testé soit d'origine O_i, conformément à l'équation (2.5). Le locuteur est classifié d'origine $O_{\tilde{i}}$, où $O_{\tilde{i}}$ vérifie :

$$O_{\tilde{i}} \, / \, \tilde{i} \; = \; \underset{i=1}{\overset{n}{argmax}} \; P(O_i/H) \qquad (2.7)$$

2.3 Modèle de prononciation non-native

L'approche présentée ici a été publiée dans [Bouselmi et al., 2005], [Bouselmi et al., 2006a], [Bouselmi et al., 2006b] et [Bouselmi et al., 2006c]. La modélisation de prononciation consiste à détecter les erreurs que commettent les locuteurs non-natifs en parlant une langue étrangère. Il s'agit de déterminer les différentes façons dont pourrait être réalisé chacun des sons de la langue cible.

Les locuteurs non-natifs ont tendance à prononcer les sons comme dans leur langue d'origine quand ils parlent une langue étrangère. De plus, lors de cet exercice de parole non-native, ces locuteurs peuvent être amenés à réaliser des sons qui n'existent pas dans leur langue d'origine. Le plus souvent, ces locuteurs remplacent ces sons qu'ils ne sont pas habitués à prononcer par des sons du répertoire maternel qu'ils considèrent proches. Par exemple, le son [ʃ] présent dans le mot anglais "show", est souvent prononcé comme le son [s] par les locuteurs grecs. Le tableau 2.1 présente quelques uns des remplacements les plus courants de phonèmes anglais par des phonèmes de la langue maternelle produits par des locuteurs non-natifs. Ce tableau a été établi selon les travaux de Jeffers et al. [Jeffers and Lehiste, 1979] et de Ladefoged et al. [Ladefoged and Maddieson, 1996]. Les phonèmes anglais présentés dans cette table n'existent pas dans les langues maternelles respectives. Nous pouvons voir que ces sons sont remplacés par des sons de la langue maternelle qui sont considérés comme proches.

Ces erreurs dépendent du locuteur, de sa maîtrise le langue cible et de son aptitude à en imiter l'accent. La figure 2.4.a illustre la répartition de 81 locuteurs non-natifs selon leur maîtrise de prononciation de l'anglais. Ce groupe de locuteurs est constitué de 31 français, 20 italiens, 20 grecs et 10 espagnols. L'évaluation a été effectuée par un auditeur d'origine américaine et chacun des locuteurs a été affecté d'une note allant de 1 à 5. Nous pouvons voir sur cette figure que le niveau de maîtrise de la prononciation de l'anglais est variable. En outre, très peu de locuteurs testés ont un accent médiocre (note 1), et la majorité d'entre eux ont été classés dans les tranches moyennes (notes 2-4). Notons également qu'environ 10% des locuteurs ont un accent anglais jugé

2.3. Modèle de prononciation non-native

TAB. 2.1 – *Remplacements de phonèmes de l'anglais par des phonèmes de la langue maternelle. Extrait de [Ladefoged and Maddieson, 1996] et [Jeffers and Lehiste, 1979].*

Origine des locuteurs	Phonème anglais	Phonème prononcés
Français	/ð/ (the)	[z] ou [s]
	/tʃ/ (church)	[ʃ]
	/dʒ/ (judge)	[ʒ]
Grèque	/ʃ/ (resp. /tʃ/)	[s] (resp. [ts])
	/dʒ/	[dz]
	/h/ (hotel)	[x] (comme dans le mot allemand ba**ch**)
Espagnol	/ʊ/	[u]
	/é	[ɛ], [e] ou [a]
	/oʊ/	[o]
Italien	/ɪ/	[i]
	/ʊ/	[u]
	/oʊ/	[o]

très bon.

La figure 2.4.b montre la répartition de ces mêmes locuteurs selon les résultats d'une reconnaissance de parole donnée par un système de RAP anglaise canonique. Les taux d'erreurs en mots peuvent être considérés comme un indicateur de la maîtrise de la prononciation anglaise. Nous observons que ces taux d'erreurs donnés par le système de RAP sont très variables pour les locuteurs étrangers. Notons également que la majorité des locuteurs sont répartis dans les tranches de taux d'erreurs moyennes : 4 à 8.

La figure 2.4.c illustre la répartition de ces locuteurs en fonction de la note qui leur a été affectée et du taux d'erreurs en mots donné par des modèles acoustiques anglais. Dans cette figure, l'abscisse des points représente la note des locuteurs, et l'ordonnée représente le taux d'erreurs.

Du point de vue d'une langue, un phonème (son élémentaire) est la plus petite unité sonore dépourvue de sens. Ces unités permettent, seules ou en combinaison avec d'autres, de constituer des mots. Dans certaines langues, certains phonèmes se présentent comme l'agglomération ou concaténation de deux ou plusieurs phonèmes dans une autre langue. C'est le cas de la diphtongue anglaise [aɪ] ("hide") qui n'existe pas en français. Elle pourrait néanmoins être représentée comme la suite de phonèmes français [a] et [i]. Voici d'autres exemples de phonèmes anglais correspondant à une suite de phonèmes français :
- phonème anglais [eɪ] se prononce comme la suite de phonèmes français ([e], [i]).
- phonème anglais [ɔɪ] se prononce comme la suite de phonèmes français ([ɔ], [i]).
- phonème anglais [tʃ] se prononce comme la suite de phonèmes français ([t], [ʃ]).

Par conséquent, nous avons choisi de représenter les erreurs de prononciation en utilisant les phonèmes de la langue maternelle. C'est à dire, pour un phonème de la langue cible, les prononciations non-natives sont représentées par des suites de phonèmes de la langue maternelle. De plus, pour un même phonème de la langue cible, il peut exister plusieurs prononciations non-natives différentes. C'est le cas du phonème anglais [ð] qui peut être réalisé comme les phonèmes français [z] ou [s]. Dans notre modèle de prononciation, nous avons opté pour plusieurs

35

Chapitre 2. Notre contribution pour la reconnaissance de parole non-native

prononciations alternatives pour chaque phonème de la langue cible.

2.3.1 Formalisation du modèle de prononciation

Le modèle de prononciation que nous avons proposé consiste en un ensemble de règles de confusions phonétiques. Chacune de ces règles de confusions représente une prononciation non-native que pourraient produire les locuteurs d'origine O_i. Les prononciations non-natives de phonèmes de C sont exprimées par des phonèmes de la langue d'origine des locuteurs (O_i). En effet, dans notre modèle, à chaque phonème p de C sont associées une ou plusieurs suites de phonèmes de O_i. Chacune de ces suites représente une réalisation de p produite par les locuteurs d'origine O_i. L'utilisation des modèles acoustiques de la langue maternelle permettrait de mieux modéliser l'accent non-natif, puisque les locuteurs étrangers ont tendance à prononcer d'une manière similaire à leur langue d'origine. De plus, la prise en compte de plusieurs prononciations non-natives pour chaque phonème de langue cible permet de couvrir plus d'erreurs. Enfin, ce modèle de prononciation gère l'absence de correspondance directe entre certains phonèmes de C et O_i, puisque les prononciations non-natives sont représentées en tant que suites de phonèmes (cf. 2.3).

D'une façon plus formelle, le modèle de prononciation se présente sous la forme d'un ensemble de règles de confusions phonétiques entre les phonèmes de C et de O_i. En voici un exemple réel extrait par notre système dans le cas du phonème anglais [tʃ] prononcé par des locuteurs français :
- règle 1 :   [tʃ] → [t] [ʃ], $P($ [tʃ] → [t] [ʃ] $)$ = 0.6
- règle 2 :   [tʃ] → [ʃ], $P($ [tʃ] → [ʃ] $)$ = 0.4

A chaque règle est rattachée une probabilité *a priori* d'apparition qui traduit la fréquence d'occurrence de la prononciation correspondante. Dans l'exemple précédent, le phonème anglais peut être prononcé comme la suite de phonèmes français [t] et [ʃ] avec une probabilité *a priori* de 0.6. Ce même phonème peut être réalisé comme le phonème [ʃ] avec une probabilité de 0.4.

Soit R l'ensemble de règles de confusions phonétiques, i.e. le modèle de prononciation. Les probabilités des règles de confusions phonétiques vérifient la propriété de l'équation (2.8).

$$[\sum_{r \in R_p} P(r)] = 1, \ \forall \ phonme \ p \tag{2.8}$$

où R_p est l'ensemble de règles de confusions phonétiques pour le phonème p de la langue C.

2.4 Construction automatique du modèle de prononciation

Dans notre travail, nous avons comme but de développer un procédé automatique pour la modélisation de la prononciation non-native, ce qui nous permet de nous affranchir de l'intervention d'experts humains. Notamment, il ne sera pas nécessaire d'avoir recours aux connaissances d'experts en phonétique pour qui les deux langues cible et maternelle sont familières. De plus, un procédé automatique est facilement reproductible pour d'autres couples de langues.

Nous proposons d'utiliser un corpus de parole non-native pour construire le modèle de prononciation. C'est-à-dire, de la parole en langue C (langue cible) prononcée par des locuteurs d'origine O_i. L'idée motrice est de comparer automatiquement ce qui a été réellement prononcé à ce qui aurait dû l'être afin de mettre en correspondance les phonèmes réalisés et les phonèmes de référence. En d'autres termes, pour chacune des phrases du corpus, il s'agit de :

2.4. Construction automatique du modèle de prononciation

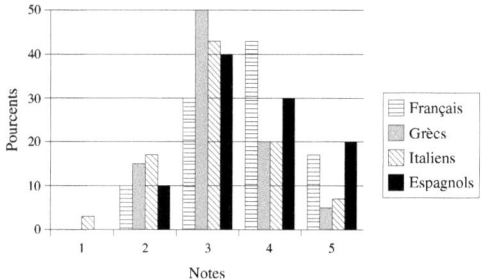

a. Notes affectées par une auditrice d'origine anglaise.
Une note élevée indique une bonne maîtrise de la prononciation anglaise.

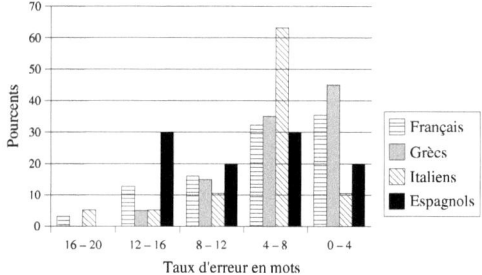

b. Taux de reconnaissance en mots donnés par des modèles canoniques anglais.
Un taux d'erreurs bas pourrait indiquer une bonne maîtrise de la prononciation anglaise.

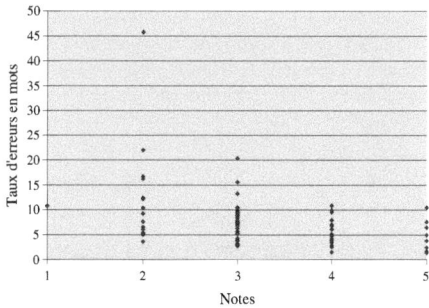

c. Répartition des locuteurs non-natifs en fonction de la note qui leur a été affectée et du taux d'erreurs en mots. Les notes ont été affectées par une locutrice anglaise et les taux d'erreurs en mots ont été donnés par des modèles canoniques anglais.

FIG. 2.4 – *Répartition d'un groupe de locuteurs selon leur niveau de maîtrise de la prononciation anglaise.*

Chapitre 2. Notre contribution pour la reconnaissance de parole non-native

- déterminer les temps de début et de fin pour les phonèmes de référence, i.e. les phonèmes de C qui auraient dû être réalisés,
- déterminer les phonèmes de O_i qui ont été effectivement réalisés ainsi que leurs temps de début et de fin,
- comparer les transcriptions obtenues et déduire des associations entre les phonèmes de C et les suites de phonèmes de O_i qui ont été prononcés dans la même période,
- filtrer ces associations selon des critères prédéfinis afin de déduire des règles confusions phonétiques, i.e. le modèle de prononciation.

Ce processus est illustré dans la figure 2.5, il sera décrit plus en détails dans les paragraphes suivants.

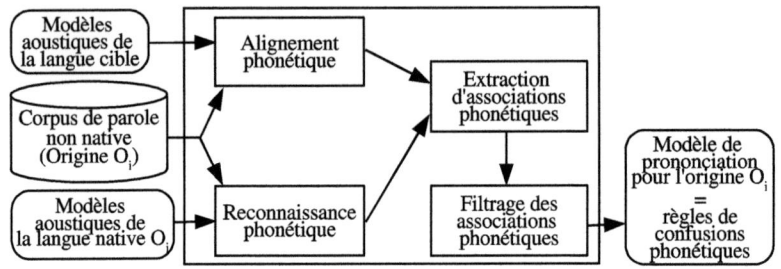

FIG. 2.5 – *Construction du modèle de prononciation*

2.4.1 Extraction des règles de confusions phonétiques

Nous avons recours aux systèmes de RAP de la langue cible et de la langue maternelle dans cette étape. Le système de RAP de la langue cible (C) est utilisé dans une phase d'alignement phonétique. Un alignement phonétique consiste à utiliser la transcription de la parole prononcée afin de déterminer les intervalles de temps d'occurrence des phonèmes. La figure 2.6 montre l'alignement phonétique en utilisant le système de RAP de C pour le cas du mot anglais "*approach*". Comme on peut le voir sur cette figure, la transcription de l'enregistrement sonore est fournie au système de RAP.

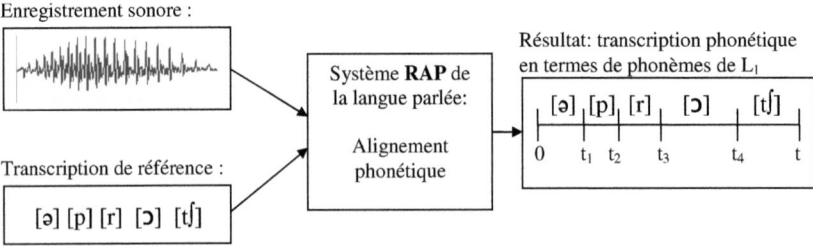

FIG. 2.6 – *Alignement phonétique en utilisant le RAP de C pour le mot anglais "approach"*

Dans un second temps, le système de RAP de la langue maternelle est mis à profit pour

2.4. Construction automatique du modèle de prononciation

effectuer une reconnaissance phonétique sur le corpus. Contrairement à l'alignement phonétique, la transcription de l'enregistrement sonore n'est pas fournie au système de RAP. Il s'agit ici de déterminer quels phonèmes de la langue O_i ont été prononcés et les temps d'occurrence de chacun. Cette procédure est illustrée dans la figure 2.7 pour le mot anglais "*approach*" et dans le cas du français comme langue maternelle.

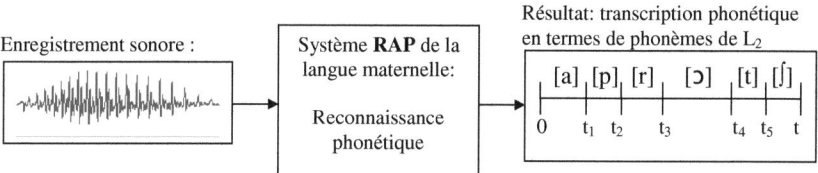

FIG. 2.7 – *Reconnaissance phonétique en utilisant le RAP de la langue O_i pour le mot anglais "approach"*

Une fois l'alignement et la reconnaissance phonétiques effectués sur tout le corpus de parole non-native, les deux transcriptions correspondantes pour chaque phrase sont comparées. Un alignement temporel de ces deux transcriptions permet de mettre en correspondance chaque phonème de référence avec la suite de phonèmes de la langue maternelle qui sont prononcés dans le même intervalle de temps. En d'autre termes, un phonème de référence (qui aurait dû être prononcé) est associé à la suite de phonèmes qui ont été réalisés pendant la même période de temps. La figure 2.8 illustre l'alignement temporel et la mise en correspondance des phonèmes.

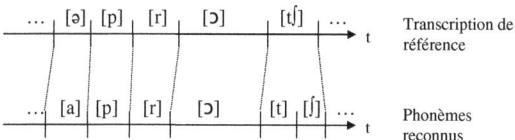

FIG. 2.8 – *Alignement temporel de la transcription de référence et des phonèmes reconnues pour le mot anglais* "approach".

Sachant que les systèmes de RAP sont sujets à des erreurs, la détection des temps de début et de fin des phonèmes dans la transcription de référence et la transcription reconnue ne sont pas exacts. Il y a donc de très faibles chances que les limites des intervalles de temps (le début et la fin) d'occurrences des phonèmes coïncident. Nous avons relâché cette contrainte comme suit : à un phonème de référence p est associée la suite de phonèmes de la langue maternelle dont au moins la moitié de l'intervalle de temps de réalisation est inclus dans celui de p. De cette manière, les erreurs d'alignement et de reconnaissance phonétiques auront une influence réduite sur l'extraction d'associations.

Dans l'exemple de la figure 2.8, on extrait les associations suivantes :

$$[\text{ə}] \rightarrow [\text{a}]$$
$$[\text{p}] \rightarrow [\text{p}]$$
$$[\text{r}] \rightarrow [\text{r}]$$
$$[\text{ɔ}] \rightarrow [\text{ɔ}]$$
$$[\text{tʃ}] \rightarrow [\text{t}][\text{ʃ}]$$

Chacune de ces associations reflète une réalisation possible du phonème correspondant par le locuteur non-natif ayant prononcé la phrase en cours. Par exemple, le phonème de référence [ə] a été réalisé comme le son [a] de la langue maternelle. De même, le phonème [tʃ] a été prononcé comme la suite de phonèmes [t] et [ʃ].

En somme, à chaque occurrence d'un phonème de la transcription de référence p, une association est extraite comme décrit plus haut. Et pour chaque phrase de notre corpus de parole non-native, un ensemble d'associations phonétiques est extrait en comparant la transcription de référence et celle reconnue. Nous obtenons un ensemble d'associations A, avec leurs nombres d'apparitions $n(a)$, $\forall a \in A$.

L'étape suivante consiste à sélectionner parmi les associations de A celles qui sont les plus pertinentes, i.e. les plus fréquentes, pour former les règles de confusions phonétiques. Une association a_p, pour un phonème de référence p, est choisie pour former une règle si sa fréquence d'apparition explique une grande partie des associations du phonème p. En d'autre termes, une association a_p est retenue si elle vérifie la condition suivante :

$$n(a_p) \geq \alpha \max_{a \in A_p}\{ n(a) \} \qquad (2.9)$$

où A_p est l'ensemble des associations pour le phonème de référence p, et α un facteur vérifiant $0 < \alpha < 1$.

Nous obtenons l'ensemble des règles de confusions phonétiques R, ou encore *le modèle de prononciations non-natives*. Une probabilité *a priori* est adjointe à chacune des règles de cet ensemble. Ces probabilités sont calculées au maximum de vraisemblance par l'équation (2.10).

$$P(r_p) = \frac{n(r_p)}{\sum_{r \in R_p} n(r)} \qquad (2.10)$$

où r_p est une règle de confusion phonétique pour le phonème de référence p, R_p est l'ensemble des règles pour p et $n(r)$ est le nombre d'apparitions de l'association a ayant donné naissance à la règle r ($n(r) = n(a)$).

2.5 Modification des HMM en fonction des règles de confusions phonétiques

Dans cette étape, il s'agit de prendre en compte le modèle de prononciation non-native dont l'extraction a été détaillée dans le paragraphe précédent. Nous voulons modifier le système de RAP afin que les erreurs de prononciation soient moins pénalisantes pour les performances de ce dernier. En d'autres termes, il s'agit de faire en sorte que le système accepte, pour chaque phonème, la prononciation de référence ainsi que chacune des prononciations alternatives.

2.5. Modification des HMM en fonction des règles de confusions phonétiques

Dans les travaux de précédents, ces modifications ont été introduites dans différents niveaux du système de RAP. Un système de RAP (fondé sur des HMM) se compose principalement d'un modèle de langage, un dictionnaire phonétique, un ensemble de modèles acoustiques et d'un moteur de reconnaissance. Les modèles acoustiques représentent chaque son ou phonème de la langue cible avec les variantes intrinsèques à la langue. Un modèle acoustique est une représentation paramétrique d'un phonème permettant de le distinguer des autres phonèmes de la langue. Le dictionnaire phonétique, ou encore lexique, établit le lien entre la représentation sonore et la graphie de chaque mot de la langue : à chaque mot est associé une (ou plusieurs) prononciation qui consiste en une suite de phonèmes, comme illustré dans le tableau suivant.

TAB. 2.2 – *Prononciations du mot anglais* Message *dans le dictionnaire phonétique du CMU*[5]

Mot	Prononciation
Message	[m] [ɛ] [s] [ə] [dʒ]
Message	[m] [ɛ] [s] [iː] [dʒ]

Afin de permettre au système de considérer les prononciations non-natives comme étant des variantes des phonèmes de référence, l'approche la plus directe et la plus simple consisterait à modifier le lexique en introduisant toutes les combinaisons de prononciations possibles. Ceci reviendrait à remplacer les phonèmes de référence par les suites de phonèmes correspondantes (selon le modèle de prononciation) et introduire autant d'entrées dans le lexique que de prononciations possibles. Malheureusement, cette approche augmente la taille du lexique de manière exponentielle. En effet, en supposant que dans le modèle de prononciation non-native on ait r prononciations différentes par phonème, un mot composé de p phonèmes engendrerait $(r+1)^p$ combinaisons de prononciations.

Cet accroissement de la taille du lexique est un handicap majeur puisque la taille du dictionnaire résultant serait difficile à gérer. Dans ce cas, un filtrage des combinaisons possibles de phonèmes devra être effectué. Par conséquent, seulement un petit nombre des combinaisons de prononciations pourra être inclus dans le système. Dans le paragraphe suivant, nous décrirons notre approche qui conserve l'ensemble des combinaisons avec un accroissement linéaire de la complexité des paramètres.

2.5.1 Ajout de nouveaux chemins dans les modèles HMMs

Comme nous l'avons remarqué plus haut, l'approche la plus naturelle pour l'introduction de nouvelles prononciations serait de modifier le lexique du système de RAP. Dans notre approche, voulons prendre en compte toutes les combinaisons phonétiques possibles. Au lieu d'introduire les combinaisons de prononciations au niveau du lexique, nous proposons d'effectuer cela au niveau des modèles acoustiques mêmes, i.e. les modèles HMMs dans notre cas ("*Hidden Markov Model*" ou Modèle de Markov Cachés).

Un HMM est un automate probabiliste conçu pour modéliser l'émission de suites d'observations. Dans notre cas, les observations sont les éléments du signal de parole discrétisé (et éventuellement transformé par un procédé de paramétrisation). A chaque son d'une langue particulière est associé un modèle HMM représentant ce son et permettant de le discriminer parmi

Chapitre 2. Notre contribution pour la reconnaissance de parole non-native

l'ensemble des phonèmes possibles. Classiquement, les modèles HMM utilisés dans les systèmes de RAP se présentent sous la forme d'un ensemble de "n" états (3 ou plus) liés par des transitions donnant une topologie dite "*gauche-droite*". Cette topologie, comme illustré dans la figure 2.9, préconise que la réalisation d'un phonème se produit en plusieurs intervalles de temps où les caractéristiques du son sont constantes ou ont des variations constantes. Cette topologie prévoit que chaque état du HMM modélise une de ces parties temporelles dans un ordre chronologique.

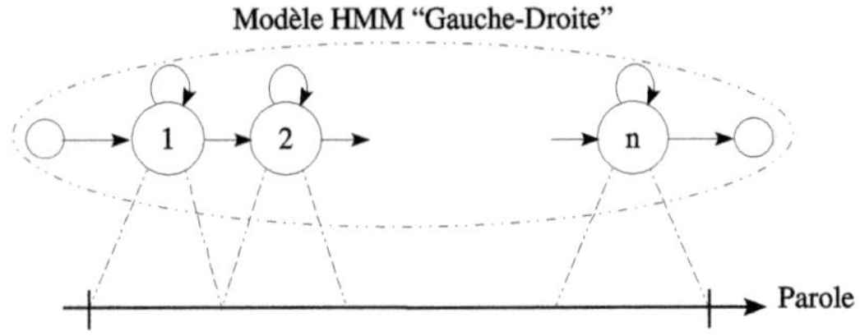

FIG. 2.9 – *Topologie d'un modèle HMM "gauche-droite".*

Dans notre approche, nous proposons de modifier la topologie des modèles acoustiques (HMMs) des phonèmes de la langue cible en ajoutant des chemins alternatifs correspondant aux prononciations non-natives. En d'autres termes, pour un phonème p de C, chaque règle $r_p \in R_p$ donnera lieu à un chemin d'états alternatifs dans le modèle de p qui sera composé de la concaténation des modèles des phonèmes présents dans la partie droite de r_p. Le modèle modifié du phonème p contiendra donc :
- un chemin correspondant au modèle canonique de p, i.e. le modèle de p sans aucune modification
- un chemin alternatif supplémentaire correspondant à chaque règle de R_p

Afin d'illustrer cette procédure, considérons l'exemple de règles de confusions phonétiques pour le phonème anglais [tʃ] dans le cas où la langue maternelle est le français :
- règle 1 : [tʃ] → [t] [ʃ], $P($ [tʃ] → [t] [ʃ] $)$ = 0.6
- règle 2 : [tʃ] → [ʃ], $P($ [tʃ] → [ʃ] $)$ = 0.4

Dans cet exemple, le modèle modifié du phonème [tʃ] est représenté dans la figure 2.10, dans le cas où les modèles comportent 3 états. Comme on peut le constater sur cette figure, le modèle contient 3 chemins distincts représentant respectivement la prononciation canonique du phonème [tʃ], la 1ere prononciation non-native ([ʃ]) et la 2eme prononciation non-native ([t], [ʃ]). Ces chemins sont disjoints et mutuellement exclusifs, c'est-à-dire qu'en parcourant cet automate de l'état initial jusqu'à l'état final, un seul chemin pourra être emprunté sans possibilités de passage par des états intermédiaires d'autres chemins. En d'autre termes, à la phase de reconnaissance, une seule prononciation pourra être choisie et associée à un seul chemin de ce modèle. Les probabilités *a priori* des règles de confusions phonétiques sont reportées sur les transitions de sorties de l'état fictif de départ de manière à respecter une des propriétés des HMMs : la somme des probabilités des transitions sortantes est égale à 1. Le facteur $\beta \in]0..1[$ dans cette figure est une pondération entre la prononciation canonique et les prononciations non-natives.

De cette manière, le modèle modifié représentera, en parallèle, la réalisation canonique du phonème p ainsi que toutes les différentes prononciations non-natives présentes dans le modèle de prononciation. Ce modèle résultant pourra être utilisé dans le système de RAP à la place du

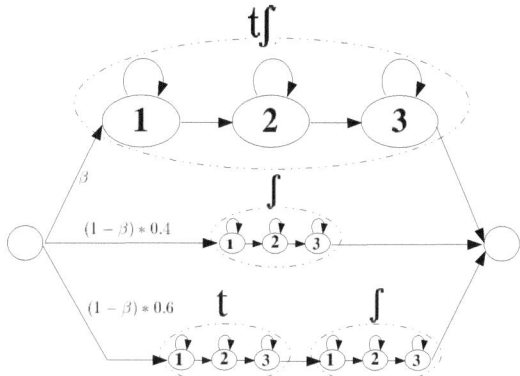

FIG. 2.10 – *Modèle modifié du phonème anglais [tʃ]*.

modèle original du phonème p. Notons également que, à la différence de la modification du lexique, notre approche résulte en un simple accroissement linéaire de la complexité de ces modèles acoustiques. En effet, en supposant que le nombre maximal de prononciations non-natives par phonème soit k et que le nombre maximal de phonèmes dans la partie gauche des règles de confusions phonétiques soit l, le facteur maximal d'accroissement du nombre de paramètres acoustiques sera : $l(k+1)$.

2.6 Combiner la modélisation de prononciation et l'adaptation acoustique aux accents étrangers

Lors de la reconnaissance vocale, le système de RAP est confronté à des signaux de parole pouvant présenter des caractéristiques différentes de celles prévues lors de l'apprentissage des modèles acoustiques. Ces variations peuvent se situer à différents niveaux :
- les conditions d'enregistrement, englobant le niveau de bruit externe et les distorsions intrinsèques aux matériels d'enregistrement
- parole spontanée ou lue
- le locuteur lui-même : son âge, son sexe, son état psychologique (stress) et physique (fatigue) au moment de l'enregistrement
- l'accent du locuteur : que ce soit un accent régional (un accent du sud français par exemple) ou encore un accent étranger

Ces différentes conditions (non exhaustives) sont autant d'éléments de variabilité qui peuvent occasionner une discordance entre la parole à traiter et les modèles acoustiques utilisés, et induire une chute des performances de la reconnaissance vocale. L'une des approches classiques pour remédier à ce problème est l'adaptation acoustique. Il s'agit d'introduire des transformations dans les modèles acoustiques afin de les rapprocher de la parole en cours de traitement. Cette procédure nécessite de disposer d'un échantillon de la parole à reconnaître. Plus la taille de l'échantillon est grande, meilleure sera l'adaptation des modèles acoustiques.

Chapitre 2. Notre contribution pour la reconnaissance de parole non-native

Dans cette section, nous proposons d'effectuer une adaptation acoustique des modèles acoustiques de la langue cible et de la langue native, en amont du processus de modélisation de prononciation. Ainsi, le système de RAP natif ferait moins d'erreurs de reconnaissance phonétique et le système de RAP cible produirait des frontières temporelles plus précises dans les alignements produits. Nous espérons ainsi obtenir un modèle de prononciation plus précis et contenant moins d'erreurs. De plus, nous proposons d'utiliser les mêmes modèles phonétiques adaptés durant la deuxième phase de notre approche qui consiste à injecter le modèle de prononciation dans le système de RAP cible. La figure 2.11 illustre le processus que nous détaillons ici (voir également la figure 2.2).

Les approches présentées dans cette section ont été publiées dans [Bouselmi et al., 2007a]. Dans les prochains paragraphes, nous allons décrire les méthodes d'adaptation acoustique que nous avons utilisées. Nous allons en outre détailler la manière dont nous avons mis à profit ces méthodes dans le cadre de notre approche.

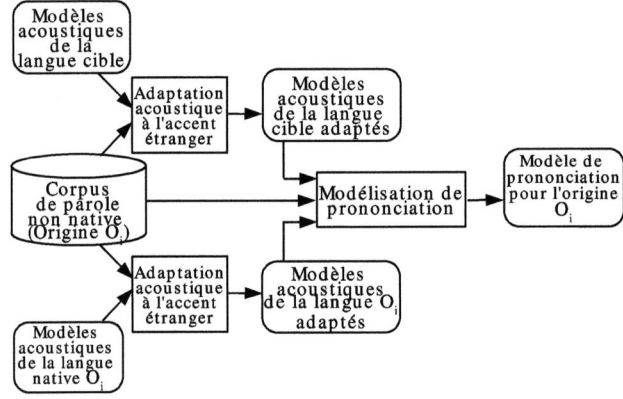

a. Construction du modèle de prononciation

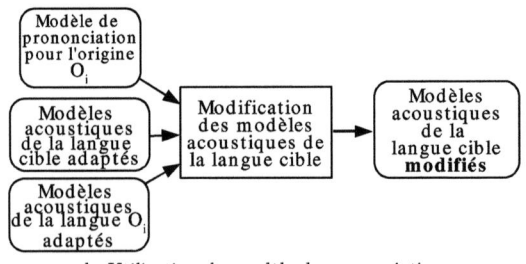

b. Utilisation du modèle de prononciation

FIG. 2.11 – *Combinaison de la modélisation de prononciation et de l'adaptation acoustique.*

44

2.6. Combiner la modélisation de prononciation et l'adaptationacoustique aux accents étrangers

2.6.1 MLLR et MAP

Les méthodes *MLLR* (*Maximum Likelihood Linear Regression*) et *MAP* (*Maximum A Posteriori*) sont les approches les plus courantes en ce qui concerne l'adaptation acoustique. Elles sont utilisées dans le cadre de "l'adaptation au locuteur", où le but est de rapprocher les modèles de la voix de la personne enregistrée. Elles sont également utilisées pour l'adaptation des modèles acoustiques à l'environnement et au canal d'enregistrement. Ces deux méthodes reposent sur l'utilisation de quelques enregistrements audio pour modifier les modèles.

Nous avons entrepris l'adaptation des modèles acoustiques des modèles de la langue cible et ceux de la langue native en utilisant les deux types d'adaptation. L'adaptation *MAP* a été précédée par l'adaptation *MLLR*.

Les modèles acoustiques de la langue cible ont été adaptés en tenant compte de la transcription phonétique du corpus non-native dont nous disposons, i.e. la liste de phonèmes prononcés dans chaque phrase. Il s'agit dans ce cas d'une adaptation dite *supervisée*. En ce qui concerne les modèles de la langue maternelle des locuteurs, nous avons effectué une adaptation *non supervisée* puisque l'ensemble de phonèmes de la langue maternelle ne correspond pas à ceux de la langue cible. Dans une adaptation *non supervisée*, les modèles acoustiques à adapter sont d'abord utilisés dans une phase de reconnaissance phonétique. Cette dernière fournit une transcription phonétique du corpus en termes de phonèmes de la langue maternelle. L'adaptation acoustique peut alors être effectuée en se basant sur cette transcription. Ceci est illustré dans la figure 2.12.

2.6.2 Modèles ré-estimés

Généralement dans le cas de la parole native, des corpus de parole de taille suffisante sont disponibles pour l'entraînement des modèles acoustiques. La taille de ces corpus est primordiale pour l'obtention de modèles phonétiques fiables. Ainsi, plus cette base est volumineuse, plus la capacité de généralisation des modèles entraînés est importante et plus la précision du système de RAP pourra être grande.

Dans le cas de la parole non-native, nous observons des réalisations acoustiques différentes des prononciations standard. Ces prononciations déviantes dépendent à la fois de la langue native et cible. Ainsi, pour un couple de langues native/cible donné, on pourrait considérer la parole non-native comme une variante de la parole cible. Cette variante partage les mêmes propriétés grammaticales que la langue cible, mais possède un ensemble de phonèmes différent.

Ainsi, dans le cas idéal où on disposerait d'un corpus de parole de taille suffisante, on pourrait entraîner de modèles acoustiques de façon classique. Malheureusement, pour des raisons évidentes de coûts en ressources matérielles et humaines, il n'existe pas de corpus de parole non-native de la taille nécessaire pour chaque couple de langue maternelle/cible.

Toutefois, l'enregistrement de corpus de parole non-native de plus petite taille est plus accessible. Nous proposons ici de tirer profit de ces corpus par le biais de la ré-estimation des modèles acoustiques. En effet, bien que ces bases n'offrent pas la quantité de données nécessaire à l'apprentissage "*from scratch*" de modèles phonétiques, il serait possible de les utiliser pour ré-estimer des modèles acoustiques pré-entraînés. En d'autres termes, nous proposons de se baser sur les paramètres des modèles acoustiques canoniques afin de pouvoir *réapprendre* ces modèles sur les corpus (de parole non-native) de petite taille. La procédure de ré-estimation est illustrée

45

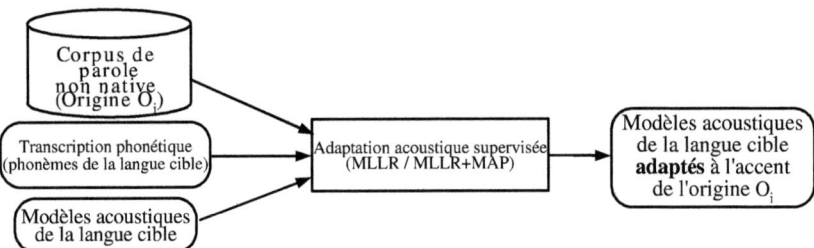

a. adaptation acoustique supervisée des modèles phonétiques de la langue cible.

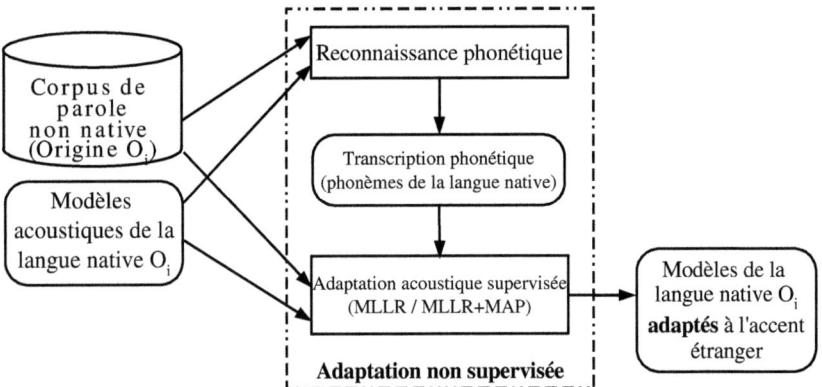

b. adaptation acoustique non supervisée des modèles phonétiques de la langue native.

FIG. 2.12 – *Adaptation acoustique des modèles des langues cible et native.*

sur la figure la figure 2.13.

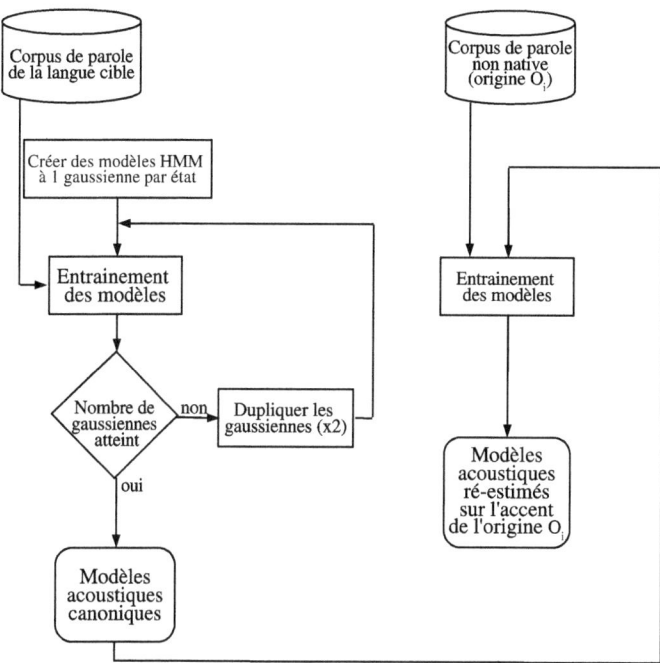

FIG. 2.13 – *Entraînement des modèles acoustiques de la langue cible et ré-estimation sur le corpus non-natif.*

Ces modèles ré-estimés sont proches de l'accent non-natif sur lequel ils ont été entraînés. Par conséquent, les modèles acoustiques de la langue cible, ré-estimés de cette manière, peuvent être utilisés directement dans le système de RAP à la place des modèles acoustiques canoniques. En contrepartie, ces modèles ne sont plus adéquats pour la parole cible canonique. Nous avons utilisé ces modèles ré-estimés conjointement avec les modèles canoniques de la langue cible dans notre approche de modélisation de prononciation. Dans cette démarche, les modèles canoniques représentent la prononciation canonique et les modèles ré-estimés représentent les prononciations non-natives. De cette manière, les locuteurs natifs et non-natifs devraient pouvoir être bien reconnus.

2.7 Utilisation de contraintes graphémiques

Lors de nos travaux, nous avons remarqué que les locuteurs prononçaient les phonèmes de la langue cible, en l'occurrence l'anglais, d'une manière différente selon les mots. Plus précisément, nous avons noté que la prononciation d'un phonème dépend des lettres (graphèmes) correspon-

Chapitre 2. Notre contribution pour la reconnaissance de parole non-native

dant à ce dernier (au sein de la graphie des mots prononcés). Ce type d'erreurs est d'autant plus probable que le mot à prononcer existe avec la même graphie dans la langue maternelle du locuteur. Considérons l'exemple extrait de notre corpus pour les mots anglais "*approach*" et "*position*" prononcés par un locuteur français. Nous pouvons voir dans la table 2.3 que le phonème anglais [ə] a été prononcé comme le phonème français [a] lorsqu'il correspondait à la graphie "a" et comme le phonème [ɔ] lorsqu'il correspondait à la graphie "o".

TAB. 2.3 – *Prononciation des mot anglais "approach" et "position" par un locuteur français.*

	approach	position
Prononciation anglaise	[ə] [p] [r] [ɔ] [tʃ]	[p] [ə] [z] [i] [ʃ] [ə] [n]
Prononciation réalisée	[a] [p] [r] [ɔ] [t] [ʃ]	[p] [ɔ] [z] [i] [ʃ] [ɔ] [n]

Ces constatations nous ont conduit à considérer la prise en compte des contraintes graphémiques dans notre approche de modélisation de prononciation. Nous avons entrepris d'introduire les correspondances entre les phonèmes et les caractères dans les règles de confusions phonétiques ([Bouselmi et al., 2006a], [Bouselmi et al., 2006b], [Bouselmi et al., 2006c]). En effet, en tenant compte des contraintes graphémiques, le modèle de prononciation serait plus précis et conduirait à une meilleure précision du système de RAP final.

Il s'agit d'introduire une condition graphémique dans les règles de confusions phonétiques. Une règle de confusion phonétique (r) ne serait plus sous la forme $p \rightarrow (m_i)_{i \in [1..n_r]}$, mais serait de la forme $p \rightarrow (m_i)_{i \in [1..n_r]}/(G_i)_{i \in [1..k]}$, où $(G_i)_{i \in [1..k]}$ est la suite de graphèmes conditionnant la règle r.

2.7.1 Extraction des contraintes graphémiques

Le but de cette première étape est de déterminer la correspondance entre les phonèmes et les graphèmes des mots du lexique. En effet, afin de prendre en compte les contraintes graphémiques, nous avons besoin des correspondances entre les phonèmes et les caractères pour chaque mot du lexique du système de RAP. Dans le cas général, cette information n'est malheureusement pas disponible et les lexiques (ou dictionnaires phonétiques) contiennent simplement les mots et les suites de phonèmes correspondantes.

Il ne s'agit pas d'une traduction "graphèmes → phonèmes" où la suite de phonèmes est inconnue : un simple dictionnaire phonétique suffirait à résoudre ce problème. Ce n'est pas non plus une traduction "phonèmes → graphèmes" dont nous avons besoin. Nous sommes plutôt face à la problématique suivante : connaissant les caractères et les phonèmes d'un mot, il s'agit de trouver les correspondances entre ces derniers. En d'autres termes, étant donné une suite de caractères et une suite de sons, la tâche à réaliser consiste à aligner les phonèmes et les graphèmes.

Pour ce faire, nous avons opté pour une approche complètement automatisée pour l'alignement phonème-graphèmes. Nous avons utilisé un système de reconnaissance à observations discrètes basé sur des HMM discrets. Dans ce système, les modèles HMM représentent les phonèmes et les observations discrètes représentent les caractères. Le corpus d'apprentissage pour

2.7. Utilisation de contraintes graphémiques

les modèles HMM est un large dictionnaire phonétique : le lexique du CMU^6 [CMU,].

Tout d'abord, le dictionnaire est analysé afin de déterminer l'ensemble des caractères et des phonèmes utilisé. Un modèle HMM discret (à un état et une transition de bouclage) est créé pour chaque phonème rencontré dans le dictionnaire d'apprentissage et une suite d'observations discrètes est créée pour chaque mot. Les transcriptions des suites d'observations sont simplement les suites de phonèmes correspondantes.

Le système de reconnaissance peut ensuite être entraîné sur ces suites d'observations. L'algorithme employé à cet effet est l'algorithme standard *Baum-Welch*.

Une fois entraîné, le système de reconnaissance à HMM discrets est utilisé dans une phase d'alignement forcé sur la base d'apprentissage, i.e. les suites d'observations discrètes. On obtient ainsi les correspondances entre les phonèmes et les caractères de chacun des mots du dictionnaire d'apprentissage, qui ne sont autres que les associations entre les modèles HMM et les observations discrètes dans ces alignements. Ces associations sont ensuite filtrées : une association a_L (relative au phonème L) n'est retenue que si elle vérifie l'inéquation (2.11). Ceci permet de minimiser les erreurs intrinsèques au processus d'alignement et celles contenues dans le dictionnaire d'apprentissage. Nous obtenons ainsi un ensemble A d'associations phonème-graphèmes que nous nommons *associations standard A*.

$$n(a_L) \geq \gamma \sum_{x \in A_L} n(x) \qquad (2.11)$$

où A_L est l'ensemble d'associations relatives au phonème L, $n(a_L)$ le nombre d'apparitions de l'association a_L, et γ est un facteur.

Une association phonème-graphèmes se présente sous la forme $p \rightarrow (G_i)_{i \in [1..k]}$ (cf. 2.7). La table 2.4 en illustre quelques exemples concrets dans le cas du phonème anglais [ʃ].

TAB. 2.4 – *Exemple d'associations phonème-graphèmes*

Association	Exemple de mot
[ʃ] → (s, h)	**Sh**ow
[ʃ] → (t, i)	Posi**ti**on
[ʃ] → (s, c, h)	a**sch** (nom propre)
[ʃ] → (s, s, i)	se**ssi**on
[ʃ] → (c, h)	**ch**agrin

Problèmes d'alignement

Lors de la conception de l'approche d'alignement phonème-graphèmes, nous avons rencontré un problème relevant du nombre de sons et de caractères dans les mots. Considérons le mot anglais *used* composé des phonèmes [j] [uː] [z] [d]. Un alignement direct appliqué sur ce mot

---
[6]*Carnegie Mellon University*, dictionnaire version 0.6d

Chapitre 2. Notre contribution pour la reconnaissance de parole non-native

donnerait le résultat unique suivant : [j]-u, [uː]-s, [z]-e, [d]-d. Cette mise en correspondance, erronée, est induite par la nature intrinsèque des systèmes de reconnaissance basée sur le paradigme HMM. En effet, un HMM est un automate à états finis où chaque modèle HMM, ou plus précisément chaque état d'un HMM, génère au moins une observation. Dans le cas du mot *used*, le système est confronté à 4 états et 4 observations, ce qui produit le résultat erroné précédent.

Afin de contourner ce problème, nous avons décidé de multiplier les observations par un facteur entier. Pour l'exemple précédent, le système n'aura plus à gérer la séquence d'observations (u, s, e, d), mais plutôt une séquence de la forme (u, u, .., u, s, s, .., s, e, e, .., e, d, d, .., d). Ceci permettra d'associer plusieurs phonèmes à un même symbole comme suit : [j]-u..u, [uː]-u..u, [z]-s..s, [d]-e..ed..d. Un traitement en aval réduira les graphèmes dupliqués et donnera l'alignement : [j]-u, [uː]-u, [z]-s, [d]-ed.

2.7.2 Utilisation des contraintes graphémiques

La deuxième étape de cette approche consiste à ajouter les associations phonème-graphèmes comme contraintes pour la modélisation de prononciation. Comme expliqué dans les paragraphes précédents (cf. 2.7), il s'agit d'introduire une condition dans les règles de confusions phonétiques. Cette condition n'est autre que la suite de caractères auxquels est rattaché le phonème (de la langue cible) considéré dans la règle de confusion. Nous obtiendrons ainsi des règles de confusions phonétiques différentes pour chaque couple (phonème, séquence de graphèmes) (cf. 2.7).

Pour cela, nous avons transformé le lexique du système de RAP de la langue cible en y introduisant les contraintes graphémiques. Nous avons ajouté à chaque phonème la séquence de caractères qui lui correspond dans les prononciations des mots. La prononciation d'un mot du lexique ne sera plus une suite de phonèmes, mais plutôt une suite de couples (phonème, graphèmes). Ainsi, lors de la modélisation de prononciation, ce ne sont plus les phonèmes seuls qui seront traités, mais les phonèmes rattachés aux graphèmes correspondants.

Nous utilisons le système de reconnaissance à HMM discrets (cf. 2.7.1) afin de procéder à un alignement forcé sur le lexique de la langue cible. Les associations phonème-graphèmes obtenues sont analysées et seules celles qui sont présentes dans l'ensemble d'associations standard A sont retenues. Par la suite, il suffit de remplacer les phonèmes par les couples (phonème, graphèmes) dans la prononciation de chaque mot. Pour un mot du lexique, les phonèmes dont les associations phonème-graphèmes n'ont pas été retenues restent inchangés dans la prononciation de ce mot : i.e. phonèmes sans contraintes graphémique. Voici un exemple de transformation de l'entrée du lexique de la langue cible pour le mot anglais *used* :

	Mot	Prononciation			
entrée du lexique	used	[j]	[uː]	[z]	[d]
entrée modifiée dans le lexique	used	[j]-u	[uː]-u	[z]-s	[d]-ed

2.8 Approches multi-accents pour la reconnaissance de la parole non-native

La plupart des approches de reconnaissance de parole non-native sont conçues pour un couple de langues maternelle et cible ([Bouselmi et al., 2007a], [Morgan, 2004], [Oh et al., 2006]). Le système de RAP résultant n'est efficace que sur la parole cible avec un seul accent étranger.

2.8. Approches multi-accents pour la reconnaissance de la parole non-native

Les travaux de Bartkova et al. ([Bartkova and Jouvet, 2006], [Bartkova and Jouvet, 2004]) ont présenté une approche pour la reconnaissance de parole non-native "multi-accent". En d'autres termes, approche permettant de prendre en compte plusieurs accents étrangers dans un seul et même système de RAP. Les auteurs utilisent les modèles acoustiques canoniques de la langue cible, ainsi que plusieurs ensembles de modèles adaptés à différents accents étrangers. Pour chaque origine étrangère considérée, un ensemble de modèles acoustiques (HMMs) est adapté à l'accent des locuteurs de cette origine. Ces modèles adaptés sont ensuite intégrés comme chemins alternatifs au seins des modèles canoniques de la langue cible. Ainsi, les modèles modifiés contiennent un chemin d'états HMM pour l'accent canonique, ainsi qu'un chemin d'états pour chaque accent étranger. Ces modèles seraient capables de modéliser l'accent canonique ainsi que chacun des accents étrangers considérés, et ce pour chaque phonème de la langue cible.

L'approche proposée par Bartkova et al. implique un accroissement important de la taille des modèles acoustiques. En effet, pour chaque phonème de la langue cible, le modèle acoustique canonique est combiné avec plusieurs modèles adaptés chacun à un accent étranger. Si l'on considère m accents non-natifs, la taille des modèles acoustiques sera multipliée par un facteur de $(m+1)$.

Dans les sections précédentes, nous avons décrit une approche pour la reconnaissance de la parole non-native qui prend en compte un seul accent étranger. Nous avons également présenté une méthode pour la détection de la langue maternelle de locuteurs non-natifs. Cette méthode peut être utilisée afin de déterminer l'origine d'un locuteur et ainsi choisir le système de RAP adapté à son accent. Les deux approches combinées, adaptation à l'accent étranger et détection de la langue maternelle, permettent ainsi une reconnaissance automatique de la parole non-native. Malheureusement, dans certains cas de figure, une telle détection automatique n'est pas applicable puisqu'elle nécessite l'acquisition d'un certain nombre de phrases prononcées par le locuteur. C'est l'exemple des centres d'appels vocaux, où la durée des appels est généralement limitée à quelques minutes.

Dans cette section, nous allons décrire notre approche pour la reconnaissance de parole non-native "multi-accent", publiée dans [Bouselmi et al., 2008]. Cette approche ne nécessite aucune phase de détection de langue maternelle du locuteur. De plus, notre méthode implique un faible accroissement dans la taille des modèles acoustiques.

2.8.1 Adaptation acoustique multi-accents

Dans les section précédentes, nous avons utilisé l'adaptation acoustique à l'accent étranger par les méthodes *MLLR*, *MAP* et *ré-estimation*, et ce pour un unique accent non-natif. En d'autre termes, le corpus de parole non-native ayant servi pour cette adaptation acoustique contient un seul accent étranger.

Pour l'aspect "multi-accents", nous utilisons une adaptation acoustique des modèles phonétiques de la langue cible à plusieurs accents étrangers simultanément. Plus précisément, nous utilisons un corpus de parole non-native comprenant plusieurs accents non-natifs dans la procédure d'adaptation acoustique. Les méthodes *MLLR*, *MAP* et *ré-estimation* permettraient ainsi de capturer simultanément les différents accents présents dans le corpus de parole. Les modèles de la langue cible ainsi adaptés sont appropriés pour la reconnaissance de parole non-native "multi-accents". Les procédures d'adaptation acoustique "multi-accents" sont en tous points similaires à celles décrites dans 2.6.1 et 2.6.2. Ces adaptations sont supervisées puisque nous avons utilisé les transcriptions de référence des phrases du corpus. Le procédés est décrit dans la figure 2.14.

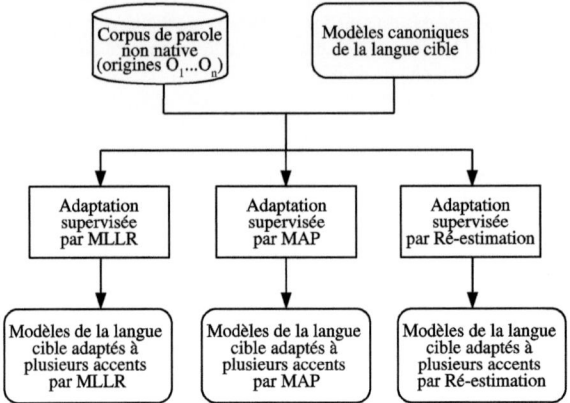

FIG. 2.14 – *Adaptation supervisée des modèles acoustiques de la langue cible à plusieurs accents étrangers.*

2.8.2 Modélisation de prononciation multi-accents

Dans la section 2.3, nous avons présenté une méthode permettant de détecter les variantes de prononciations que produisent les locuteurs non-natifs. Cette approche utilise les modèles acoustiques de la langue cible et de la langue maternelle, ainsi qu'un corpus de parole non-native. Les modèles de la langue cible sont modifiés pour tenir compte du modèle de prononciation. Pour chaque phonème de la langue cible, nous insérons dans son modèle de nouveaux chemins d'états HMM correspondants aux modèles des phonèmes de la langue maternelle associés.

Cette modélisation de prononciation utilise deux ensembles de modèles acoustiques et un corpus de parole accentuée, comme suit :
- **corpus de parole accentuée** : un ensemble de phrases dans une langue cible, ayant un accent étranger. Les transcriptions phonétiques, en termes de phonèmes de la langue cible, doit être disponible.
- **premier ensemble de modèles acoustiques** : représente la prononciation canonique.
- **deuxième ensemble de modèles acoustiques** : représente la prononciation accentuée.

Dans la section 2.3, nous avons choisit les modèles canoniques de la langue cible comme premier ensemble de modèles et les modèles de la langue maternelle comme deuxième ensemble de modèles. Toutefois, comme souligné dans la section 2.6, d'autres ensembles de modèles peuvent être pris en compte. En effet, dans la section 2.6 nous avons utilisé des modèles adaptés acoustiquement à l'accent étranger comme premier et deuxième ensemble de modèles phonétiques.

Dans notre approche de modélisation de prononciation multi-accents, notre but est de mettre au point une méthode qui prenne en compte simultanément plusieurs accents étrangers. En

2.8. Approches multi-accents pour la reconnaissance de la parole non-native

d'autres termes, nous proposons de procéder à la modélisation de prononciation pour un groupe d'accents non-natifs, et non pas pour un seul accent comme dans les sections 2.3 et 2.6. Pour cela, nous avons choisi d'utiliser la procédure de modélisation de prononciation avec les ensembles de modèles suivants et le corpus suivants :

- **corpus de parole accentuée** : un corpus de parole de la langue cible contenant plusieurs accents non-natifs. Plus précisément, nous avons utilisé le corpus *HIWIRE* entier qui contient des locuteurs français, grecs, italiens et espagnols.
- **premier ensemble de modèles acoustiques** : les modèles canoniques de la langue cible, i.e. les modèles acoustiques anglais.
- **deuxième ensemble de modèles acoustiques** : les modèles anglais ayant été adaptés à plusieurs prononciations non-natives, i.e. les modèles multi-accentués présentés dans le paragraphe 2.8.1.

La procédés que nous décrivons ici est identique à celui présenté dans le paragraphe 2.3 et 2.6. Tout d'abord, le premier ensemble de modèles acoustiques est utilisé dans une phase d'alignement phonétique sur la totalité du corpus d'adaptation. En d'autres termes, les transcriptions des phrases d'adaptation sont utilisées. Ensuite, le deuxième ensemble de modèles est utilisé dans une phase de reconnaissance phonétiques sur la totalité du corpus d'adaptation.

Les transcriptions fournies par l'alignement et la reconnaissance phonétiques sont comparées pour chaque phrase du corpus d'adaptation. L'alignement temporel des ces deux transcriptions, pour chaque phrase, permet de mettre en correspondance les phonèmes du premier ensemble avec la suite de phonèmes du deuxième ensemble ayant été prononcés dans le même intervalle de temps. Ces association phonétiques sont ensuite filtrées afin de ne garder que les plus fréquentes (probables) d'entre elles. On obtient ainsi un modèle de prononciation qui représente les différents accents présents dans le corpus d'adaptation, et ce en terme de phonèmes des deux ensembles de modèles considérés.

De la même manière que décrit dans 2.7, les modèles acoustiques des deux ensembles précédents sont combinés selon le modèle de prononciation. Pour chaque phonème p du premier ensemble, des chemins HMMs sont ajoutés selon le modèle de prononciation. Ces chemins rajoutés correspondent aux modèles du deuxième ensemble qui sont associés au phonème p. Le procédé est illustré dans sa globalité à travers la figure 2.15.

Considérons l'exemple de règles de confusions phonétiques extraites par notre méthode pour le phonème du premier ensemble $[aɪ]_1$:

- $[aɪ]_1 \rightarrow [a]_2 \ [i]_2, \ P([aɪ]_1 \rightarrow [a]_2 \ [i]_2) = 0.6$
- $[aɪ]_1 \rightarrow [a]_2 \ [e]_2, \ P([aɪ]_1 \rightarrow [a]_2 \ [e]_2) = 0.4$

Dans cet exemple, le phonème canonique anglais $[aɪ]_1$ est associé aux suites de phonèmes anglais multi-accentués $([a]_2, [i]_2)$ et $([a]_2, [e]_2)$, avec les probabilités respectives 0.6 et 0.4. Le modèle modifié du phonème $[aɪ]_1$ est représenté dans la figure 2.16. Comme on peut le voir dans cette figure, les modèles construits avec cette approche de modélisation de prononciation multi-accents contiennent un chemin correspondant au modèle canonique anglais. Il contiennent également un ou plusieurs chemins correspondants aux modèles acoustiques anglais multi-accentués. Ces modèles modifiés seraient donc capables de gérer à la fois l'accent anglais canonique et les quatre accents non-natifs que nous avons considérés.

Chapitre 2. Notre contribution pour la reconnaissance de parole non-native

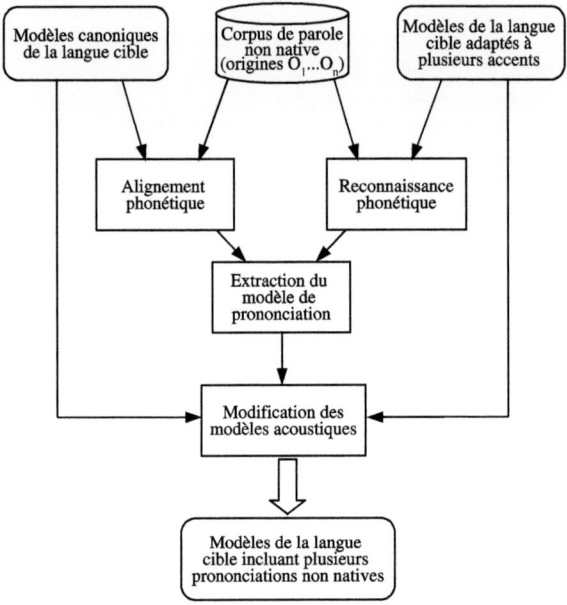

FIG. 2.15 – *Modélisation de prononciation "multi-accents"*.

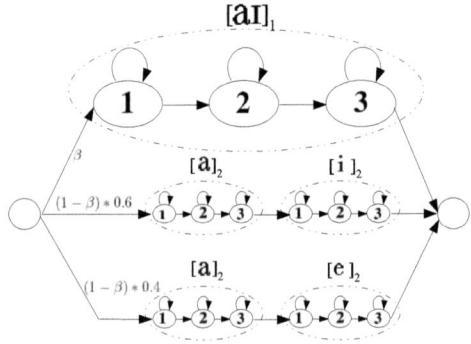

FIG. 2.16 – *Modélisation de prononciation "multi-accents" : modèle modifié du phonème anglais /aɪ/₁*.

2.8.3 Robustesse aux accents inconnus

Les méthodes d'adaptation non-native multi-accents décrite plus haut ont été mises au point et évaluées sur le corpus *HIWIRE*. Les quatre accents présents dans ce corpus sont utilisés afin de construire des modèles acoustiques capables de gérer ces dits accents. Les modèles multi-accents sont ensuite utilisés afin de tester la RAP non-native multi-accentuée sur le même corpus *HIWIRE*. Bien entendu, les données de parole sur laquelle est effectuée la RAP n'est jamais utilisée dans la phase d'adaptation des modèles. Ces méthodes de RAP non-native multi-accentuée ont été testées sur des accents qui ont été vus durant la phase de développement.

Afin de vérifier la robustesse de ces méthodes multi-accents, nous avons évalué leurs performances vis-à-vis des accents inconnus. Nous nous somme proposer de vérifier si ces méthodes sont capables de gérer des accents que l'on n'a pas utilisé dans la phase d'adaptation non-native. En d'autre termes, pour tester de la parole non-native prononcées par un locuteur français, nous utilisons des modèles multi-accentués adaptés uniquement aux accents grecs, italiens et espagnols. Ces derniers modèles ont été mis au point sur la partie du corpus *HIWIRE* ayant été prononcée par les locuteurs grecs, italiens et espagnols uniquement. La parole prononcée par les locuteurs français n'aurait été utilisée à aucune étape de la construction de ces modèles. Ainsi, les approches d'adaptation acoustique et de modélisation de prononciation multi-accents sont testées sur des accents n'ayant jamais été vus dans leurs phases de développement.

Ces tests permettent d'évaluer le comportement de nos approches vis-à-vis de nouvelles façons de prononcer qui n'ont pas été prises en compte. Il est intéressant de vérifier la robustesse de nos approches multi-accents puisqu'il ne serait pas possible de prendre en compte tous les accents.

2.9 Conclusion

Dans ce chapitre, nous avons présenté notre approche pour la reconnaissance automatique de la parole non-native. Cette méthode se base sur une modélisation de prononciation qui met à profit les systèmes de RAP des langues cible et native. Cette approche est nouvelle dans le sens où les modèles acoustiques utilisés pour représenter les accents non-natifs sont les modèles de la langue d'origine du locuteur. De plus, pour chaque phonème de la langue cible, plusieurs prononciations alternatives sont prises en compte et chacune est composée d'une séquence de phonèmes.

La seconde innovation de nos travaux réside dans la manière dont le modèle de prononciation est utilisé. En effet, ceci est effectué par l'ajout de nouveaux chemins dans les modèles acoustiques de la langue cible. Ces chemins alternatifs correspondent aux prononciations spécifiques des locuteurs non-natifs, et sont formés par la concaténation des modèles acoustiques de phonèmes de la langue native conformément au modèle de prononciation. L'utilisation des modèles HMM de la langue maternelle, supposés plus proche de l'accent non-natif, devrait améliorer les résultats de reconnaissance.

Nous avons également combiné l'approche d'adaptation acoustique à la modélisation de prononciation. Les méthodes *MLLR*, *MAP*, et *ré-estimation acoustique* ont été utilisées afin d'adapter les modèles acoustiques de la langue cible et de la langue maternelle aux accents non-natifs.

Nous avons utiliser les contraintes graphémiques dans la modélisation de l'accent non-natif. Cette tâche a été motivée par la constatation que les erreurs de prononciation dépendaient parfois de l'écriture des mots.

Chapitre 2. Notre contribution pour la reconnaissance de parole non-native

D'autres part, nous avons présenté une approche de détection de la langue maternelle basée sur la détection de séquences phonétiques discriminantes. Cette approche permettrait de déterminer automatiquement la langue d'origine d'un locuteur étranger, et d'aiguiller la RAP vers le système adapté.

Enfin, nous avons décrit nos approches pour l'adaptation de modèles acoustiques à plusieurs accents simultanément. Nous avons présenté une méthode pour l'adaptation acoustique ainsi qu'une méthode de modélisation de prononciation *multi-accent*. Ces approches prennent en compte un ensemble d'accents étrangers simultanément dans un même système de RAP et permettent ainsi de s'affranchir de la détection de la langue d'origine ainsi que de l'obligation de construire plusieurs systèmes de RAP (un pour chaque couple de langues cible/maternelle).

Dans le chapitre suivant, nous allons présenter les différentes expérimentations que nous avons réalisées. Nous allons en outre comparer les résultats obtenus avec les différentes méthodes.

Chapitre 3
Expérimentations et résultats

Sommaire

- **3.1 Condition expérimentales** 59
  - 3.1.1 Projet HIWIRE 59
  - 3.1.2 Corpus HIWIRE 59
  - 3.1.3 Lexique et grammaire 60
  - 3.1.4 Notre système de RAP, paramètres et modèles acoustiques 61
  - 3.1.5 Protocole de test 61
  - 3.1.6 Remarque sur l'utilisation de la technique MLLR 63
- **3.2 Évaluation des approches classiques d'adaptation acoustique à l'accent étranger** 63
  - 3.2.1 Évaluation sur les locuteurs non-natifs 64
  - 3.2.2 Évaluation sur les locuteurs anglais 65
  - 3.2.3 Adaptation acoustique au locuteur 66
- **3.3 Évaluation de notre approche de modélisation de prononciation** .. 69
  - 3.3.1 Systèmes testés 70
  - 3.3.2 Tests sur la parole non-native 70
  - 3.3.3 Tests sur la parole anglaise 77
  - 3.3.4 Conclusions 80
- **3.4 Détection de la langue maternelle** 83
  - 3.4.1 Construction du décideur probabiliste 83
  - 3.4.2 Exemples de séquences de phonèmes discriminantes 84
  - 3.4.3 Précision de la détection de l'origine 84
  - 3.4.4 Combinaison de la détection de l'origine avec un système de RAP adapté à l'accent 84
- **3.5 Approches multi-accent** 86
  - 3.5.1 Adaptation acoustique multi-accent 86
  - 3.5.2 Modélisation de prononciation multi-accent 89
  - 3.5.3 Robustesse à la parole canonique anglaise 89
  - 3.5.4 Robustesse aux accents inconnus 91
- **3.6 Adjonction de contraintes graphémiques** 92
  - 3.6.1 Tests de RAP non-native avec les contraintes graphémiques 95
- **3.7 Conclusion** 96

Chapitre 3. Expérimentations et résultats

Glossaire :

- **RAP** : reconnaissance automatique de la parole.
- **langue cible** : langue parlée par un locuteur.
- **langue d'origine** : langue maternelle d'un locuteur.
- **WER** : *Word Error Rate*, taux d'erreurs en mots.
- **SER** : *Sentense Error Rate*, taux d'erreurs en phrases.
- **système de RAP de base** : système de RAP utilisant les modèles acoustiques canoniques anglais. En comparant une approche au système de base, on se réfère aux modèles acoustiques canoniques anglais utilisés avec la même grammaire et, éventuellement, la même adaptation au locuteur.
- **modélisation de prononciation *intra-langue*** : une modélisation de prononciation qui utilise uniquement les modèles acoustiques de la langue cible.
- **modélisation de prononciation *inter-langue*** : une modélisation de prononciation qui utilise les modèles acoustiques de la langue cible et les modèles acoustiques de la langue d'origine.
- adaptation acoustique **supervisée** : adaptation des modèles acoustiques en utilisant un corpus de parole, en connaissant les transcriptions de ce corpus.
- adaptation acoustique **non-supervisée** : adaptation des modèles acoustiques en utilisant un corpus de parole, sans connaître les transcriptions de ce corpus.
- T_M : modèles acoustiques anglais adaptés à l'accent étranger par la méthode *MLLR*.
- T_P : modèles acoustiques anglais adaptés à l'accent étranger par la méthode *MAP*.
- T_R : modèles acoustiques anglais adaptés à l'accent étranger par *ré-estimation*.
- N_M : modèles acoustiques de la langue maternelle du locuteur, adaptés à l'accent étranger par la méthode *MLLR*.
- N_P : modèles acoustiques de la langue maternelle du locuteur, adaptés à l'accent étranger par la méthode *MAP*.
- M_{loc} : adaptation acoustique *MLLR* au locuteur de test.
- P_{loc} : adaptation acoustique *MAP* au locuteur de test.
- $T_{P-Multi}$: modèles acoustiques anglais adaptés à plusieurs accents étrangers par la méthode *MAP* (*multi-accent*).
- $T_{R-Multi}$: modèles acoustiques anglais adaptés à plusieurs accents étrangers par la méthode *ré-estimation* (*multi-accent*).
- **chemin d'états HMM** : un chemin commençant de l'état initial du HMM et aboutissant à l'état final, en suivant les transitions entre les états du HMM.

Introduction

Dans ce chapitre, nous allons décrire les conditions expérimentales de notre travail, ainsi que les méthodologies que nous avons adoptées. Tout d'abord, le projet *HIWIRE*, au sein duquel nos recherches se sont déroulées, sera présenté. Nous détaillerons le corpus de parole non-native qui a été utilisée pour nos expérimentations. Ensuite, nous nous intéresserons au lexique de l'application et le protocole de test choisi.

Dans un second temps, seront présentées les évaluations des méthodes classiques pour l'adaptation acoustique à l'accent non-natif. Nous présenterons les résultats de notre méthode de détection de la langue maternelle ainsi qu'une discussion sur ces derniers. Nous décrirons ensuite les résultats de nos approches de RAP multi-accents ainsi que de l'utilisation des contraintes graphémiques. Enfin, une brève conclusion achèvera le chapitre.

3.1 Condition expérimentales

3.1.1 Projet HIWIRE

HIWIRE est un projet européen regroupant des participants industriels et des laboratoires de recherches de quatre pays européens : France, Grèce, Italie et Espagne. Les membres du projet sont :

Partenaire		Pays
Thales Avionics	: Industrie aéronautique	France
Thales Research	: Laboratoire de recherche	France
Loria[7]	: Laboratoire de recherche	France
TSI-TUC	: *Technical University of Crete*	Grèce
ICSS-NTUA	: *National Technical University of Athens*	Grèce
LOQUENDO	: Industrie informatique	Italie
ITC-IRST	: Laboratoire de recherche	Italie
GSTC-UGR	: *University of Granada*	Espagne

Comme décrit dans [Potamianos et al., 2006], [HIWIRE, 2004] et [Segura et al., 2007], le projet *HIWIRE* vise à améliorer la robustesse et la flexibilité de l'interaction vocale *homme-machine* dans des conditions réelles de travail. Malgré les progrès réalisés dans le domaine de la reconnaissance vocale, il n'existe pas à ce jour une application fiable et suffisamment robuste permettant la mise en oeuvre de la RAP dans des conditions réelles. Dans le projet *HIWIRE*, l'accent est mis sur la robustesse de la reconnaissance vocale. L'objectif fixé est le développement d'un système à commandes vocales qui interagit avec l'utilisateur en présence de bruits imprévisibles et non stationnaires -présents dans les cockpits d'avions- et qui s'adapte aux spécificités de la voix de l'utilisateur. On préconise également que le système intègre un vocabulaire flexible et puisse s'adapter à l'accent non-natif de l'utilisateur.

Les recherches menées dans ce projet seront des prémisses pour deux perspectives :
– utilisation d'un dialogue vocal *homme-machine* dans le cadre de cockpits d'appareils commerciaux.
– accroître le potentiel de la communication vocale avec des appareils mobiles, tels que les *PDAs*, dans le cas d'application aéronautique.

Deux applications ont été développées dans le cadre de *HIWIRE*. La première est une application vocale dans un cockpit d'avion. Elle permettrait à un pilote de contrôler différents systèmes et appareillages -non vitaux- via des commandes vocales. La seconde application est un programme à commandes vocales dans le domaine de la maintenance aéronautique. Elle permettrait à l'opérateur de maintenance de remplir ses rapports par la dictée orale dans son environnement de travail.

3.1.2 Corpus HIWIRE

Le corpus *HIWIRE* a été enregistré dans le but de servir de support pour le développement d'une application à commandes vocales pour le protocole CPDLC. Le protocole CPDLC

Chapitre 3. Expérimentations et résultats

(*Controller-Pilot Data Link Communications*) est un standard de communication entre les pilotes et les contrôleurs aériens. Selon ce protocole, les pilotes et les contrôleurs aériens communiquent entre eux à travers des message textuels. Ce protocole a été mis au point afin d'éviter les erreurs d'écoute.

Le corpus *HIWIRE* est un corpus de parole en langue anglaise prononcée par des locuteurs non-natifs. Il a été enregistré dans un environnement calme, avec un niveau de bruit faible. Ce corpus est composé de :
- 31 locuteurs français
- 20 locuteurs grecs
- 20 locuteurs italiens
- 10 locuteurs espagnols

Chacun de ces locuteurs a prononcé 100 phrases de commande respectant le langage CPDLC. Au total, ce corpus comprend 8100 phrases enregistrées.

3.1.3 Lexique et grammaire

Le lexique comprend 133 mots qui sont des chiffres, des nombres, des noms d'appareillages usuels et des lettres de l'alphabet international ("NATO phonetic alphabet", ou encore "International Radiotelephony Spelling Alphabet"). Par exemple, le lexique contient les mots suivants : "*alpha*", "*charlie*", "*zoulou*", "*airport*", "*ETA*". Les phrases du corpus ont une taille variable allant de 1 à 13 mots. La figure 3.1 illustre la répartition des phrases en fonction de leur taille. Le corpus *HIWIRE* comporte 4409 phrases composées d'un seul mot. Comme on peut le voir dans cette figure, les phrases contenant moins de 6 mots sont majoritaires.

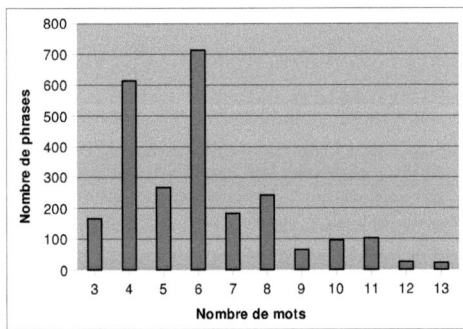

FIG. 3.1 – *Histogramme du nombre de phrases en fonction de leur taille en mots.*

Voici quelques exemples de phrases du corpus :

- *Next.*
- *Send.*
- *Select VHF2 one five two decimal zero.*

60

3.1. Condition expérimentales

- *Request direct to oscar four victor alpha zero due to aircraft performance.*
- *ETA alpha november india golf victor at two three hours four three minutes.*
- *Request descent to zero zero seven six five due to weather.*

Deux grammaires ont été utilisées dans notre travail. Nous avons utilisé une grammaire formelle (déterministe) ayant une perplexité de 14.9. Cette grammaire a été conçue de sorte à reconnaître les phrases du langage CPDLC et non pas uniquement les phrases enregistrées. Nous avons également utilisé une grammaire libre acceptant toutes les suites possibles de mots du lexique *HIWIRE*. Il s'agit d'une "boucle de mots" qui accepte des phrases ayant un nombre de mots arbitraire et dans un ordre quelconque.

3.1.4 Notre système de RAP, paramètres et modèles acoustiques

Pour le moteur de reconnaissance vocale, notre choix s'est porté sur la boite à outils *HTK* (HMM ToolKit). HTK est une boite à outils basée sur des HMM, permettant l'apprentissage de modèles, l'adaptation acoustique et la reconnaissance vocale. HTK gère également les grammaires formelles qui nous intéressent dans notre travail.

Nous avons adopté une paramètrisation *MFCC (Mel Frequency Cepstral Coefficients)*. Nous avons choisit une paramètrisation de 12 coefficient MFCC plus l'énergie. Les dérivées temporelles premières et secondes sont ajoutées à ces 13 valeurs, ce qui donne des vecteurs de 39 paramètres.

Les modèles acoustiques représentent des phonèmes hors contexte (mono-phones).Chaque phonème est représenté par un modèle HMM à trois états avec une topologie gauche-droite. Les densités de probabilité associées à chaque état du HMM sont des mélanges de gaussiennes à 128 composantes. Les modèles phonétiques de la langue cible, l'anglais, ont été entraînés sur le corpus *TIMIT*. Il s'agit d'un corpus de 6300 phrases en langue anglaise lues par 630 locuteurs américains (10 phrases par locuteur). Il contient 8 accents différents parmi les accents américains les plus prépondérants. L'ensemble de modèles acoustiques de la langue cible contient 46 phonèmes.

Les modèles phonétiques des langues française, grecque, italienne et espagnole ont été appris sur des corpus natifs respectivement. Ces corpus sont composés de parole canonique des langues respectives, sans accents étrangers.

3.1.5 Protocole de test

L'adaptation à l'accent est effectuée séparément pour chacune des langues maternelles française, grecque, italienne et espagnole. En d'autres termes, pour chacune des langues maternelles, les modèles acoustiques anglais sont adaptés sur les phases ayant été prononcées par les locuteur de cette origine. Nous obtenons ainsi quatre ensembles de modèles acoustiques. Dans le cadre des expériences de détection de la langue native, le choix de l'ensemble de modèles adaptés à utiliser (parmi les quatre disponibles) pour tester un locuteur est automatique. Autrement dit, l'origine d'un locuteur n'est plus une connaissance *a priori*, mais elle est décidée par une phase de détection automatique. Chaque locuteur est ainsi affectée à une origine détectée qui définit les modèles acoustiques adaptés pour le test. Par exemple, un locuteur français pourrait être classé comme un locuteur grec par le système de détection de la langue maternelle. Dans ce cas, les modèles acoustiques adaptés à l'accent grec sont utilisés pour tester les phrases de ce locuteur. La figure 3.2 illustre le processus de test dans les deux cas de connaissance *a priori* de la langue maternelle et de sa détection automatique.

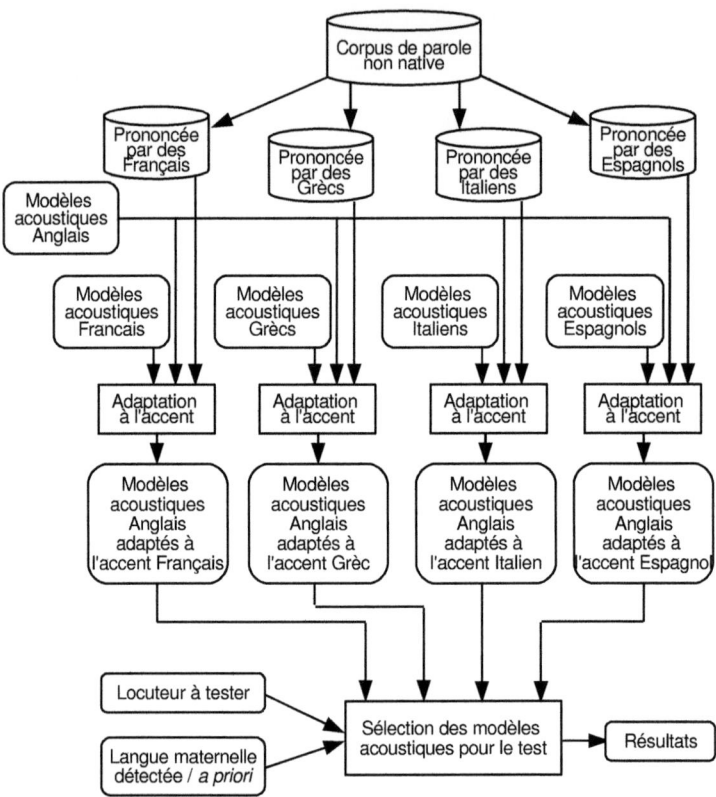

FIG. 3.2 – *Protocole de test.*

Malheureusement, le corpus *HIWIRE* est d'une taille relativement réduite. Nous avons adopté la méthode de validation croisée afin d'augmenter virtuellement la taille du corpus de développement. Il s'agit de procéder aux tests sur une partie du corpus tout en utilisant le reste du corpus comme corpus de développement et d'apprentissage. Les tests sont effectués itérativement en utilisant différents partitionnement du corpus. Nous avons choisi un partitionnement où la partie du corpus de test comprend un seul locuteur et la partie de développement contient le reste des locuteurs (de même origine). La partie de développement du corpus est utilisée pour adapter les modèles acoustiques anglais à l'accent étranger.

Dans notre cas, nous disposons de quatre corpus disjoints : phrases prononcées par des locuteurs français, grecs, italiens et espagnols. Les expérimentations selon la méthode de validation croisée sont effectuées séparément sur ces quatre corpus.

L'adaptation au locuteur est effectuée en utilisant les 50 premières phrases du locuteur à tester. Les 50 dernières phrases sont ensuite utilisées pour les tests.

3.1.6 Remarque sur l'utilisation de la technique MLLR

Durant l'adaptation *MLLR*, une transformation affine est estimée maximum de vraisemblance sur le corpus d'adaptation, pour chaque groupe de gaussiennes. Les gaussiennes d'un même groupe sont adaptées selon la transformation affine relative à ce dernier.

Nous avons utilisé une classification globale avec une seule classe contenant toutes les gaussiennes. Afin d'obtenir des résultats homogènes, nous avons décidé d'utiliser une classification globale pour toute utilisation de la technique *MLLR*. Et ce tant pour l'adaptation acoustique à l'accent étranger et pour l'adaptation à la voix du locuteur.

3.2 Évaluation des approches classiques d'adaptation acoustique à l'accent étranger

Soit B_a le corpus d'adaptation composé des phrases prononcées par les locuteurs ayant la même origine que le locuteur de test. Ce corpus ne contient pas les phrases du locuteur de test. Connaissant les transcriptions de chacune des phrases de B_a, nous procédons à une adaptation acoustique supervisée des modèles de la langue cible sur B_a, avec les méthodes *MLLR*, *MAP* et la ré-estimation Baum-Welch. Nous obtenons ainsi trois ensembles de modèles acoustiques adaptés à l'accent étranger, qui sont utilisés dans la RAP avec les deux types de grammaires (cf. 3.1.3).

En itérant le processus précédent sur tous les locuteurs du corpus HIWIRE, nous obtenons les résultats du tableau 3.1. Une ligne correspondant aux résultats du système de base de la langue cible -i.e. utilisant les modèles canoniques de la langue cible- est présentée sous la dénomination "T". Les résultats sont affichés par langue d'origine : français, grec, italien et espagnol. Une colonne correspondant aux résultats moyens sur tout le corpus HIWIRE est également présente. Il est à noter que cette moyenne n'est pas la moyenne arithmétique des résultats pour chaque langue. Il s'agit plutôt d'une précision (ou de taux d'erreur) globale calculée sur la réunion des résultats des 4 systèmes.

Chapitre 3. Expérimentations et résultats

TAB. 3.1 – *Résultats de l'adaptation acoustique des modèles anglais ("T") à l'accent étranger par les méthodes MLLR, MAP et ré-estimation pour les locuteurs non-natifs (les taux d'erreurs sont exprimés en %)*

A. Grammaire contrainte :

Méthode	Français		Grec		Italien		Espagnol		Moyenne	
	WER	SER	WER	SER	WER	SER	WER	SER	WER	Réduction
T	6.0	12.8	5.6	12.2	10.4	19.2	7.0	15.2	7.2	–
T_M	5.0	9.9	4.4	10.5	8.5	17.0	5.7	11.8	5.8	-19.4%
T_P	**2.2**	**4.8**	**1.4**	**3.6**	4.3	9.9	**3.2**	**8.2**	**2.7**	**-62.5%**
T_R	2.3	4.8	2.6	5.1	**3.1**	**7.2**	5.8	12.7	3.0	-58.3%

B. Grammaire libre (boucle de mots) :

Méthode	Français		Grec		Italien		Espagnol		Moyenne	
	WER	SER	WER	SER	WER	SER	WER	SER	WER	Réduction
T	35.7	47.9	36.7	49.2	43.5	52.0	39.9	53.5	38.5	–
T_M	29.7	41.6	29.9	42.4	36.8	47.1	33.8	48.1	32.1	-16.6%
T_P	16.5	27.7	14.5	26.4	22.1	35.9	**22.6**	**38.3**	18.2	-52.7%
T_R	**13.4**	**22.6**	**13.2**	**22.1**	**19.8**	**32.1**	29.2	40.5	**17.0**	**-55.8%**

Légende :
- T : modèles acoustiques anglais canoniques (appris sur le corpus TIMIT).
- T_M : modèles acoustiques anglais adaptés à l'accent étranger par la méthode *MLLR*.
- T_P : modèles acoustiques anglais adaptés à l'accent étranger par la méthode *MAP*.
- T_R : modèles acoustiques anglais adaptés à l'accent étranger par Ré-estimation.
- Réduction : réduction relative du taux d'erreurs en mots (WER) par rapport au système de base.

3.2.1 Évaluation sur les locuteurs non-natifs

Selon le tableau 3.1, les différentes méthodes d'adaptation à l'accent améliorent les performances de la reconnaissance vocale par rapport au système de base ("*T*"). Cette amélioration est observée pour les deux types de grammaires (contrainte et libre) et pour les quatre langues d'origine. La réduction du taux d'erreurs varie selon la langue d'origine des locuteurs. Par exemple, pour la méthode d'adaptation *MAP* et la grammaire contrainte, la réduction relative du taux d'erreurs en mots (par rapport au système de base) est de 63.3% sur le corpus français et 75% sur le corpus grèc. De même, nous pouvons voir que la méthode d'adaptation donnant les meilleurs résultats peut varier selon la partie du corpus testée. Par exemple, pour les tests conduits avec la grammaire contrainte, la méthode d'adaptation *MAP* à l'accent donne les meilleurs résultats pour les origines française, grecque et espagnole, tandis que la méthode de ré-estimation est la meilleure pour l'origine italienne.

D'une manière générale, les méthodes *MAP* et ré-estimation affichent une bien plus grande réduction des taux d'erreurs de reconnaissance que la méthode *MLLR*. En effet, avec la grammaire contrainte, *MAP* et ré-estimation affichent une réduction des taux d'erreurs en mots de 62.5% et 58.3% (resp.) et une réduction des taux d'erreurs en phrases de 57.5% et 56.2% (resp.). Quant à la méthode d'adaptation *MLLR*, la réduction de ces deux taux n'est que de 19.4% et 17.1%.

3.2. Évaluation des approches classiques d'adaptation acoustique à l'accent étranger

Nous observons les mêmes tendances de réduction d'erreurs pour la grammaire libre. Les méthodes MAP et ré-estimation affichent de bien meilleurs résultats que l'approche $MLLR$ avec une réduction relative du taux d'erreurs en mots de 52.7% et 55.8% pour les deux premières contre 16.6% pour la dernière. De même pour la réduction d'erreurs en phrases qui est de 38.5% et 45.9% respectivement pour MAP et ré-estimation, contre 12% pour $MLLR$.

Les performances réduites de l'adaptation $MLLR$ à l'accent étranger peuvent être expliquées par le fait que nous utilisons une adaptation globale (cf. 3.1.6). En effet, une adaptation $MLLR$ globale modifie toutes les gaussiennes des modèles acoustiques de la même manière. Au contraire, pour l'adaptation MAP et la ré-estimation, chacune des gaussiennes de l'ensemble des modèles acoustiques est transformée séparément. Il en découle que ces deux dernières approches introduisent des modification plus précises et plus fines aux modèles acoustiques que l'adaptation $MLLR$.

TAB. 3.2 – *Précision de la reconnaissance avec les méthodes d'adaptation à l'accent étranger MLLR, MAP et ré-estimation. Tests effectués pour les locuteurs anglais. Les taux d'erreurs sont exprimés en %.*

A. Grammaire contrainte :

	Français		Grec		Italien		Espagnol		Moyenne	
Méthode	WER	SER	WER	SER	WER	SER	WER	SER	WER	Réduction
T	2.5	8.0	2.5	8.0	2.5	8.0	2.5	8.0	2.5	
T_M	2.3	7.3	**1.7**	**5.3**	**1.1**	**3.3**	1.5	4.7	1.6	-36.0%
T_P	**1.3**	**4.0**	**1.7**	**5.3**	1.5	4.7	**1.5**	**4.7**	**1.5**	**-40.0%**
T_R	3.0	8.7	16.1	22.0	3.4	10.0	11.4	25.3	8.5	+240.0%

B. Grammaire libre (boucle de mots) :

	Français		Grec		Italien		Espagnol		Moyenne	
Méthode	WER	SER	WER	SER	WER	SER	WER	SER	WER	Réduction
T	16.3	29.3	16.3	29.3	16.3	29.3	16.3	29.3	16.3	–
T_M	15.2	28.0	16.3	29.3	15.0	27.3	14.2	**25.3**	15.2	-6.7%
T_P	**12.7**	**26.0**	**15.7**	**28.7**	**13.3**	**26.0**	**13.6**	27.3	**13.8**	**-15.3%**
T_R	21.2	34.0	35.6	48.0	26.1	34.7	38.4	50.0	30.3	+85.9%

Légende :
- T : modèles acoustiques anglais canoniques (appris sur le corpus TIMIT).
- T_M : modèles acoustiques anglais adaptés à l'accent étranger par la méthode $MLLR$.
- T_P : modèles acoustiques anglais adaptés à l'accent étranger par la méthode MAP.
- T_R : modèles acoustiques anglais adaptés à l'accent étranger par Ré-estimation.
- Réduction : réduction relative du taux d'erreurs en mots (WER) par rapport au système de base.

3.2.2 Évaluation sur les locuteurs anglais

Nous avons testées les approches classiques d'adaptation acoustique sur des locuteurs natifs de la langue cible. Nous disposons de phrases enregistrées par trois locuteurs : un anglais et deux canadiens. Les modalités d'enregistrement et le contenu des phrases enregistrées sont conformes à ceux du corpus HIWIRE. Nous pouvons voir dans le tableau 3.2 que les résultats du système de bases sur les locuteurs anglais sont bien meilleurs que sur les locuteurs non-natifs avec 65.3% de moins en taux d'erreurs de mots. Ceci est attendu puisque les modèles acoustiques anglais ont été entraînés sur la parole anglaise.

Pour la méthode de ré-estimation, nous observons une dégradation de performance avec une augmentation de 20% du taux d'erreurs en mots, en comparaison avec le système de base. Ce résultat est prévisible puisque la ré-estimation des modèles anglais canoniques (appris sur *TIMIT*) sur la parole anglaise accentuée éloigne ces modèles de l'accent canonique anglais et les rapproche de l'accent étranger.

Un résultat intéressant est que les adaptation *MLLR* et *MAP* affichent une amélioration de la précision de la reconnaissance vocale pour les locuteurs anglais. Cette observation peut être expliquée par le fait que les adaptations *MLLR* et *MAP* à l'accent étranger ne rapprochent pas les modèles acoustiques uniquement à l'accent non-natif, mais permettent également d'adapter les modèles acoustiques au canal d'enregistrement (micro et autres appareillages), au bruit ambiant, à l'environnement, etc ... Dans le cas de *MLLR* et *MAP*, il semblerait que l'impacte positif de la capture du canal et du bruit ambiant surpasse la dégradation introduite par l'adaptation à l'accent étranger. Ce qui donne une réduction du taux d'erreurs en mots de 8.3% pour *MLLR* et de 50% pour *MAP* dans le cas de l'utilisation d'une grammaire contrainte. En revanche, l'inverse est observé pour l'approche de ré-estimation où l'accent étranger serait devenu prépondérant dans les modèles acoustiques. Cet éloignement de l'accent canonique résulte en une dégradation de précision de cette méthode pour les locuteur anglais.

3.2.3 Adaptation acoustique au locuteur

Dans ce paragraphe nous présentons l'évaluation des approches classiques d'adaptation à l'accent étranger, suivies par l'adaptation acoustique au locuteur. Pour l'adaptation au locuteur, nous visons à rapprocher les modèles acoustiques des caractéristiques de la voix du locuteur et nous utilisons uniquement des phrases de ce dernier. Plus précisément, nous utilisons les cinquante premières phrases enregistrées du sujet à tester dans pour l'adaptation au locuteur, les cinquante dernières phrases étant réservées pour le test. Le tableau 3.3 résume les résultats des méthodes classiques d'adaptation à l'accent étranger suivies de l'adaptation au locuteur sur le corpus HIWIRE. Le tableau 3.4 illustre les résultats de ces même méthodes sur les trois locuteurs anglais dont nous disposons. Ces résultats sont comparés aux résultats des modèles anglais canoniques auxquels est appliquée une adaptation au locuteur.

En ce qui concerne les locuteurs étrangers, cf. tableau 3.3, nous observons les mêmes tendances générales que pour l'adaptation à l'accent seule. Notamment, nous observons que toutes les méthodes d'adaptation à l'accent étranger suivie d'une adaptation au locuteur améliorent les performances de la reconnaissance par rapport au système de base, et ce sur tout le corpus *HIWIRE* et avec les deux types de grammaire. Pour la grammaire contrainte, le système donnant les meilleurs résultats est l'adaptation à l'accent par *MAP*, avec une réduction du taux d'erreurs en mots de 60.8% pour une adaptation au locuteur par *MLLR* et de 48.3% pour l'adaptation au locuteur par *MAP*. Contrairement, pour la grammaire libre, c'est l'adaptation à l'accent par ré-estimation qui donne les meilleurs résultats, avec une réduction du taux d'erreurs en mots de 51.2% pour une adaptation au locuteur par *MLLR* et de 39.6% pour l'adaptation au locuteur

3.2. Évaluation des approches classiques d'adaptation acoustique à l'accent étranger

TAB. 3.3 – Résultats de l'adaptation acoustique à l'accent étranger par les méthodes MLLR, MAP et ré-estimation, combinée avec l'adaptation au locuteur. Tests effectués pour les locuteurs non-natifs. Les taux d'erreurs sont exprimés en %.

A. Grammaire contrainte :
Adaptation MLLR au locuteur de test :

Méthode	Français		Grec		Italien		Espagnol		Moyenne	
	WER	SER	WER	SER	WER	SER	WER	SER	WER	Réduction
T+M_{loc}	4.2	8.8	3.8	9.7	8.0	15.0	4.6	10.2	5.1	–
T_M+M_{loc}	3.9	8.3	3.2	8.3	7.3	14.1	4.1	9.2	4.6	-9.8%
T_P+M_{loc}	**1.9**	**4.2**	**1.1**	**2.8**	3.2	7.6	**2.0**	**4.8**	**2.0**	**-60.8%**
T_R+M_{loc}	2.1	**4.2**	2.0	4.0	**2.2**	**5.6**	3.6	9.0	2.3	-54.9%

Adaptation MAP au locuteur de test :

Méthode	Français		Grec		Italien		Espagnol		Moyenne	
	WER	SER	WER	SER	WER	SER	WER	SER	WER	Réduction
T+P_{loc}	2.7	5.9	1.8	4.7	4.6	9.1	2.5	6.0	2.9	–
T_M+P_{loc}	2.6	5.6	1.8	4.8	4.3	8.9	2.2	5.4	2.8	-3.4%
T_P+P_{loc}	**1.6**	3.6	**1.0**	**2.5**	1.9	4.8	**1.4**	**4.0**	**1.5**	**-48.3%**
T_R+P_{loc}	**1.6**	**3.5**	1.8	3.3	**1.8**	4.8	2.6	6.2	1.9	-34.5%

B. Grammaire libre (boucle de mots) :
Adaptation MLLR au locuteur de test :

Méthode	Français		Grec		Italien		Espagnol		Moyenne	
	WER	SER	WER	SER	WER	SER	WER	SER	WER	Réduction
T+M_{loc}	27.4	39.2	27.2	39.7	32.7	44.3	30.4	45.9	29.1	–
T_M+M_{loc}	26.3	38.5	25.0	37.9	30.7	42.9	29.2	44.7	27.5	-5.5%
T_P+M_{loc}	15.3	25.7	12.6	23.7	19.0	31.7	**20.1**	34.5	16.1	-44.7%
T_R+M_{loc}	**12.5**	**21.1**	**11.1**	**20.1**	**16.1**	**27.9**	21.7	**34.1**	**14.2**	**-51.2%**

Adaptation MAP au locuteur de test :

Méthode	Français		Grec		Italien		Espagnol		Moyenne	
	WER	SER	WER	SER	WER	SER	WER	SER	WER	Réduction
T+P_{loc}	19.3	30.4	17.5	30.2	21.5	33.5	21.0	34.9	19.7	–
T_M+P_{loc}	19.0	30.0	17.6	30.2	20.8	32.4	20.8	34.7	19.3	-2.0%
T_P+P_{loc}	12.5	21.2	10.4	19.9	14.9	26.5	**15.3**	**27.7**	12.9	-34.5%
T_R+P_{loc}	**10.9**	**18.7**	**9.5**	**18.2**	**13.7**	**23.8**	15.5	28.3	**11.9**	**-39.6%**

Légende :
- T : modèles acoustiques anglais canoniques (appris sur le corpus TIMIT).
- T_M : modèles acoustiques anglais adaptés à l'accent étranger par la méthode *MLLR*.
- T_P : modèles acoustiques anglais adaptés à l'accent étranger par la méthode *MAP*.
- T_R : modèles acoustiques anglais adaptés à l'accent étranger par Ré-estimation.
- M_{loc} : adaptation acoustique *MLLR* au locuteur de test.
- P_{loc} : adaptation acoustique *MAP* au locuteur de test.
- Réduction : réduction relative du taux d'erreurs en mots (WER) par rapport au système de base.

TAB. 3.4 – Précision de la reconnaissances avec les méthodes d'adaptation à l'accent étranger MLLR, MAP et ré-estimation, combinées avec les approches d'adaptation au locuteur. Tests effectués pour les locuteurs anglais. Les taux d'erreurs sont exprimés en %.

A. Grammaire contrainte :
Adaptation MLLR au locuteur :

Méthode	Français		Grec		Italien		Espagnol		Moyenne	
	WER	SER	WER	SER	WER	SER	WER	SER	WER	Réduction
T+M_{loc}	**1.1**	**3.3**	1.1	3.3	**1.1**	**3.3**	1.1	3.3	**1.1**	–
T_M+M_{loc}	1.5	4.7	1.3	4.0	1.3	4.0	**1.1**	**3.3**	1.3	+18.2%
T_P+M_{loc}	**1.3**	4.0	**0.8**	**2.7**	1.1	3.3	1.5	4.7	1.2	+9.1%
T_R+M_{loc}	2.1	6.7	12.3	16.0	2.5	8.0	7.8	16.7	6.2	+463%

Adaptation MAP au locuteur :

Méthode	Français		Grec		Italien		Espagnol		Moyenne	
	WER	SER	WER	SER	WER	SER	WER	SER	WER	Réduction
T+P_{loc}	1.1	3.3	1.1	3.3	1.1	3.3	**1.1**	**3.3**	1.1	–
T_M+P_{loc}	**1.1**	**3.3**	1.1	3.3	1.1	3.3	**1.1**	**3.3**	1.1	+0.0%
T_P+P_{loc}	1.5	4.7	**0.8**	**2.7**	**0.8**	**2.7**	1.5	4.7	1.2	+9.1%
T_R+P_{loc}	1.7	5.3	3.4	8.7	1.7	5.3	3.8	9.3	2.6	+136.4%

B. Grammaire libre (boucle de mots) :
Adaptation MLLR au locuteur :

Méthode	Français		Grec		Italien		Espagnol		Moyenne	
	WER	SER	WER	SER	WER	SER	WER	SER	WER	Réduction
T+M_{loc}	14.2	25.3	14.2	**25.3**	14.2	25.3	14.2	25.3	14.2	–
T_M+M_{loc}	14.2	26.7	14.0	26.0	13.8	26.0	14.2	25.3	14.0	-1.4%
T_P+M_{loc}	**11.4**	**23.3**	**13.3**	26.0	**11.7**	**23.3**	12.1	24.0	12.1	-14.8%
T_R+M_{loc}	17.2	30.0	32.6	43.3	22.5	32.0	32.4	44.0	26.2	+84.5%

Adaptation MAP au locuteur :

Méthode	Français		Grec		Italien		Espagnol		Moyenne	
	WER	SER	WER	SER	WER	SER	WER	SER	WER	Réduction
T+P_{loc}	11.2	22.7	11.2	22.7	11.2	22.7	11.2	**22.7**	11.2	–
T_M+P_{loc}	11.2	22.7	**11.0**	**22.0**	11.0	22.0	11.2	**22.7**	11.1	-0.9%
T_P+P_{loc}	**10.8**	**22.0**	11.9	23.3	**10.6**	**20.7**	10.6	**22.7**	**11.0**	-1.8%
T_R+P_{loc}	14.4	25.3	22.2	31.3	18.9	28.7	22.7	35.3	19.5	+74.1%

Légende :
- T : modèles acoustiques anglais canoniques (appris sur le corpus TIMIT).
- T_M : modèles acoustiques anglais adaptés à l'accent étranger par la méthode MLLR.
- T_P : modèles acoustiques anglais adaptés à l'accent étranger par la méthode MAP.
- T_R : modèles acoustiques anglais adaptés à l'accent étranger par Ré-estimation.
- M_{loc} : adaptation acoustique MLLR au locuteur de test.
- P_{loc} : adaptation acoustique MAP au locuteur de test.
- Réduction : réduction relative du taux d'erreurs en mots (WER) par rapport au système de base.

par *MAP*. Notons également que cette réduction des taux d'erreurs dépend de la langue d'origine. Par ailleurs, en comparaison avec l'adaptation à l'accent par *MAP* ou ré-estimation, nous pouvons voir que l'adaptation à l'accent par *MLLR* affiche des réductions d'erreurs réduites ainsi que des performances proches du système de base (avec l'adaptation au locuteur correspondante).

Pour les locuteurs anglais, cf. tableau 3.4, la méthode d'adaptation à l'accent par *MAP* affiche encore une fois les meilleurs taux de reconnaissance pour la grammaire libre à la fois avec l'adaptation au locuteur par *MLLR* et *MAP*. Toutefois, pour la grammaire contrainte, les modèles anglais canoniques suivis d'une adaptation au locuteur donnent la meilleure précision, et ce pour les deux types d'adaptation au locuteur *MLLR* et *MAP*. Notons que pour toutes les conditions, l'adaptation à l'accent par ré-estimation (suivie d'une adaptation au locuteur) donne les moins bons résultats avec une dégradation de la précision par rapport aux modèles canoniques (avec la même adaptation au locuteur).

Il est également intéressant de noter que pour les deux types de grammaire, les modèles canoniques et l'adaptation à l'accent par *MLLR* et *MAP* affichent des performances très proches lorsque l'adaptation au locuteur par *MAP* est appliquée. Et ce contrairement à l'approche d'adaptation à l'accent par ré-estimation suivie d'une adaptation *MAP* au locuteur, qui affiche des taux d'erreurs nettement supérieurs. Encore une fois, ceci pourrait-être expliqué par le fait que l'adaptation à l'accent par ré-estimation *éloigne* les modèles acoustiques de l'accent anglais (en les rapprochant de l'accent étranger) d'une façon plus soutenue que pour la méthode d'adaptation à l'accent par *MLLR* ou *MAP*. Il en résulte que l'adaptation au locuteur (par *MLLR* ou *MAP*) arrive à mieux rattraper cet éloignement (en rapprochant les modèles de la voix des locuteurs anglais) pour les modèles adaptés à l'accent via *MLLR* ou *MAP*, en comparaison avec la méthode de ré-estimation.

3.3 Évaluation de notre approche de modélisation de prononciation

Comme expliqué dans le chapitre précédent, l'approche de reconnaissance de parole non-native que nous avons proposée se base sur une détection des erreurs de prononciations que commettent les locuteurs non-natifs. Cette détection d'erreurs (ou de prononciations alternatives) est effectuée à l'aide d'un corpus de parole non-native et de deux ensembles de modèles acoustiques.
 – Le premier ensemble de modèles acoustiques représente l'accent canonique, ou encore les sons qui auraient dû être prononcés. Étant donné les transcriptions phonétiques du corpus de parole non-native, un alignement phonétique forcé est effectué sur toutes les phrases de ce dernier. Nous obtenons ainsi les temps de début et de fin de prononciation de chaque phonème dans chaque phrase de notre corpus.
 – Le deuxième ensemble de modèles représente l'accent étranger, ou encore ce qui a été réellement prononcé dans le corpus de parole non-native. Une reconnaissance phonétique permet, pour chaque phrase du corpus, de détecter la suite de sons réalisés la plus probable en termes de phonèmes de ce deuxième ensemble. Cette reconnaissance phonétique fournit également les temps de début et de fin de prononciation de chaque phonème.

Une comparaison des deux transcriptions obtenues -pour chaque phrase- permet de mettre en correspondance les phonèmes du premier ensemble avec les suites de phonèmes du deuxième ensemble qui ont été réalisés aux mêmes intervalles de temps. En d'autre termes, l'alignement des

Chapitre 3. Expérimentations et résultats

deux transcriptions d'une phrase permet de détecter les phonèmes qui ont été réalisés en lieu et place des phonèmes canoniques. Le modèle de prononciation non-native correspondant aux deux ensembles de phonèmes est obtenu grâce à un filtrage de ces correspondances de sons. Grâce à un filtrage, seules les correspondances les plus fréquentes sont retenues et seront dénommées "règles de prononciation" (ou "règles de confusion phonétique"). Enfin, conformément à ces règles, les modèles acoustiques des phonèmes du premier ensemble faisant l'objet d'une ou plusieurs règles de confusions sont modifiés, et ce par ajout de nouveaux chemins d'états *HMM*.

3.3.1 Systèmes testés

La table 3.5 résume les combinaisons de modèles acoustiques que nous avons testées dans notre approche de modélisation de prononciation. Dans cette table, le premier ensemble de modèles représente la prononciation canonique et le second ensemble représente les prononciations non-natives. Dans cette table, les combinaisons d'ensembles de modèles acoustiques testés sont classifiées en trois catégories :
1. Première catégorie : le premier ensemble de modèles acoustiques est représenté par les modèles canoniques de la langue parlée (l'anglais).
2. Deuxième catégorie : le premier ensemble de modèles acoustiques est représenté par les modèles de la langue parlée préalablement adaptés à l'accent non-natif. Ces modèles ont été adaptés à l'accent étranger à travers les techniques *MLLR* et *MAP* comme décrit à la section 2.6.1.
3. Troisième catégorie : le premier ensemble de modèles acoustiques est représenté par les modèles de la langue parlée adaptés à l'accent étranger par la méthode de ré-estimation acoustique (cf. § 2.6.2).

Dans la table 3.5, la dénomination d'un système reflète les ensembles de modèles acoustiques ayant servi à sa construction. Par exemple, le système "T-N_M" a été construit en utilisant :
- les modèles acoustiques anglais ("T") comme premier ensemble de modèles
- le deuxième ensemble de modèles est représenté par les modèles acoustiques de la langue maternelle des locuteurs adaptés à l'accent étranger par l'approche *MLLR* ("N_M").

3.3.2 Tests sur la parole non-native

Les tableaux 3.6, 3.7 et 3.8 résument les résultats des méthodes du tableau 3.5 testées pour les locuteurs non-natifs en utilisant les grammaires contrainte et libre, avec et sans adaptation au locuteur.

Sans adaptation au locuteur

Le tableau 3.6.A illustre les résultats des méthodes listées dans le tableau 3.5 pour les locuteurs non-natifs en utilisant la grammaire contrainte, et sans adaptation au locuteur. Tout d'abord, nous pouvons voir dans ce tableau que toutes les combinaisons de modèles acoustiques améliorent les taux de reconnaissance par rapport aux modèles canoniques ("T"), avec une réduction relative du taux d'erreur en mots de 19.4% à 70.8%. Notons également que les performances des systèmes testés dépendent de la langue d'origine des locuteurs testés. Par exemple, pour les locuteurs italiens, le système "T-N_P" affiche un taux d'erreur de 6.6% alors que le système "T-T_M" affiche un taux d'erreur superieur (8.0%). Toutefois, pour les locuteurs espagnols, cette tendance est inversée avec un taux d'erreur de 6.3% pour le système "T-N_P" contre un taux d'erreur plus faible (5.5%) pour le système "T-T_M". Notons également que le système donnant

3.3. Évaluation de notre approche de modélisation de prononciation

TAB. 3.5 – *Combinaisons de modèles acoustiques testées dans le cadre de l'utilisation conjointe de l'adaptation acoustique et la modélisation de prononciation*

Système	Premier ensemble de modèles	Second ensemble de modèles
T-T	Anglais canoniques	Anglais canoniques
T-N	Anglais canoniques	Natifs canoniques
T-N_M	Anglais canoniques	"Natifs + MLLR"
T-N_P	Anglais canoniques	"Natifs + MAP"
T-T_M	Anglais canoniques	"Anglais + MLLR"
T-T_P	Anglais canoniques	"Anglais + MAP"
T-T_R	Anglais canoniques	"Anglais ré-estimés"
T_M-N_M	"Anglais + MLLR"	"Natifs + MLLR"
T_P-N_P	"Anglais + MAP"	"Natifs + MAP"
T_M-T_M	"Anglais + MLLR"	"Anglais + MLLR"
T_P-T_P	"Anglais + MAP"	"Anglais + MAP"
T_R-N_M	"Anglais ré-estimés"	"Natifs + MLLR"
T_R-N_P	"Anglais ré-estimés"	"Natifs + MAP"
T_R-T_M	"Anglais ré-estimés"	"Anglais + MLLR"
T_R-T_P	"Anglais ré-estimés"	"Anglais + MAP"
T_R-T_R	"Anglais ré-estimés"	"Anglais ré-estimés"

Légende :
- T : modèles acoustiques anglais canoniques (appris sur le corpus TIMIT).
- T_M : modèles acoustiques anglais adaptés à l'accent étranger par la méthode *MLLR*.
- T_P : modèles acoustiques anglais adaptés à l'accent étranger par la méthode *MAP*.
- T_R : modèles acoustiques anglais adaptés à l'accent étranger par Ré-estimation.
- N_M : modèles acoustiques de la langue maternelle du locuteur adaptés à l'accent étranger par la méthode *MLLR*.
- N_P : modèles acoustiques de la langue maternelle du locuteur adaptés à l'accent étranger par la méthode *MAP*.
- Réduction : réduction relative du taux d'erreurs en mots (WER) par rapport au système de base.

Chapitre 3. Expérimentations et résultats

les meilleurs résultats varie d'une langue maternelle à l'autre.

Notons que le système "T-T" affiche les performances les plus faibles avec une réduction du taux d'erreur en mots (resp. en phrases) de 19.4% (resp. de 19.2%) par rapport au système "T". Ceci suggère que la variabilité acoustique du couple de modèles utilisés (modèles TIMIT canoniques) n'est pas suffisante. Le système "T-T_R" réalise les meilleurs résultats moyens avec une réduction relative du taux d'erreur en mots (resp. en phrases) de 70.8% (resp. 65.8%) par rapport au système "T".

Par ailleurs, les systèmes de la 3eme catégorie (cf. § 3.3.1) affichent de meilleurs résultats que les système de la 1ere et 2eme catégories (à l'exception du système "T-T_R"). Ceci suggère que l'utilisation des modèles acoustiques anglais adaptés à l'accent non-natif par ré-estimation ("T_R") en tant que premier ensemble de modèles permet une meilleure modélisation de l'accent étranger, comparé aux autres catégories de méthodes.

Le tableau 3.6.B illustre les résultats des méthodes précédentes pour les locuteurs non-natifs, avec une grammaire libre et sans adaptation au locuteur. Notons tout d'abord que le système "T_R-T_P" réalise la meilleure précision moyenne avec une réduction du taux d'erreur relative en mots de 62.6% et une réduction relative du taux d'erreur en phrases de 48.1%. Notons également que, similairement aux résultats utilisant la grammaire contrainte (cf. § précédent), les systèmes de la 3eme catégorie affichent une précision supérieure à celle des système de la 1ere et 2eme catégories (à l'exception du système "T-T_R").

Remarquons que pour les tests avec les deux types de grammaires, contrainte et libre, les deux systèmes, les systèmes "T-T_R" et "T_R-T_P" donnent des résultats très proches.

Adaptation au locuteur par MLLR et MAP

La table 3.7 résume les résultats des systèmes du tableau 3.5 en utilisant une grammaire contrainte, avec une adaptation au locuteur par *MLLR* et *MAP*. Remarquons que tous les systèmes testés apportent une amélioration significative par rapport au système de base ("T"). Concernant les tests avec l'adaptation au locuteur *MLLR*, la réduction relative du taux d'erreur en mots varie de 13.7% à 63.6%, et en phrases de 12% à 63%. On peut remarquer également que le meilleur système dépend de la langue d'origine des locuteurs. Ainsi, avec une adaptation *MLLR* au locuteur, le système "T_R-T_P +M_{loc}" réalise la meilleure précision de la reconnaissance vocale pour les locuteurs français, tandis que le système "T-T_R +M_{loc}" réalise les meilleures performances pour les locuteurs grecs.

Notons que pour les tests avec les deux types d'adaptations au locuteur, *MLLR* et *MAP*, le système "T-T_R" réalise la meilleure performance avec une réduction relative du taux d'erreur en mots (resp. en phrases) de 60% (resp. 56%), en moyenne. Par ailleurs, on peut remarquer que, avec une adaptation *MLLR* au locuteur, les systèmes "T-T_R +M_{loc}" et "T_R-T_P +M_{loc}" donnent des résultats très proches, avec une différence absolue de 0.1% en taux d'erreur en mots et en phrases. De même, avec une adaptation *MAP* au locuteur, les systèmes "T-T_R +P_{loc}" et "T_R-T_P +P_{loc}" réalisent des résultats très proches. Les systèmes "T-T_R +P_{loc}" et "T_R-T_P +P_{loc}" réalisent les meilleurs résultats avec les deux types d'adaptation au locuteur. Ceci suggère que l'adaptation à l'accent étranger par la méthode de *ré-estimation* permet une meilleure adaptation des modèles acoustiques, comparée aux méthodes *MLLR* et *MAP*.

3.3. Évaluation de notre approche de modélisation de prononciation

TAB. 3.6 – *Résultats des différentes approches d'adaptation à l'accent étranger testées sur les locuteurs étrangers (les taux d'erreurs sont exprimés en %)*

A. Grammaire contrainte :

Méthode	Français		Grec		Italien		Espagnol		Moyenne	
	WER	SER	WER	SER	WER	SER	WER	SER	WER	Réduction
T	6.0	12.8	5.6	12.2	10.4	19.2	7.0	15.2	7.2	–
T-T	4.9	9.6	3.9	9.7	8.8	17.0	5.9	12.6	5.8	-19.4%
T-N	4.2	9.8	3.5	8.6	7.0	14.7	5.7	12.0	4.9	-31.9%
T-N_M	4.0	9.3	3.1	8.2	6.6	13.5	5.7	11.6	4.7	-34.7%
T-N_P	3.5	8.3	3.1	7.6	6.6	12.5	6.3	12.8	4.5	-37.5%
T-T_M	4.3	9.2	3.6	9.3	8.0	15.7	5.5	12.0	5.2	-27.8%
T-T_P	2.5	5.4	1.6	4.5	4.7	10.2	3.3	8.0	3.0	-58.3%
T-T_R	2.0	4.7	**1.0**	**2.8**	2.9	**6.7**	3.1	7.4	**2.1**	**-70.8%**
T_M-N_M	2.8	6.7	2.3	6.3	5.5	11.9	3.8	8.8	3.5	-51.4%
T_P-N_P	2.3	5.4	1.5	4.1	4.7	9.6	3.2	7.4	2.8	-61.1%
T_M-T_M	4.3	9.0	3.5	9.2	8.3	16.2	5.6	12.0	5.3	-26.4%
T_P-T_P	2.4	5.3	1.7	4.3	4.2	9.6	3.5	8.4	2.8	-61.1%
T_R-N_M	2.1	4.8	1.6	4.3	3.2	7.8	4.2	9.0	2.5	-65.3%
T_R-N_P	2.2	5.0	1.6	4.1	3.2	7.8	4.3	9.0	2.6	-63.9%
T_R-T_M	2.1	4.7	2.1	4.8	**2.8**	7.0	3.7	8.6	2.5	-65.3%
T_R-T_P	**1.9**	**4.5**	1.4	3.6	3.1	7.5	**2.7**	**6.8**	2.2	-69.4%
T_R-T_R	2.0	**4.5**	1.9	4.6	3.0	6.9	5.0	11.5	2.6	-63.9%

B. Grammaire libre (boucle de mots) :

Méthode	Français		Grec		Italien		Espagnol		Moyenne	
	WER	SER	WER	SER	WER	SER	WER	SER	WER	Réduction
T	35.7	47.9	36.7	49.2	43.5	52.0	39.9	53.5	38.5	–
T-T	27.4	41.6	24.9	38.2	33.0	47.6	33.8	46.9	29.0	-24.7%
T-N	27.3	42.9	23.0	40.2	29.7	46.1	26.9	42.3	26.8	-30.4%
T-N_M	23.6	37.3	22.0	38.0	28.0	44.5	30.0	46.9	25.1	-34.8%
T-N_P	23.2	36.3	21.6	37.0	26.7	42.8	32.5	51.1	24.9	-35.3%
T-T_M	24.7	39.0	24.4	38.3	32.4	46.8	31.1	47.5	27.4	-28.8%
T-T_P	17.0	28.3	14.8	27.2	22.7	36.1	21.7	36.5	18.5	-51.9%
T-T_R	13.0	**21.9**	12.0	21.7	18.8	31.9	23.4	35.9	15.5	-59.7%
T_M-N_M	22.3	35.6	19.2	33.4	26.0	42.0	25.7	41.1	22.9	-40.5%
T_P-N_P	17.4	29.2	13.7	26.5	19.4	34.5	19.9	34.7	17.3	-55.1%
T_M-T_M	24.8	39.3	23.3	36.5	32.2	47.3	31.2	47.7	27.1	-29.6%
T_P-T_P	16.2	27.5	13.1	25.1	21.2	34.9	20.8	35.7	17.3	-55.1%
T_R-N_M	14.4	23.9	13.1	23.4	19.6	33.4	22.6	35.1	16.4	-57.4%
T_R-N_P	15.3	25.4	13.2	23.7	19.6	34.3	22.7	34.9	16.8	-56.4%
T_R-T_M	14.3	24.3	12.5	22.4	19.3	33.2	20.8	35.7	16.0	-58.4%
T_R-T_P	**12.9**	22.8	**11.0**	**20.9**	**18.0**	32.4	**18.1**	**32.5**	**14.4**	**-62.6%**
T_R-T_R	13.1	22.3	12.7	21.8	19.7	**31.7**	27.9	39.9	16.5	-57.1%

Chapitre 3. Expérimentations et résultats

Le tableau 3.8 résume les résultats des méthodes testées sur les locuteurs non-natifs, en utilisant une grammaire libre et l'adaptation au locuteur par $MLLR$ et MAP. Notons que les systèmes "T-T_R" et "T_R-T_P" réalisent des performances très proches et ce pour les deux types d'adaptation au locuteur $MLLR$ et MAP, avec une différence absolue de moins de 0.4% en taux d'erreur en mots et en phrases.

Discussions

a. Première catégorie d'approches

En analysant les tableaux 3.6, 3.7 et 3.8, nous pouvons voir que les approches de modélisation de prononciation sans adaptation acoustique à l'accent intra-langue ("T-T") et inter-langue ("T-N") réalisent les performances les plus faibles, comparées aux autres approches d'adaptation à l'accent non-natif. On remarque que l'approche "T-N" donne de meilleurs résultats que l'approche "T-T", en moyenne. En moyenne, le système "T-N" réalise un taux d'erreur en mots (resp. en phrases) inférieur de 15.4% (resp. 9.5%) à celui de l'approche "T-T". La variabilité des modèles acoustiques utilisés dans le système "T-N", ainsi que la similarité des modèles acoustiques de la langue maternelle (des locuteurs non-natifs, "N") avec les prononciations non-natives, permettent une précision accrue de ce système, comparé au système "T-T". De plus, le système "T-T_M" réalise de plus faibles performances que le système "T-N_M", ce qui conforte la conclusion précédente.

Par ailleurs, on peut remarquer que, en moyenne, le système "T-T_M" (resp. "T-N_M") donne une précision légèrement supérieure au système "T-T" (resp "T-N"). De même, le système "T-T_P" (resp. "T-N_P") réalise une performance supérieure au système "T-T_M" (resp. "T-N_M"). Nous pouvons en déduire que l'adaptation acoustique à l'accent non-natif permet une amélioration de la modélisation de prononciation et une meilleure précision de la reconnaissance vocale. De plus, l'adaptation acoustique à l'accent non-natif MAP donne de meilleures performances que la méthode $MLLR$. Finalement, notons que l'approche "T-T_P" réalise les meilleures performances pour la première catégorie de méthodes d'adaptation à l'accent non-natif.

b. Deuxième catégorie d'approches

Notons que les approches "T_P-T_P" et "T_P-N_P" réalisent des performances similaires Ces deux approches donnent les meilleurs résultats de la deuxième catégorie de méthodes d'adaptation à l'accent non-natif. L'approche "T_P-T_P" (resp. "T_P-N_P") réalise une réduction relative du taux d'erreur en mot de 47% (resp. 20%) et en phrases de 42% (resp. 20%) par rapport à l'approche "T_M-T_M" (resp. "T_M-N_M"). Nous en déduisons que la méthode d'adaptation acoustique à l'accent non-natif par MAP est plus performante que l'approche $MLLR$.

Notons que la méthode "T_M-T_M" donne des performances légèrement inférieures à celle de la méthode "T_M-N_M". Ces résultats confortent la conclusion que la variabilité des modèles acoustiques utilisés dans la modélisation de prononciation non-native (modèles acoustiques de la langue cible et de la langue maternelle) bénéficient à la précision de la reconnaissance.

c. Troisième catégorie d'approches

3.3. Évaluation de notre approche de modélisation de prononciation

TAB. 3.7 – *Résultats des différentes approches d'adaptation à l'accent étranger combinées avec une adaptation au locuteur. Tests effectués sur les locuteurs non-natifs. Une grammaire contrainte a été utilisée. Les taux d'erreurs sont exprimés en %.*

A. Grammaire contrainte :
Adaptation MLLR au locuteur :

Méthode	Français WER	SER	Grec WER	SER	Italien WER	SER	Espagnol WER	SER	Moyenne WER	Réduction
T +M_{loc}	4.2	8.8	3.8	9.7	8.0	15.0	4.6	10.2	5.1	–
T-T +M_{loc}	3.6	7.3	3.1	8.1	7.0	13.6	4.2	10.0	4.4	-13.7%
T-N +M_{loc}	2.8	6.8	2.1	5.7	4.6	10.9	3.2	7.0	3.2	-37.3%
T-N_M +M_{loc}	2.8	6.8	2.1	5.9	5.5	10.9	3.6	8.2	3.4	-33.3%
T-N_P +M_{loc}	2.7	6.5	2.2	5.8	6.1	11.1	4.4	9.0	3.7	-27.5%
T-T_M +M_{loc}	3.8	8.0	3.1	8.0	6.8	13.2	3.8	9.6	4.4	-13.7%
T-T_P +M_{loc}	1.9	4.0	1.5	3.9	3.8	9.0	2.4	5.8	2.3	-54.9%
T-T_R +M_{loc}	1.7	3.8	**0.8**	**2.4**	2.0	5.0	2.3	5.8	**1.6**	**-68.6%**
T_M-N_M +M_{loc}	2.7	6.1	1.9	4.9	4.9	10.1	2.9	7.0	3.1	-39.2%
T_P-N_P +M_{loc}	1.9	4.5	1.3	3.5	4.1	8.0	2.0	5.4	2.3	-54.9%
T_M-T_M +M_{loc}	3.6	7.5	3.2	8.1	7.1	13.8	4.0	9.6	4.4	-13.7%
T_P-T_P +M_{loc}	1.9	4.1	1.2	3.2	3.5	8.2	2.1	5.4	2.2	-56.9%
T_R-N_M +M_{loc}	1.8	4.1	1.4	3.7	2.4	5.5	2.8	6.8	2.0	-60.8%
T_R-N_P +M_{loc}	1.8	4.2	1.3	3.5	2.5	5.1	3.0	7.0	2.0	-60.8%
T_R-T_M +M_{loc}	1.8	4.1	1.8	4.1	**1.9**	**4.9**	2.5	6.2	1.9	-62.7%
T_R-T_P +M_{loc}	**1.7**	**3.6**	1.2	2.9	2.0	5.5	**1.9**	**5.0**	1.7	-66.7%
T_R-T_R +M_{loc}	1.9	4.1	1.4	3.6	2.9	6.6	3.1	7.8	2.2	-56.9%

Adaptation MAP au locuteur :

Méthode	Français WER	SER	Grec WER	SER	Italien WER	SER	Espagnol WER	SER	Moyenne WER	Réduction
T +P_{loc}	2.7	5.9	1.8	4.7	4.6	9.1	2.5	6.0	2.9	–
T-T +P_{loc}	2.1	5.0	2.1	5.3	4.6	9.3	3.2	7.8	2.9	0.0%
T-N +P_{loc}	1.9	4.5	1.4	3.9	3.4	7.5	1.9	4.8	2.2	-24.1%
T-N_M +P_{loc}	1.8	4.4	1.3	3.6	3.4	7.7	1.9	5.0	2.1	-27.6%
T-N_P +P_{loc}	1.6	3.9	1.5	4.2	3.3	7.0	2.2	5.6	2.1	-27.6%
T-T_M +P_{loc}	2.4	5.8	1.9	5.3	4.0	8.7	2.6	7.0	2.7	-6.9%
T-T_P +P_{loc}	1.5	3.6	1.3	3.3	2.4	5.9	1.8	4.8	1.7	-41.4%
T-T_R +P_{loc}	1.5	**3.2**	0.9	2.1	1.6	**4.0**	**1.3**	**3.4**	1.4	-51.7%
T_M-N_M +P_{loc}	1.7	4.1	1.2	3.2	3.6	7.1	2.2	5.8	2.1	-27.6%
T_P-N_P +P_{loc}	1.4	3.6	1.1	3.1	3.2	5.8	1.5	4.2	1.8	-37.9%
T_M-T_M +P_{loc}	2.5	5.9	2.3	6.2	4.7	9.8	3.1	7.8	3.1	+6.9%
T_P-T_P +P_{loc}	1.6	3.6	1.2	3.0	2.4	5.8	1.6	4.4	1.7	-41.4%
T_R-N_M +P_{loc}	1.6	3.6	1.1	2.9	1.8	4.2	2.2	5.4	1.6	-44.8%
T_R-N_P +P_{loc}	1.6	3.8	1.0	2.8	1.8	**4.0**	2.2	5.4	1.6	-44.8%
T_R-T_M +P_{loc}	1.5	3.4	1.3	3.2	**1.5**	4.1	2.0	5.2	1.5	-48.3%
T_R-T_P +P_{loc}	**1.4**	**3.2**	1.1	2.7	**1.5**	4.2	1.5	3.8	**1.4**	**-51.7%**
T_R-T_R +P_{loc}	1.6	3.6	1.3	3.1	2.5	5.7	2.0	5.2	1.8	-37.9%

Chapitre 3. Expérimentations et résultats

TAB. 3.8 – Résultats des différentes approches d'adaptation à l'accent étranger combinées avec une adaptation au locuteur. Tests effectués sur les locuteurs non-natifs. Une grammaire libre a été utilisée. Les taux d'erreurs sont exprimés en %.
A. Grammaire contrainte :
Adaptation MLLR au locuteur :

Méthode	Français		Grec		Italien		Espagnol		Moyenne	
	WER	SER	WER	SER	WER	SER	WER	SER	WER	Réduction
T +M_{loc}	27.4	39.2	27.2	39.7	32.7	44.3	30.4	45.9	29.1	–
T-T +M_{loc}	22.7	35.0	19.1	32.2	26.1	41.2	28.1	45.3	23.3	-19.9%
T-N +M_{loc}	21.7	35.6	18.7	32.5	23.5	39.1	22.0	38.3	21.4	-26.5%
T-N_M +M_{loc}	20.5	33.0	18.9	33.0	22.7	39.1	24.6	41.5	21.2	-27.1%
T-N_P +M_{loc}	19.7	31.7	18.8	32.9	22.4	38.7	26.2	43.1	21.0	-27.8%
T-T_M +M_{loc}	22.1	34.6	21.5	35.0	28.0	42.9	26.6	44.3	24.0	-17.5%
T-T_P +M_{loc}	15.8	26.1	13.2	24.9	19.9	32.9	19.2	32.3	16.7	-42.6%
T-T_R +M_{loc}	**12.2**	**21.0**	10.6	19.9	**15.6**	**27.5**	19.3	32.9	13.5	-53.6%
T_M-N_M +M_{loc}	20.2	32.8	16.8	29.9	22.4	37.6	21.6	38.7	20.1	-30.9%
T_P-N_P +M_{loc}	15.7	26.3	12.4	24.4	17.7	31.9	17.4	33.1	15.6	-46.4%
T_M-T_M +M_{loc}	21.7	34.9	20.5	34.0	27.5	42.0	26.7	43.7	23.5	-19.2%
T_P-T_P +M_{loc}	14.8	25.4	12.0	23.4	18.9	31.4	18.5	31.5	15.6	-46.4%
T_R-N_M +M_{loc}	13.6	23.0	10.9	20.0	17.5	30.9	18.9	31.7	14.6	-49.8%
T_R-N_P +M_{loc}	13.6	23.0	11.6	21.3	17.5	30.6	19.6	32.5	14.8	-49.1%
T_R-T_M +M_{loc}	13.0	22.1	11.0	20.3	16.6	29.5	19.2	34.5	14.2	-51.2%
T_R-T_P +M_{loc}	**12.2**	21.5	**9.9**	**19.7**	16.5	29.2	**15.6**	**29.5**	**13.1**	**-55.0%**
T_R-T_R +M_{loc}	12.8	21.4	11.3	20.4	17.4	28.9	20.8	33.3	14.6	-49.8%

Adaptation MAP au locuteur :

Méthode	Français		Grec		Italien		Espagnol		Moyenne	
	WER	SER	WER	SER	WER	SER	WER	SER	WER	Réduction
T +P_{loc}	19.3	30.4	17.5	30.2	21.5	33.5	21.0	34.9	19.7	–
T-T +P_{loc}	17.2	28.2	14.4	25.8	18.8	32.1	20.8	36.7	17.4	-11.7%
T-N +P_{loc}	16.2	27.7	13.2	23.9	17.0	30.5	16.3	30.5	15.7	-20.3%
T-N_M +P_{loc}	15.3	26.1	13.2	23.3	17.6	31.4	17.9	31.7	15.7	-20.3%
T-N_P +P_{loc}	15.2	24.9	13.2	24.1	16.7	30.3	19.1	33.9	15.6	-20.8%
T-T_M +P_{loc}	17.3	28.3	15.6	27.1	19.4	31.9	19.9	34.5	17.7	-10.2%
T-T_P +P_{loc}	12.9	22.2	10.8	20.7	15.2	27.0	16.2	28.5	13.3	-32.5%
T-T_R +P_{loc}	**10.5**	**18.3**	9.2	18.3	13.2	23.9	14.7	27.1	11.4	-42.1%
T_M-N_M +P_{loc}	15.3	25.6	12.3	22.4	17.1	30.5	17.1	31.9	15.2	-22.8%
T_P-N_P +P_{loc}	13.1	22.3	10.7	20.4	15.1	28.1	14.8	28.9	13.2	-33.0%
T_M-T_M +P_{loc}	17.3	28.5	15.9	28.4	20.2	33.0	20.3	35.7	18.1	-8.1%
T_P-T_P +P_{loc}	12.4	21.6	10.0	19.8	15.3	27.2	15.4	27.3	12.9	-34.5%
T_R-N_M +P_{loc}	11.6	20.0	9.8	18.5	13.7	24.9	15.7	27.5	12.2	-38.1%
T_R-N_P +P_{loc}	11.8	20.3	10.0	18.7	13.9	25.4	16.0	28.1	12.4	-37.1%
T_R-T_M +P_{loc}	11.5	19.6	9.8	18.9	13.8	25.2	14.8	27.7	12.1	-38.6%
T_R-T_P +P_{loc}	10.6	18.7	**8.7**	**17.3**	**13.1**	**23.7**	13.2	24.9	**11.1**	**-43.7%**
T_R-T_R +P_{loc}	11.6	19.7	9.9	18.4	15.4	25.5	15.6	28.5	12.6	-36.0%

3.3. Évaluation de notre approche de modélisation de prononciation

Tout d'abord, notons que les approches de cette catégorie donnent des performances supérieures à celles des approches des première et deuxième catégories, à l'exception de l'approche "T-T_R" (de la première catégorie). Remarquons également que les méthodes "T_R-T_M" et "T_R-N_M" donnent des résultats similaires avec les grammaires contrainte et libre. Nous pouvons en déduire que l'adaptation acoustique à l'accent par la méthode de ré-estimation ("T_R") rapproche les modèles acoustiques à l'accent étranger d'une manière plus accentuée que les méthodes d'adaptation acoustique par *MLLR* et par *MAP*.

Par ailleurs, on peut voir que, en moyenne, la méthode "T_R-T_R" affiche les performances les moins élevées au sein de cette catégorie. En comparaison avec les méthodes de modélisation de prononciations "T_R-N_M", "T_R-N_P", "T_R-T_M" et "T_R-T_P", les modèles acoustiques utilisés dans la méthode "T_R-T_R" présentent une variabilité plus faible. Ceci conforte, encore une fois, la conclusion que la variabilité des modèles acoustiques utilisés dans la modélisation de prononciation permet une meilleure représentation de l'accent étranger et une précision accrue de la reconnaissance vocale.

Enfin, notons que l'approche "T_R-T_P" réalise la précision la plus élevée dans cette catégorie avec une réduction moyenne relative du taux d'erreur en mots de 56% et en phrases de 58%, comparée au système de base.

d. Analyse inter-catégorie

Tout d'abord, les méthodes de la 3eme catégorie réalisent une précision de reconnaissance plus élevée que les méthodes de la 1ere et 2eme catégorie, à l'exception de la méthode "T-T_R" de la 1ere catégorie. Les approches "T-T_R" (1ere catégorie) et "T_R-T_P" (3ere catégorie) réalisent des performances équivalentes et produisent la précision la plus élevée, comparées aux autres approches de modélisation de prononciation testées.

Par ailleurs, les méthodes "T-T", "T-T_M" et "T_M-T_M" réalisent en moyenne des performances équivalentes et la précision la moins élevée parmi les méthodes testées. Ceci appuie les conclusions postulant que :
- la variabilités des modèles acoustiques utilisés dans la modélisation de prononciation non-native améliore la précision de la reconnaissance vocale,
- l'adaptation acoustique à l'accent étranger par ré-estimation permet une précision élevée de la reconnaissance vocale,
- la méthode d'adaptation acoustique à l'accent étranger par *MLLR* (globale) n'améliore pas la précision de la reconnaissance pour la parole non-native.

3.3.3 Tests sur la parole anglaise

Le but des tests décrits dans cette section est de vérifier la robustesse des méthodes d'adaptation à l'accent étranger face à la parole des locuteurs anglais. Les tableaux 3.9, 3.10 et 3.11 illustrent les résultats de ces méthodes testées sur des locuteurs dont la langue maternelle est l'anglais. Rappelons que les modèles acoustiques ont été adaptés en utilisant le corpus *HIWIRE*, comme décrit dans le chapitre précédent. Les tests de reconnaissance vocales, avec ces modèles adaptés, ont ensuite été effectués sur les phrases prononcées par les locuteurs anglais.

Chapitre 3. Expérimentations et résultats

TAB. 3.9 – Résultats des différentes approches d'adaptation à l'accent étranger testées sur les locuteurs anglais (les taux d'erreurs sont exprimés en %)

A. Grammaire contrainte :

Méthode	Français		Grec		Italien		Espagnol		Moyenne	
	WER	SER	WER	SER	WER	SER	WER	SER	WER	Réduction
T	2.5	8.0	2.5	8.0	2.5	8.0	2.5	8.0	2.5	–
T-T	2.1	6.7	3.0	9.3	2.8	8.7	2.5	8.0	2.6	+4.0%
T-N	3.2	8.7	3.6	10.7	2.5	7.3	3.2	10.0	3.1	+24.0%
T-N_M	3.6	10.0	4.5	12.7	2.8	8.0	3.0	9.3	3.4	+36.0%
T-N_P	4.9	13.3	3.8	10.7	3.4	9.3	4.7	12.0	4.2	68.0%
T-T_M	2.3	7.3	2.5	7.3	1.9	6.0	1.7	5.3	2.1	-16.0%
T-T_P	1.7	5.3	2.1	6.7	**1.1**	**3.3**	2.5	8.0	1.9	-24.0%
T-T_R	1.7	5.3	**1.9**	**5.3**	1.5	4.7	1.9	6.0	**1.7**	**-32.0%**
T_M-N_M	1.9	6.0	2.3	7.3	2.1	6.0	2.1	6.7	2.1	-16.0%
T_P-N_P	2.1	6.7	2.1	6.7	1.9	5.3	2.1	6.7	2.1	-16.0%
T_M-T_M	2.5	8.0	2.3	7.3	1.9	6.0	**1.5**	**4.7**	2.1	-16.0%
T_P-T_P	**1.5**	**4.7**	2.3	7.3	1.7	5.3	1.7	5.3	1.8	-28.0%
T_R-N_M	4.0	11.3	13.6	24.0	4.0	11.5	9.1	18.7	7.7	+208%
T_R-N_P	4.2	12.0	13.1	24.0	4.2	12.7	10.6	20.0	8.1	+224.0%
T_R-T_M	2.5	8.0	3.2	8.7	2.3	7.3	1.9	6.0	2.5	0.0%
T_R-T_P	**1.5**	**4.7**	2.3	7.3	2.3	7.3	1.9	6.0	2.0	-20.0%
T_R-T_R	3.0	8.7	16.1	22.0	3.4	10.0	11.4	25.3	8.5	+240%

B. Grammaire libre (boucle de mots) :

Méthode	Français		Grec		Italien		Espagnol		Moyenne	
	WER	SER	WER	SER	WER	SER	WER	SER	WER	Réduction
T	16.3	29.3	16.3	29.3	16.3	29.3	16.3	29.3	16.3	–
T-T	15.2	26.7	19.7	36.0	16.1	28.0	17.8	31.3	17.2	+5.5%
T-N	19.5	38.0	25.2	44.7	17.6	30.7	19.1	34.0	20.3	+24.5%
T-N_M	20.1	35.3	26.7	44.0	20.5	34.0	22.9	42.7	22.6	+38.7%
T-N_P	20.3	36.0	29.9	48.7	22.0	36.0	26.1	46.0	24.6	+50.9%
T-T_M	15.2	26.7	20.3	36.7	15.7	27.3	13.6	22.7	16.2	-0.6%
T-T_P	**12.5**	24.7	15.2	28.0	**12.5**	23.3	14.8	27.3	**13.8**	**-15.3%**
T-T_R	13.6	**22.7**	**14.8**	**26.7**	13.6	**22.0**	14.2	25.3	14.0	-14.1%
T_M-N_M	18.0	32.7	22.2	36.7	17.0	30.7	16.5	30.7	18.4	+12.9%
T_P-N_P	15.7	28.0	22.7	36.0	17.4	32.0	16.1	31.3	18.0	+10.4%
T_M-T_M	15.2	27.3	20.5	36.0	16.5	30.0	**12.7**	**21.3**	16.3	0.0%
T_P-T_P	**12.5**	25.3	15.2	28.0	13.3	26.0	14.6	27.3	13.9	-14.7%
T_R-N_M	23.9	36.0	39.0	56.7	29.7	38.7	37.1	48.0	32.4	+98.8%
T_R-N_P	24.4	37.3	37.3	50.7	31.6	42.0	39.8	50.7	33.3	+104%
T_R-T_M	13.8	24.0	22.7	38.7	17.8	31.3	15.5	25.3	17.4	+6.7%
T_R-T_P	13.1	26.7	15.9	28.7	14.6	27.3	15.9	26.7	14.9	-8.6%
T_R-T_R	21.2	34.0	35.6	48.0	26.1	34.7	38.4	50.0	30.3	+85.9%

3.3. Évaluation de notre approche de modélisation de prononciation

Sans adaptation au locuteur

Concernant les tests utilisant la grammaire contrainte (tableau 3.9.A), nous pouvons remarquer que le système "T-T" réalise une précision légèrement inférieure à celle du système de base "T", avec une augmentation relative du taux d'erreur en mots de 4% et en phrases de 2.5%. La modélisation de prononciation non-native introduit une confusion phonétique qui réduit la précision des modèles acoustiques.

La précision du système "T-N" est encore plus faible, avec une augmentation relative du taux d'erreur en mots de 24% et en phrases de 15%, comparé au système de base. Les systèmes "T-N_M" et "T-N_P" réalisent une précision encore plus faible, avec une augmentation du taux d'erreur atteignant les 68% en mots et 48% en phrases. Ce comportement peut être expliqué par le fait que la modélisation de prononciation éloigne les modèles acoustiques de la prononciation canonique anglaise. L'utilisation des modèles acoustiques de la langue maternelle ("N", "N_M" et "N_P") pour la modélisation de prononciation ("T-N", "T-N_M" et "T-N_P") rapproche les modèles acoustiques de l'accent non-natif d'une manière soutenue.

Les systèmes "T_R-N_M", "T_R-N_P" et "T_R-T_R" produisent la dégradation de précision la plus significative, avec une augmentation relative du taux d'erreur en mots de 225% et en phrases de 110% (en moyenne, pour la grammaire contrainte). Ceci pourrait être attribué à la nature des couples de modèles acoustiques utilisés dans ces systèmes. En effet, les modèles acoustiques de la langue cible adaptés à l'accent étranger par ré-estimation ("T_R") ainsi que les modèles acoustiques de la langue maternelle adaptés à l'accent étranger par $MLLR$ et MAP ("N_M", "N_P" et "T_R") sont très éloignés de l'accent canonique anglais. Ce qui implique que la combinaison de ces modèles acoustiques dans les systèmes "T_R-N_M", "T_R-N_P" et "T_R-T_R" (à travers la modélisation de prononciation) produit des modèles acoustiques moins précis pour l'accent canonique anglais, comparés aux modèles "T".

Par ailleurs, les méthodes "T-T_M", "T-T_P" et "T-T_R" réalisent une amélioration de la précision de la RAP, avec une réduction du taux d'erreur en mots de 20% et en phrases de 24% (en moyenne, pour la grammaire contrainte), comparées au système de base. Cette augmentation de la précision de reconnaissance pourrait être expliquée par l'utilisation des modèles acoustiques de la langue cible adaptés acoustiquement à l'accent étranger "T_M", "T_P" et "T_R" par $MLLR$, MAP et ré-estimation. Cette adaptation acoustique a la vocation de rapprocher les modèles acoustiques, de la langue cible, des caractéristiques de la prononciation non-native. Toutefois, cette adaptation acoustique rapproche également les modèles acoustiques des caractéristiques du canal d'enregistrement : i.e. les propriétés des matériels d'enregistrement, le bruit ambiant, etc. La combinaison des modèles canoniques de la langue cible ("T") avec les modèles de la langue cible adaptés à l'accent étranger et au canal d'enregistrement ("T_M", "T_P" et "T_R") en une amélioration de la précision de reconnaissance. Nous observons le même phénomène pour les systèmes "T_M-N_M", "T_P-N_P", "T_M-T_M" et "T_P-T_P".

Ce comportement peut également être expliqué par le fait que le lexique du corpus *HIWIRE* soit de plus plus petite taille que le lexique du corpus *TIMIT*. Rappelons que les modèles de la langue anglaise ont été appris sur le corpus *TIMIT*. Les contextes phonétiques présents dans le corpus *HIWIRE* sont moins variés, en comparaison avec *TIMIT*. Par conséquent, l'adaptation des modèles acoustiques à l'accent étranger (en utilisant le corpus *HIWIRE*) aura pour effet de les adapter aux contextes phonétiques réduits. Cela augmente la précision de ces modèles acoustiques pour le corpus *HIWIRE*.

Chapitre 3. Expérimentations et résultats

On observe également une amélioration de la précision pour les systèmes "T_R-T_M" et "T_R-T_P" avec une réduction du taux d'erreur en mots de 10% et en phrases de 12% (en moyenne, pour la grammaire moyenne), comparés au système de base. Nous pourrions expliquer ce résultat par les même raisons données plus haut.

Adaptation au locuteur par MLLR et MAP

Concernant les tests avec une adaptation acoustique au locuteur par *MLLR* et une grammaire contrainte (tableau 3.10.A), remarquons que le système de base "T" réalise la précision de reconnaissance la plus élevée. L'adaptation au locuteur par *MLLR* a bénéficié le plus au système de base, avec une réduction du taux d'erreur en mots de 56% et en phrases de 59% (comparé aux résultats du système de base sans adaptation au locuteur, avec une grammaire contrainte).

Par ailleurs, l'adaptation au locuteur apporte aux modèles canoniques de la langue cible "T" un ajustement au canal d'enregistrement, ajustement déjà acquis pour les systèmes incluant une adaptation acoustique à l'accent non-natif.

Notons également que les systèmes "T-T_M" et "T-T_P" affichent une précision très proche de celle du système de base. Les systèmes "T_R-N_M", "T_R-N_P" et "T_R-T_R" réalisent la précision la plus basse avec une augmentation du taux d'erreurs atteignant 425% en mots et 270% en phrases, comparés au système de base.

Le tableau 3.10.B résume les résultats des tests avec une grammaire contrainte et une adaptation *MAP* au locuteur. Le système "T-T_R" réalise la meilleure précision avec une réduction du taux d'erreur en mots et en phrases de 10%, comparé au système de base. Les systèmes "T-T_M" et "T-T_P" donnent des résultats équivalents et proches de ceux du système de base. Le reste des systèmes résultent en une dégradation de la précision de reconnaissance comparés au système de base. En particulier, les systèmes "T_R-N_M", "T_R-N_P" et "T_R-T_R" augmentent le taux d'erreur en mots de 136% et en phrases de 120% en moyenne, comparés au système de base.

Discussions

D'une manière générale, nous pouvons conclure, d'après les tableaux 3.9 et 3.10, que les systèmes "T-T_M", "T-T_P" et "T-T_R" produisent une précision de reconnaissance vocale très proche de celle du système de base pour les locuteurs anglais. L'utilisation des modèles acoustiques canoniques de la langue cible ("T") dans ces systèmes permet de conserver la modélisation de l'accent canonique et produit ainsi des performances comparables à celles du système de base.

De plus, nous avons vu que le reste des systèmes adaptés à l'accent non-natif dégradent les performances de la RAP par rapport au système de base. L'augmentation de l'erreur est significative, et dépasse les 400% pour les systèmes "T_R-N_M", "T_R-N_P" et "T_R-T_R".

3.3.4 Conclusions

D'après les résultats de la section 3.3.2, nous avons vu que toutes les approches d'adaptation à l'accent non-natif améliorent la précisions de la reconnaissance vocale pour la parole non-native. En outre, nous avons vus que les systèmes "T-T_R" et "T_R-T_P" réalisent les meilleurs performances avec une réduction des taux d'erreur en mots et en phrases avoisinant les 50% (en moyenne) comparés au système de base, et ce avec une grammaire contrainte et une adaptation

3.3. Évaluation de notre approche de modélisation de prononciation

TAB. 3.10 – *Résultats des différentes approches d'adaptation à l'accent étranger combinées avec une adaptation au locuteur. Tests effectués sur les locuteurs anglais. Une grammaire contrainte a été utilisée. Les taux d'erreurs sont exprimés en %.*

Grammaire contrainte :
Adaptation MLLR au locuteur :

Méthode	Français		Grec		Italien		Espagnol		Moyenne	
	WER	SER	WER	SER	WER	SER	WER	SER	WER	Réduction
T $+M_{loc}$	1.1	3.3	1.1	3.3	1.1	3.3	1.1	3.3	1.1	–
T-T $+M_{loc}$	1.1	3.3	1.5	4.7	1.5	4.7	1.3	4.0	1.3	+18.2%
T-N $+M_{loc}$	1.5	4.7	1.9	6.0	1.9	5.3	2.1	6.7	1.9	+72.7%
T-N_M $+M_{loc}$	1.7	5.3	2.3	7.3	2.1	6.0	1.5	4.7	1.9	+72.7%
T-N_P $+M_{loc}$	2.8	7.3	2.8	8.7	2.1	6.0	4.2	10.0	3.0	+172.7%
T-T_M $+M_{loc}$	**0.8**	**2.7**	1.5	4.7	1.1	3.3	**1.1**	**3.3**	**1.1**	**0.0%**
T-T_P $+M_{loc}$	1.3	4.0	1.1	3.3	**0.8**	**2.7**	1.3	4.0	**1.1**	**0.0%**
T-T_R $+M_{loc}$	1.5	4.7	2.1	6.0	**0.8**	**2.7**	1.3	4.0	1.4	+27.3%
T_M-N_M $+M_{loc}$	1.5	4.7	1.7	5.3	2.1	6.0	1.7	5.3	1.7	+54.5%
T_P-N_P $+M_{loc}$	1.7	5.3	1.7	5.3	1.7	4.7	1.7	5.3	1.7	+54.5%
T_M-T_M $+M_{loc}$	1.9	6.0	1.3	4.0	1.3	4.0	**1.1**	**3.3**	1.4	+27.3%
T_P-T_P $+M_{loc}$	1.3	4.0	**0.8**	**2.7**	1.3	4.0	1.7	5.3	1.3	+18.2%
T_R-N_M $+M_{loc}$	2.3	7.3	7.8	13.3	1.9	6.0	6.6	16.7	4.7	+327%
T_R-N_P $+M_{loc}$	3.2	9.3	8.0	15.3	2.3	7.3	7.4	17.3	5.2	+372%
T_R-T_M $+M_{loc}$	1.9	6.0	2.3	7.3	2.3	7.3	1.3	4.0	2.0	+81.8%
T_R-T_P $+M_{loc}$	1.9	6.0	1.5	4.7	1.9	6.0	1.5	4.7	1.7	+54.5%
T_R-T_R $+M_{loc}$	2.1	6.7	10.6	14.0	2.5	8.0	7.8	16.7	5.8	+427%

Adaptation MAP au locuteur :

Méthode	Français		Grec		Italien		Espagnol		Moyenne	
	WER	SER	WER	SER	WER	SER	WER	SER	WER	Réduction
T $+P_{loc}$	1.1	3.3	1.1	3.3	1.1	3.3	1.1	3.3	1.1	–
T-T $+P_{loc}$	1.1	3.3	1.3	4.0	1.1	3.3	1.1	3.3	1.1	0.0%
T-N $+P_{loc}$	1.1	3.3	1.5	4.7	1.5	4.7	1.3	4.0	1.3	+18.2%
T-N_M $+P_{loc}$	1.3	4.0	1.9	6.0	1.5	4.7	1.3	4.0	1.5	+36.4%
T-N_P $+P_{loc}$	**0.8**	**2.7**	1.9	6.0	1.7	5.3	2.8	6.7	1.8	+63.6%
T-T_M $+P_{loc}$	1.1	3.3	1.3	4.0	0.8	2.7	**0.8**	**2.7**	**1.0**	-9.1%
T-T_P $+P_{loc}$	1.3	4.0	**0.8**	**2.7**	0.8	2.7	1.1	3.3	**1.0**	-9.1%
T-T_R $+P_{loc}$	1.1	3.3	1.1	3.3	**0.6**	**2.0**	1.1	3.3	**1.0**	-9.1%
T_M-N_M $+P_{loc}$	1.5	4.7	1.3	4.0	1.7	5.3	1.3	4.0	1.4	+27.3%
T_P-N_P $+P_{loc}$	1.7	5.3	1.3	4.0	1.1	3.3	1.5	4.7	1.4	+27.3%
T_M-T_M $+P_{loc}$	1.7	5.3	1.3	4.0	1.1	3.3	1.1	3.3	1.3	+18.2%
T_P-T_P $+P_{loc}$	1.5	4.7	**0.8**	**2.7**	0.8	2.7	1.5	4.7	1.2	+9.1%
T_R-N_M $+P_{loc}$	2.1	6.7	2.1	5.3	1.7	5.3	4.7	12.0	2.6	+136%
T_R-N_P $+P_{loc}$	2.3	7.3	3.2	8.0	1.9	6.0	4.2	10.7	2.9	+163%
T_R-T_M $+P_{loc}$	1.5	4.7	2.1	6.7	1.3	4.0	1.3	3.3	1.5	+36.4%
T_R-T_P $+P_{loc}$	1.7	5.3	1.1	3.3	1.9	6.0	1.9	5.3	1.6	+45.5%
T_R-T_R $+P_{loc}$	1.7	5.3	2.3	6.7	1.7	5.3	3.6	8.7	2.3	+109%

TAB. 3.11 – *Résultats des différentes approches d'adaptation à l'accent étranger combinées avec une adaptation au locuteur. Tests effectués sur les locuteurs anglais. Une grammaire libre a été utilisée. Les taux d'erreurs sont exprimés en %.*

Grammaire libre :
Adaptation MLLR au locuteur :

	Français		Grec		Italien		Espagnol		Moyenne	
Méthode	WER	SER	WER	SER	WER	SER	WER	SER	WER	Réduction
T +M_{loc}	14.2	25.3	14.2	25.3	14.2	25.3	14.2	25.3	14.2	–
T-T +M_{loc}	13.3	23.3	16.5	29.3	14.0	25.3	14.8	25.3	14.7	+3.5%
T-N +M_{loc}	15.9	30.0	18.9	34.7	15.9	28.0	16.3	30.0	16.7	+17.6%
T-N_M +M_{loc}	15.5	28.0	20.1	35.3	16.7	28.7	16.7	32.7	17.3	+21.8%
T-N_P +M_{loc}	17.8	33.3	21.6	38.0	16.5	28.0	17.4	31.3	18.3	+28.9%
T-T_M +M_{loc}	13.1	23.3	15.7	28.0	14.8	27.3	12.7	**23.3**	14.1	-0.7%
T-T_P +M_{loc}	13.1	26.7	**12.7**	**24.7**	**11.7**	**22.0**	12.7	26.0	12.6	-11.3%
T-T_R +M_{loc}	12.1	**22.7**	14.6	26.0	13.3	23.3	14.0	26.0	13.5	-4.9%
T_M-N_M +M_{loc}	15.7	28.7	18.4	33.3	15.9	29.3	15.5	28.0	16.4	+15.5%
T_P-N_P +M_{loc}	14.8	28.0	19.1	32.0	15.2	26.7	15.9	30.7	16.3	+14.8%
T_M-T_M +M_{loc}	14.0	24.7	15.7	29.3	14.4	24.7	14.2	24.7	14.6	+2.8%
T_P-T_P +M_{loc}	**11.4**	**22.7**	14.0	27.3	11.9	22.7	**12.5**	24.7	**12.4**	**-12.7%**
T_R-N_M +M_{loc}	20.1	32.7	34.1	47.3	26.7	37.3	32.6	48.0	28.4	+100%
T_R-N_P +M_{loc}	20.8	36.0	34.8	47.3	26.7	36.7	36.4	49.3	29.7	+109%
T_R-T_M +M_{loc}	12.9	25.3	22.2	39.3	15.9	29.3	15.2	24.7	16.6	+16.9%
T_R-T_P +M_{loc}	11.9	24.0	16.5	32.0	12.9	23.3	13.8	26.7	13.8	-2.8%
T_R-T_R +M_{loc}	17.2	30.0	31.4	41.3	22.5	32.0	32.4	44.0	25.8	+81.7%

Adaptation MAP au locuteur :

	Français		Grec		Italien		Espagnol		Moyenne	
Méthode	WER	SER	WER	SER	WER	SER	WER	SER	WER	Réduction
T +P_{loc}	11.2	22.7	11.2	22.7	11.2	22.7	11.2	22.7	11.2	–
T-T +P_{loc}	11.2	20.7	12.3	24.0	11.9	23.3	12.3	22.7	11.9	+6.3%
T-N +P_{loc}	13.8	26.7	14.2	28.7	14.2	25.3	13.3	25.3	13.9	+24.1%
T-N_M +P_{loc}	13.3	25.3	14.6	28.7	12.7	24.0	14.0	28.0	13.7	+22.3%
T-N_P +P_{loc}	14.6	30.0	17.8	33.3	13.6	24.7	15.5	28.7	15.4	+37.5%
T-T_M +P_{loc}	11.9	22.0	12.7	24.0	11.9	21.3	11.4	22.0	12.0	+7.1%
T-T_P +P_{loc}	11.7	23.3	12.3	23.3	10.6	19.3	12.3	24.7	11.7	+4.5%
T-T_R +P_{loc}	10.4	**18.7**	10.8	20.0	10.0	**17.3**	10.8	20.0	-6.2%	**19.0**
T_M-N_M +P_{loc}	12.9	26.0	13.1	27.3	13.3	26.0	13.3	26.7	13.2	+17.9%
T_P-N_P +P_{loc}	12.9	26.0	15.5	28.7	13.6	26.0	13.8	27.3	13.9	+24.1%
T_M-T_M +P_{loc}	12.1	23.3	12.3	24.7	11.4	22.0	**10.8**	20.7	11.7	+4.5%
T_P-T_P +P_{loc}	11.0	22.7	11.7	22.7	11.0	19.3	11.7	22.7	11.3	+0.9%
T_R-N_M +P_{loc}	17.4	31.3	26.1	38.0	21.4	32.0	27.5	42.7	23.1	+106%
T_R-N_P +P_{loc}	18.4	34.0	26.9	38.7	21.0	32.7	25.4	38.7	22.9	+104%
T_R-T_M +P_{loc}	**10.0**	**18.7**	18.0	32.7	12.1	22.7	11.7	21.3	12.9	+15.2%
T_R-T_P +P_{loc}	11.2	23.3	14.0	27.3	10.8	21.3	11.0	23.3	11.8	+5.4%
T_R-T_R +P_{loc}	14.4	25.3	20.3	30.0	16.7	25.3	21.4	34.0	18.2	+62.5%

MAP au locuteur. Ces deux méthodes affichent également les meilleures performances en utilisant la grammaire libre.

D'autre part, les tests conduits sur la parole anglaise, dont les résultats ont été discutés dans la section 3.3.3, montrent que les système "T-T_M", "T-T_P" et "T-T_R" réalisent des résultats comparables au système de base, et ce en utilisant une grammaire contrainte et une adaptation MAP au locuteur.

Par conséquent, l'approche "T-T_R" réalise la meilleure précision de RAP pour la parole non-native, et maintient la précision de RAP pour la parole cible canonique. Nous pouvons en conclure que l'approche de modélisation de prononciation non-native "T-T_R" est la plus appropriée pour la reconnaissance de la parole étrangère pour le corpus *HIWIRE*. Cette approche utilise :
- les modèles acoustiques canonique de la langue cible ("T") pour la représentation de l'accent canonique de la langue cible
- les modèles acoustiques de la langue cible adaptés à l'accent étranger par ré-estimation ("T_R") pour la représentation de l'accent étranger

3.4 Détection de la langue maternelle

Les tests de détection de la langue d'origine des locuteurs non-natifs ont été effectués sur le corpus *HIWIRE*. La paramètrisation que nous avons choisie est une paramètrisation MFCC à 13 coefficients, augmentées des dérivées premières et secondes. Les modèles acoustiques utilisés sont les modèles canoniques des quatre origines présentes dans *HIWIRE* : français, grec, italien et espagnol (c.f. § 3.1.4). Pour l'adaptation acoustique à l'accent étranger, nous avons opté pour une adaptation non supervisée par la technique *MLLR* (c.f. § 2.2.1). Rappelons que les modèles acoustiques canoniques de chacune des langue d'origine sont adaptés de manière *non-supervisée* à l'aide des phrases du corpus *HIWIRE* prononcées par des locuteurs de l'origine correspondante.

Nous avons adopté la méthode de validation croisée pour la détection de l'origine. Afin de détecter l'origine d'un locuteur donné, les phrases prononcées par ce dernier ne sont pas utilisées pour la construction du décideur probabiliste.

3.4.1 Construction du décideur probabiliste

La taille maximale des séquences de phonèmes discriminantes a été fixée à 3, i.e. $max_p = 3$ (c.f. § 2.2.1). Les séquences de phonèmes discriminantes peuvent avoir une taille de 1, 2 ou 3 phonèmes. La valeur du paramètre ζ a été fixée à $\zeta = +\infty$ (c.f. § 2.2.1). Une séquence de phonèmes est considérée discriminante pour une origine donnée, si et seulement si cette séquence n'apparaît dans aucune autre origine.

Selon les notations de la section 2.2, posons l'ensemble des origines $O=\{O_1=\text{français}, O_2=\text{grec}, O_3=\text{italien}, O_4=\text{espagnol}\}$. Le tableau 3.12 représente, pour un exemple de décideur probabilité, le nombre de séquences discriminantes retenues pour chaque origine O_i ($Card(S_i)$), la somme $\sum_{x \in S_i} n_i(x)$, et les probabilités *a priori* des langues d'origine $P(O_i)$ telle que définies dans l'équation (2.2). Selon ce tableau, le nombre de séquences discriminantes retenues pour chaque langue d'origine diffère selon la langue. De plus, remarquons que les probabilités *a priori* des langues d'origine, $P(O_i)$, ne sont pas proportionnelles à la tailles des corpus respectifs. Rappelons que

Chapitre 3. Expérimentations et résultats

le corpus *HIWIRE* contient 31 locuteurs français, 20 locuteurs grecs, 20 locuteurs italiens et 10 locuteurs espagnols.

TAB. 3.12 – *Statistiques pour un exemple de décideur probabiliste.*

	O_1	O_2	O_3	O_4
$Card(S_i)$	1723	1133	1179	461
$\sum_{x \in S_i} n_i(x)$	17854	20102	15875	11266
$P(O_i)$	0.274	0.308	0.244	0.173

3.4.2 Exemples de séquences de phonèmes discriminantes

Le tableau 3.13 contient quelques séquences de phonèmes discriminantes relatives aux quatre langues d'origines. Selon les notations de la section 2.2.1, un phonème noté p_i appartient à l'ensemble de modèles acoustiques M'_i qui sont adaptés à l'accent des locuteurs d'origine O_i. Notons que les séquences de phonèmes discriminantes pour une origine donnée peuvent contenir des phonèmes correspondant à d'autres origines. Par exemple, la séquence de phonèmes ($[t]_4$, $[uw]_1$) a été retenue pour l'origine O_1 (français), bien qu'elle contienne un phonème correspondant à l'origine O_4 (espagnol).

Les probabilités $P(O_i/s)$ ont toutes une valeur égale à 1, car la valeur du paramètre ζ a été fixée à $+\infty$. En effet, la valeur $\zeta = +\infty$ implique qu'une séquence de phonème n'est retenue pour une origine que si elle n'apparaît dans aucune autre origine.

En majorité, les séquences de phonèmes détectées sont composées de deux phonèmes, et seules quelques unes sont formées de trois phonèmes. La taille relativement réduite du corpus *HIWIRE* ne permet pas la détection fiable de séquences phonétiques de taille supérieure avec une valeur $\zeta = +\infty$.

3.4.3 Précision de la détection de l'origine

Les résultats de la classification d'origine sont affichés dans la table 3.14. Les locuteurs d'origine grecque sont les mieux classifiés avec un taux de détection correct de 95%. Les locuteurs français sont correctement classifiés à hauteur de 90.3%. Le taux de classification correcte des locuteurs italiens et espagnols sont de 75% et 70% respectivement. Il est intéressant de noter que les locuteurs italiens et espagnols sont majoritairement confondus en tant que grecs.

Nous avons évalué une approche classique de détection de langue maternelle basée sur des GMM (un GMM par langue et par genre) et avons observé un taux de classification correct de 77.8%. Notre approche de détection de la langue d'origine de locuteurs non-natifs réalise taux global de classification correcte est de 85.2%, réduisant ainsi le taux d'erreur de classification de 33%, par rapport à l'approche classique précédente.

3.4.4 Combinaison de la détection de l'origine avec un système de RAP adapté à l'accent

Le tableau 3.15 contient les résultats de l'approche de modélisation de prononciation "T-T_R" combinée avec le système de détection de la langue d'origine. Cette combinaison de systèmes

3.4. Détection de la langue maternelle

TAB. 3.13 – *Exemples de séquences discriminantes de phonèmes.*

Origine Française, O_1 :

séquence discriminante $s \in S_1$		$n_1(s)$	$P(s)$	$P(s/O_1)$	$P(O_1/s)$
$[r]_1$	$[i:]_1$	413	0.00727	0.02650	1.0
$[t]_1$	$[uw]_1$	383	0.00589	0.02147	1.0
$[aɪ]_1$	$[n]_1$	223	0.00343	0.01251	1.0
$[t]_4$	$[uw]_1$	153	0.00235	0.00859	1.0
$[k]_1$	$[s]_3$	137	0.00210	0.00765	1.0

Origine Grecque, O_2 :

séquence discriminante $s \in S_2$		$n_2(s)$	$P(s)$	$P(s/O_2)$	$P(O_2/s)$
$[k]_2$	$[s]_2$	610	0.00937	0.03035	1.0
$[s]_2$	$[i:]_1$	340	0.00522	0.01691	1.0
$[f]_3$	$[aɪ]_2$	165	0.00253	0.00821	1.0
$[aɪ]_3$	$[n]_2$	135	0.00207	0.00672	1.0
$[k]_3$	$[s]_2$	130	0.00200	0.00647	1.0

Origine Italienne, O_3 :

séquence discriminante $s \in S_3$			$n_3(s)$	$P(s)$	$P(s/O_3)$	$P(O_3/s)$
$[f]_3$	$[aɪ]_3$		575	0.00883	0.03622	1.0
$[s]_3$	$[i:]_3$		365	0.00561	0.02299	1.0
$[z]_3$	$[i:]_3$	$[ʃ]_3$	220	0.00338	0.01386	1.0
$[i:]_3$	$[s]_3$		160	0.00246	0.01008	1.0
$[m]_3$	$[ə]_3$		130	0.00200	0.00819	1.0

Origine Espagnole, O_4 :

séquence discriminante $s \in S_4$			$n_4(s)$	$P(s)$	$P(s/O_4)$	$P(O_4/s)$
$[s]_4$	$[i:]_4$		730	0.01121	0.06480	1.0
$[f]_4$	$[aʊ]_4$		370	0.00568	0.03284	1.0
$[w]_4$	$[a]_4$	$[n]_4$	200	0.00307	0.01775	1.0
$[aɪ]_4$	$[n]_4$		180	0.00277	0.01598	1.0
$[i:]_2$	$[t]_4$		100	0.00154	0.00888	1.0

TAB. 3.14 – *Matrice de confusion pour la détection de l'origine (en %).*

	origine détectée			
	français	grec	italien	espagnol
français	**90.3**	3.2	0.0	6.5
grec	0.0	**95.0**	0.0	5.0
italien	5.0	20.0	**75.0**	0.0
espagnol	0.0	30.0	0.0	**70.0**

Chapitre 3. Expérimentations et résultats

augmente significativement les performance de la reconnaissance de parole par rapport au système de base. Nous observons une réduction moyenne du taux d'erreur en mots de 62.6% et en phrases de 57.8%, avec une grammaire contrainte.

Le système "T-T_R" combiné avec la détection de l'origine réalise des résultats très proche de ceux du système "T-T_R" sans détection de l'origine (cf. tableaux 3.6, 3.7 et 3.8). L'utilisation de la détection de l'origine des locuteurs non-natifs induit une augmentation relative du taux d'erreur en mots de 3.7% et une augmentation relative du taux d'erreur en phrases de 4.7%. Cette dégradation de performance est très faible puisqu'elle correspond à une augmentation absolue du taux d'erreur en mots de 0.1% et en phrases de 0.2%. Nous pouvons en conclure que l'utilisation de la détection de la langue d'origine pour la reconnaissance de la parole non-native n'a pas de répercussions significatives sur la précision.

3.5 Approches multi-accent

3.5.1 Adaptation acoustique multi-accent

Le tableau 3.16 contient les résultats des méthodes d'adaptation acoustique *multi-accent* à la parole non-native par les techniques *MAP* ("$T_{P-Multi}$") et *ré-estimation* ("$T_{R-Multi}$"), décrites au paragraphe 2.8.1. Rappelons que nous avons utilisé la totalité du corpus *HIWIRE* pour l'adaptation acoustique *multi-accent*. Les modèles acoustiques obtenus sont adaptés aux quatre accents non-natifs : français, grec, italien et espagnol.

Le tableau 3.16 contient également les résultats du système de base "T". Nous n'avons pas inclus les résultats de l'approche d'adaptation acoustique *multi-accent* à la parole non-native par la technique *MLLR* ("$T_{M-Multi}$") car celle-ci réalise des performances très proches de celles du système de base.

Notons d'abord que pour toutes les conditions de test (grammaire libre/contrainte, sans/avec adaptation au locuteur), les deux systèmes ("$T_{P-Multi}$") et ("$T_{R-Multi}$") réalisent une augmentation de la précision de RAP significative, comparés au système de base. Cette réduction atteint 76% pour le taux d'erreur en mots et 70% pour le taux d'erreur en phrases, et ce avec une grammaire contrainte et sans adaptation au locuteur. En utilisant une grammaire contrainte et une adaptation *MAP* au locuteur, la réduction du taux d'erreur en phrases et en mots pour ces deux systèmes avoisine les 50%.

Notons également que la précision du système ("$T_{R-Multi}$") est supérieure à celle du système ("$T_{P-Multi}$").

En comparant les résultats du tableau 3.16 avec ceux du tableau 3.1, nous pouvons voir que l'adaptation acoustique *multi-accent* produit des performances supérieures à celles de l'adaptation acoustique à un seul accent étranger (systèmes "T_P" et "T_R"). La diversité des accents pris en compte et l'augmentation de la taille du corpus d'adaptation acoustique confèrent une plus grande précision aux modèles acoustiques issus de l'adaptation acoustique *multi-accent*.

TAB. 3.15 – Résultats du système "T-T_R" combiné avec la détection de langue d'origine. Tests effectués sur les locuteurs non-natifs. Les taux d'erreur sont exprimés en %.

A. Grammaire contrainte :

Sans adaptation au locuteur :

Méthode	Français		Grec		Italien		Espagnol		Moyenne	
	WER	SER	WER	SER	WER	SER	WER	SER	WER	Réduction
T	6.0	12.8	5.6	12.2	10.4	19.2	7.0	15.2	7.2	–
T-T_R	**2.2**	**4.8**	**1.0**	**3.0**	**3.0**	**7.1**	**3.2**	**7.6**	**2.2**	**-69.4%**

Adaptation MLLR au locuteur :

Méthode	Français		Grec		Italien		Espagnol		Moyenne	
	WER	SER	WER	SER	WER	SER	WER	SER	WER	Réduction
T +M_{loc}	4.2	8.8	3.8	9.7	8.0	15.0	4.6	10.2	5.1	–
T-T_R +M_{loc}	**1.8**	**3.9**	**0.8**	**2.4**	**2.3**	**5.6**	**2.4**	**5.8**	**1.7**	**-66.7%**

Adaptation MAP au locuteur :

Méthode	Français		Grec		Italien		Espagnol		Moyenne	
	WER	SER	WER	SER	WER	SER	WER	SER	WER	Réduction
T +P_{loc}	2.7	5.9	1.8	4.7	4.6	9.1	2.5	6.0	2.9	–
T-T_R +P_{loc}	**1.5**	**3.2**	**0.9**	**2.1**	**1.6**	**4.1**	**1.5**	**4.0**	**1.4**	**-51.7%**

A. Grammaire Libre :

Sans adaptation au locuteur :

Méthode	Français		Grec		Italien		Espagnol		Moyenne	
	WER	SER	WER	SER	WER	SER	WER	SER	WER	Réduction
T	35.7	47.9	36.7	49.2	43.5	52.0	39.9	53.5	38.5	–
T-T_R	**13.5**	**22.4**	**12.3**	**21.8**	**19.3**	**32.8**	**22.7**	**35.1**	**15.8**	**-59.0%**

Adaptation MLLR au locuteur :

Méthode	Français		Grec		Italien		Espagnol		Moyenne	
	WER	SER	WER	SER	WER	SER	WER	SER	WER	Réduction
T +M_{loc}	27.4	39.2	27.2	39.7	32.7	44.3	30.4	45.9	29.1	–
T-T_R +M_{loc}	**12.9**	**21.8**	**10.8**	**20.0**	**16.4**	**28.7**	**18.7**	**31.9**	**14.0**	**-51.9%**

Adaptation MAP au locuteur :

Méthode	Français		Grec		Italien		Espagnol		Moyenne	
	WER	SER	WER	SER	WER	SER	WER	SER	WER	Réduction
T +P_{loc}	19.3	30.4	17.5	30.2	21.5	33.5	21.0	34.9	19.7	–
T-T_R +P_{loc}	**10.8**	**18.7**	**9.3**	**18.3**	**13.4**	**24.1**	**14.5**	**26.5**	**11.6**	**-41.1%**

TAB. 3.16 – *Résultats des approches d'adaptation acoustiques multi-accent à l'accent étranger. Les modèles acoustiques ont été adaptés sur la totalité du corpus HIWIRE. Tests effectués sur les locuteurs non-natifs. Les taux d'erreurs sont exprimés en %.*

A. Grammaire contrainte :
Sans adaptation au locuteur :

	Français		Grec		Italien		Espagnol		Moyenne	
Méthode	WER	SER	WER	SER	WER	SER	WER	SER	WER	Réduction
T	6.0	12.8	5.6	12.2	10.4	19.2	7.0	15.2	7.2	–
$T_{P-Multi}$	1.9	4.5	1.1	3.0	3.3	7.8	2.4	6.0	2.1	-70.8%
$T_{R-Multi}$	**1.6**	**4.0**	**0.8**	**2.5**	**2.6**	**6.7**	**2.0**	**5.2**	**1.7**	**-76.4%**

Adaptation MLLR au locuteur :

	Français		Grec		Italien		Espagnol		Moyenne	
Méthode	WER	SER	WER	SER	WER	SER	WER	SER	WER	Réduction
T +M_{loc}	4.2	8.8	3.8	9.7	8.0	15.0	4.6	10.2	5.1	–
$T_{P-Multi}$ +M_{loc}	1.8	4.3	0.9	**2.4**	2.9	6.9	**1.9**	4.6	1.9	-62.7%
$T_{R-Multi}$ +M_{loc}	**1.5**	**3.8**	**0.8**	**2.4**	**2.3**	**5.6**	**1.9**	**4.4**	**1.6**	**-68.6%**

Adaptation MAP au locuteur :

	Français		Grec		Italien		Espagnol		Moyenne	
Méthode	WER	SER	WER	SER	WER	SER	WER	SER	WER	Réduction
T +P_{loc}	2.7	5.9	1.8	4.7	4.6	9.1	2.5	6.0	2.9	–
$T_{P-Multi}$ +P_{loc}	1.5	3.6	**0.9**	**2.1**	1.8	4.3	1.3	3.4	**1.4**	**-51.7%**
$T_{R-Multi}$ +P_{loc}	**1.2**	**3.0**	**0.9**	2.4	2.4	**4.8**	1.4	3.4	1.5	-48.3%

B. Grammaire libre :
Sans adaptation au locuteur :

	Français		Grec		Italien		Espagnol		Moyenne	
Méthode	WER	SER	WER	SER	WER	SER	WER	SER	WER	Réduction
T	35.7	47.9	36.7	49.2	43.5	52.0	39.9	53.5	38.5	–
$T_{P-Multi}$	14.2	24.5	11.7	22.7	17.6	30.6	17.4	29.3	14.8	-61.6%
$T_{R-Multi}$	**12.1**	**21.5**	**9.6**	**18.8**	**15.3**	**26.4**	**14.3**	**25.9**	**12.6**	**-67.3%**

Adaptation MLLR au locuteur :

	Français		Grec		Italien		Espagnol		Moyenne	
Méthode	WER	SER	WER	SER	WER	SER	WER	SER	WER	Réduction
T +M_{loc}	27.4	39.2	27.2	39.7	32.7	44.3	30.4	45.9	29.1	–
$T_{P-Multi}$ +M_{loc}	13.8	23.3	10.6	20.5	16.4	28.8	15.7	27.5	13.9	-52.2%
$T_{R-Multi}$ +M_{loc}	**11.6**	**20.3**	**8.2**	**16.4**	**13.9**	**25.0**	**12.3**	**22.9**	**11.4**	**-60.8%**

Adaptation MAP au locuteur :

	Français		Grec		Italien		Espagnol		Moyenne	
Méthode	WER	SER	WER	SER	WER	SER	WER	SER	WER	Réduction
T +P_{loc}	19.3	30.4	17.5	30.2	21.5	33.5	21.0	34.9	19.7	–
$T_{P-Multi}$ +P_{loc}	11.3	19.9	8.6	17.0	13.5	25.1	12.5	22.7	11.3	-42.6%
$T_{R-Multi}$ +P_{loc}	**10.0**	**17.7**	**7.0**	**14.1**	**12.1**	**22.2**	**10.3**	**19.0**	**9.8**	**-50.3%**

3.5. Approches multi-accent

3.5.2 Modélisation de prononciation multi-accent

Le tableau 3.17 contient les résultats des méthodes de modélisation de prononciation *multi-accent* pour la parole non-native, "T-T$_{P-Multi}$" et "T-T$_{R-Multi}$", décrites au paragraphe 2.8.2. Rappelons que les modèles acoustiques "T$_{P-Multi}$" utilisés dans la modélisation de prononciation non-native ont été adapté acoustiquement à l'aide de la totalité du corpus *HIWIRE*.

D'après ce tableau, le système "T-T$_{R-Multi}$" est légèrement plus précis que le système "T-T$_{P-Multi}$", et ce pour toutes les conditions de test. Ceci indique que l'efficacité de la modélisation de prononciation pour la parole non-native augmente en utilisant des modèles acoustiques proches de l'accent non-natif. En effet, le système "T$_{R-Multi}$" donne une meilleure précision de la reconnaissance vocale, comparé au système T$_{P-Multi}$ (c.f. § précédent).

Par ailleurs, les "T-T$_{P-Multi}$" et "T-T$_{R-Multi}$" réduisent significativement les taux d'erreur en mots et en phrases de 50% à 67%, et ce pour les tests avec une grammaire contrainte, comparés au sysème de base. De plus, en se référant aux résultats des méthodes "T-T$_P$" et "T-T$_R$" (tableaux 3.6, 3.7 et 3.8), on remarque que les approches de modélisation de prononciation *multi-accent* ("T-T$_{P-Multi}$" et "T-T$_{R-Multi}$") ont une précision proche de celle de leurs contreparties *mono-accent* respectives. Le système "T-T$_R$" donne en moyenne un taux d'erreur en mots 17% (taux relatif) plus faible que celui donné par le système "T-T$_{R-Multi}$". Cette légère dégradation de précision est due à ce que les approches *multi-accent* (modélisation acoustique et de prononciation) prennent en comptes tous les accents du corpus *HIWIRE*. Bien que les modèles acoustiques construits à l'aide de ces approches soient adaptés à plusieurs origines étrangères, ils souffrent d'une baisse de précision comparés aux modèles *mono-accent* (conçus pour un seul accent non-natif).

D'autre part, les performances du système *multi-accent* "T-T$_{R-Multi}$" sont proches de celles du système *mono-accent* "T-T$_R$" combiné avec une détection de la langue maternelle (cf. tableau 3.15). En comparant ces deux systèmes, le système *multi-accent* "T-T$_{R-Multi}$" augmente le taux d'erreur en mots de 13% et le taux d'erreur en phrases de 8%, en utilisant une grammaire contrainte. Cette dégradation pourrait-être attribuée aux mêmes raisons décrites dans le paragraphe précédent.

En somme, les approches de modélisation de prononciation *multi-accent* gèrent la parole non-native de différentes origines. Leur précision est proche de celle des approches de modélisation de prononciation *mono-accent* et de celles des approches de modélisation de prononciation *mono-accent* combinées avec une détection de la langue d'origine.

3.5.3 Robustesse à la parole canonique anglaise

Le but de ce test est d'évaluer le comportement des approches non-natives *multi-accent* en présence de parole canonique de la langue cible. Nous avons utilisé le corpus de test *TIMIT*. Aucune adaptation au locuteur n'a été utilisée. La grammaire est une bigramme construite à partir des transcriptions du corpus *TIMIT* et le lexique comporte 6500 mots.

D'après le tableau 3.18, les approches d'adaptation acoustique *multi-accent* introduisent une dégradation significative de la précision de la reconnaissance vocale, en comparaison avec le système de base. Par rapport au système de base, le système "T$_{P-Multi}$" augmente le taux d'erreur en mots de 43% en phrases de 28%. Le "T$_{R-Multi}$" augmente le taux d'erreur en mots de

Chapitre 3. Expérimentations et résultats

TAB. 3.17 – *Résultats des approches de modélisation de prononciation multi-accent. Tests effectués sur les locuteurs non-natifs. Les taux d'erreurs sont exprimés en %.*

A. Grammaire contrainte :
Sans adaptation au locuteur :

	Français		Grec		Italien		Espagnol		Moyenne	
Méthode	WER	SER	WER	SER	WER	SER	WER	SER	WER	Réduction
T	6.0	12.8	5.6	12.2	10.4	19.2	7.0	15.2	7.2	–
T-T$_{P-Multi}$	2.1	4.6	1.5	3.5	4.6	10.2	2.8	6.6	2.7	-62.5%
T-T$_{R-Multi}$	**1.7**	**4.2**	**1.0**	**2.7**	**4.5**	**9.5**	**2.6**	**6.0**	**2.4**	**-66.7%**

Adaptation MLLR au locuteur :

	Français		Grec		Italien		Espagnol		Moyenne	
Méthode	WER	SER	WER	SER	WER	SER	WER	SER	WER	Réduction
T +M$_{loc}$	4.2	8.8	3.8	9.7	8.0	15.0	4.6	10.2	5.1	–
T-T$_{P-Multi}$ +M$_{loc}$	2.0	4.4	1.2	3.0	4.4	8.5	**2.2**	5.2	2.4	-52.9%
T-T$_{R-Multi}$ +M$_{loc}$	**1.8**	**4.2**	**0.7**	**2.2**	**4.2**	**8.9**	**2.2**	**5.2**	**2.2**	**-56.9%**

Adaptation MAP au locuteur :

	Français		Grec		Italien		Espagnol		Moyenne	
Méthode	WER	SER	WER	SER	WER	SER	WER	SER	WER	Réduction
T +P$_{loc}$	2.7	5.9	1.8	4.7	4.6	9.1	2.5	6.0	2.9	–
T-T$_{P-Multi}$ +P$_{loc}$	1.6	3.7	1.0	2.3	2.5	5.3	**1.3**	**3.4**	1.7	-41.4%
T-T$_{R-Multi}$ +P$_{loc}$	**1.3**	**3.2**	**0.6**	**1.8**	**2.4**	**5.0**	1.7	4.2	**1.4**	**-51.7%**

B. Grammaire libre :
Sans adaptation au locuteur :

	Français		Grec		Italien		Espagnol		Moyenne	
Méthode	WER	SER	WER	SER	WER	SER	WER	SER	WER	Réduction
T	35.7	47.9	36.7	49.2	43.5	52.0	39.9	53.5	38.5	–
T-T$_{P-Multi}$	18.8	30.7	15.3	28.3	22.2	36.2	21.2	36.1	19.1	-51.6%
T-T$_{R-Multi}$	**15.7**	**27.6**	**12.4**	**24.3**	**19.5**	**32.3**	**18.7**	**33.5**	**16.2**	**-59.0%**

Adaptation MLLR au locuteur :

	Français		Grec		Italien		Espagnol		Moyenne	
Méthode	WER	SER	WER	SER	WER	SER	WER	SER	WER	Réduction
T +M$_{loc}$	27.4	39.2	27.2	39.7	32.7	44.3	30.4	45.9	29.1	–
T-T$_{P-Multi}$ +M$_{loc}$	16.2	27.4	12.8	23.8	19.5	33.1	18.2	31.7	16.4	-43.6%
T-T$_{R-Multi}$ +M$_{loc}$	**14.0**	**24.2**	**10.4**	**20.9**	**17.3**	**30.2**	**15.6**	**29.5**	**14.1**	**-44.3%**

Adaptation MAP au locuteur :

	Français		Grec		Italien		Espagnol		Moyenne	
Méthode	WER	SER	WER	SER	WER	SER	WER	SER	WER	Réduction
T +P$_{loc}$	19.3	30.4	17.5	30.2	21.5	33.5	21.0	34.9	19.7	–
T-T$_{P-Multi}$ +P$_{loc}$	12.5	21.6	9.7	18.9	15.2	26.5	14.5	26.1	12.7	-35.5%
T-T$_{R-Multi}$ +P$_{loc}$	**10.9**	**19.0**	**8.0**	**16.7**	**13.9**	**24.8**	**11.7**	**22.7**	**11.0**	**-44.2%**

237% et en phrases de 95%. Cette dégradation de la précision est prévisible puisque l'adaptation acoustique à l'accent étranger éloigne les modèles acoustiques de la prononciation canonique de la langue cible.

Notons également que la dégradation de la précision introduite par le système "$T_{R-Multi}$" est plus importante que celle introduite par le système "$T_{P-Multi}$". En effet, l'adaptation acoustique à l'aide de la technique de ré-estimation rapproche les modèles acoustiques aux caractéristiques des données d'adaptation (parole non-native) d'une manière plus accentuée que la technique *MAP*.

COntrairement aux approches d'adaptation acoustique *multi-accent*, les approches de modélisation de prononciation *multi-accent* introduisent une faible dégradation de la précision de reconnaissance vocale par rapport au système de base. L'augmentation du taux d'erreur en mots est de 2.7% pour les deux systèmes "T-T$_{P-Multi}$" et "T-T$_{R-Multi}$". Le taux d'erreur en phrases augmente en moyenne de 5.7%. La dégradation de précision introduite par ces approches est très faible en comparaison avec les approche d'adaptation acoustique *multi-accent*.

Ceci est dû à la structure des modèles acoustiques utilisés dans les systèmes "T-T$_{P-Multi}$" et "T-T$_{R-Multi}$" (cf. figure 2.15). Chacun de ces modèles contient le modèle acoustique canonique de la langue cible correspondant en parallèle à d'autres modèles acoustiquement adaptés à l'accent étranger. Cette structure permet au moteur de reconnaissance de sélectionner, au sein de chacun des modèles acoustiques des systèmes "T-T$_{P-Multi}$" et "T-T$_{R-Multi}$", le chemin HMM correspondant au modèle canonique ou l'un des chemins correspondant aux modèles adaptées à l'accent étranger. Puisque les modèles canoniques sont plus proches des caractéristiques de la parole du corpus *TIMIT*, les chemins correspondant à ces modèles canoniques ont une plus grande probabilité d'être sélectionnés.

D'après les résultats précédents, nous concluons que les approches d'adaptation acoustique *multi-accent* dégradent significativement la précision de la RAP pour les locuteurs natifs. Nous concluons également que les approches de modélisation de prononciation *multi-accent* sont robustes vis-à-vis de la parole canonique de la langue cible, et introduisent une faible dégradation de performances.

TAB. 3.18 – *Adaptation acoustique et modélisation de prononciation multi-accent, testée sur le corpus de test de TIMIT. Le modèle de langage utilisé est une grammaire bigramme, construite à partir des transcriptions du corpus TIMIT.*

Approche	Système	Résultats		Augmentation relative	
		WER	SER	WER	SER
De base	T	**11.3**	**34.2**	–	–
Adaptation acoustique aux accents	$T_{P-Multi}$	16.2	43.8	+43.4%	+28.1%
non-natifs (multi-accent)	$T_{R-Multi}$	38.1	66.9	+237%	+95.6%
Modélisation de prononciation	T-T$_{P-Multi}$	11.6	36.4	**+2.7%**	+6.4%
(multi-accent)	T-T$_{R-Multi}$	11.6	35.9	**+2.7%**	**+5.0%**

3.5.4 Robustesse aux accents inconnus

Ces tests ont pour but de vérifier la robustesse des méthodes d'adaptation acoustiques et de modélisation de prononciation *multi-accent* vis-à-vis des accents inconnus. Rappelons que pour

Chapitre 3. Expérimentations et résultats

le test de robustesse aux accents inconnus, la parole non-native correspondant à l'accent du locuteur de test n'est jamais rencontré lors de l'adaptation non-native (cf. § 2.8.3).

Le tableau 3.19 illustre les résultats du test de robustesse pour l'approche d'adaptation acoustique *multi-accent*. Le système "$T_{P-Multi}$" réalise, avec une grammaire contrainte, une réduction moyenne du taux d'erreur en mots de 55% et en phrases de 51% par rapport au système de base. Le système "$T_{R-Multi}$" réalise une réduction moyenne du taux d'erreur en mots de 45% et en phrases de 47% par rapport au système de base.

En comparant ces résultats avec ceux du tableau 3.16, on peut voir que l'adaptation acoustique *multi-accent* est moins précise lorsque l'accent correspondant à l'origine des locuteurs de test n'est pas rencontré dans le corpus de développement. Pour le système "$T_{P-Multi}$", le taux d'erreur en mots augmente en moyenne de 17% et le taux d'erreur en phrases augmente de 13%. La dégradation de la précision de reconnaissance est plus accentuée pour le système "$T_{R-Multi}$", avec une augmentation du taux d'erreur en mots de 37% et en phrases de 26%. Cette baisse de précision est prévisible, puisque, pour les tests de robustesse aux accents inconnus, l'accent correspondant à l'origine des locuteurs de test n'est pas pris en compte dans la phase de développement des systèmes "$T_{P-Multi}$" et "$T_{R-Multi}$". Cela explique également la grande perte de précision pour le système "$T_{R-Multi}$" comparé au système "$T_{P-Multi}$", puisque la technique de *ré-estimation* est très sensible aux caractéristiques de la parole du corpus d'adaptation. D'après ces résultats, nous pouvons conclure que l'approche de modélisation de prononciation *multi-accent* à travers la technique MAP ("$T_{P-Multi}$") est robuste aux accents inconnus. L'approche de modélisation de prononciation *multi-accent* par ré-estimation ("$T_{R-Multi}$") est moins robuste aux accents inconnus, comparée à l'approche "$T_{P-Multi}$".

Les résultats du test de robustesse aux accents inconnus pour les méthodes de modélisation de prononciation *multi-accent* sont présentés au tableau 3.20. Les systèmes "T-$T_{P-Multi}$" et "T-$T_{R-Multi}$" améliorent significativement les performances pour les locuteurs non-natifs comparés au système de base "T". Avec une grammaire contrainte, la réduction du taux d'erreur en mots varie de 38% à 62%, et en phrases de 35% à 65%.

Par ailleurs, pour toutes les conditions de test, le système "T-$T_{R-Multi}$" réalise en moyenne une précision légèrement supérieure à celle du système "T-$T_{P-Multi}$", avec une réduction moyenne des taux d'erreur en mots de 12% et en phrases de 6%.

nous observons que les approches de modélisation de prononciation *multi-accent* perdent, en moyenne, 15% en précision lorsque l'accent correspondant à l'origine du locuteur de test n'est pas rencontré dans la phase de développement (en comparaison avec les résultats du tableau 3.17, où les accents testés ont été observés dans la phase de développement). Cette baisse de performances est attendue puisque les accents à reconnaître n'ont pas été pris en compte. L'augmentation du taux d'erreur en mots varie de 0.2% à 0.5% (valeur absolue) et en phrases de 0.5% à 1% (valeur absolue). Nous en concluons que les approches de modélisation de prononciation *multi-accent* sont robustes face aux accents non rencontrés dans la phase de développement.

3.6 Adjonction de contraintes graphémiques

Rappelons que les contraintes graphémiques sont prises en compte à travers la mise en correspondance des phonèmes et graphèmes dans les prononciations des mots. Pour cela, nous avons

3.6. Adjonction de contraintes graphémiques

TAB. 3.19 – *Résultats du test de robustesse aux accents inconnus pour les approches de modélisation acoustique multi-accent. Tests effectués sur les locuteurs non-natifs. Les taux d'erreurs sont exprimés en %.*

A. Grammaire contrainte :
Sans adaptation au locuteur :

Méthode	Français		Grec		Italien		Espagnol		Moyenne	
	WER	SER	WER	SER	WER	SER	WER	SER	WER	Réduction
T	6.0	12.8	5.6	12.2	10.4	19.2	7.0	15.2	7.2	–
$T_{P-Multi}$	2.5	**5.6**	1.5	4.0	3.9	8.8	**2.6**	6.6	**2.6**	-63.9%
$T_{R-Multi}$	**2.3**	5.8	3.7	6.8	**3.6**	**8.1**	**2.6**	6.4	3.0	-58.3%

Adaptation MLLR au locuteur :

Méthode	Français		Grec		Italien		Espagnol		Moyenne	
	WER	SER	WER	SER	WER	SER	WER	SER	WER	Réduction
T +M_{loc}	4.2	8.8	3.8	9.7	8.0	15.0	4.6	10.2	5.1	–
$T_{P-Multi}$ +M_{loc}	2.3	5.0	**1.2**	**3.0**	3.3	7.4	2.3	5.6	**2.3**	-54.9%
$T_{R-Multi}$ +M_{loc}	**1.7**	**3.9**	3.5	5.7	**3.1**	**7.1**	**2.0**	**4.8**	2.5	-51.0%

Adaptation MAP au locuteur :

Méthode	Français		Grec		Italien		Espagnol		Moyenne	
	WER	SER	WER	SER	WER	SER	WER	SER	WER	Réduction
T +P_{loc}	2.7	5.9	1.8	4.7	4.6	9.1	2.5	6.0	2.9	–
$T_{P-Multi}$ +P_{loc}	1.6	3.8	**1.0**	**2.3**	2.3	5.0	**1.4**	**3.6**	**1.6**	-44.8%
$T_{R-Multi}$ +P_{loc}	**1.2**	**3.2**	3.4	5.3	**2.6**	5.2	1.6	3.8	2.2	-24.1%

B. Grammaire libre :
Sans adaptation au locuteur :

Méthode	Français		Grec		Italien		Espagnol		Moyenne	
	WER	SER	WER	SER	WER	SER	WER	SER	WER	Réduction
T	35.7	47.9	36.7	49.2	43.5	52.0	39.9	53.5	38.5	–
$T_{P-Multi}$	16.7	27.7	**15.2**	27.6	19.3	31.6	17.8	29.5	17.1	-55.6%
$T_{R-Multi}$	**15.6**	**25.6**	**15.2**	**25.8**	**17.9**	**28.8**	**16.1**	**27.3**	**16.1**	-58.2%

Adaptation MLLR au locuteur :

Méthode	Français		Grec		Italien		Espagnol		Moyenne	
	WER	SER	WER	SER	WER	SER	WER	SER	WER	Réduction
T +M_{loc}	27.4	39.2	27.2	39.7	32.7	44.3	30.4	45.9	29.1	–
$T_{P-Multi}$ +M_{loc}	16.3	26.1	13.3	25.1	17.6	29.9	16.5	28.3	15.9	-45.4%
$T_{R-Multi}$ +M_{loc}	**14.5**	**23.2**	**13.0**	**22.6**	**16.1**	**28.1**	**13.8**	**23.9**	**14.5**	-50.2%

Adaptation MAP au locuteur :

Méthode	Français		Grec		Italien		Espagnol		Moyenne	
	WER	SER	WER	SER	WER	SER	WER	SER	WER	Réduction
T +P_{loc}	19.3	30.4	17.5	30.2	21.5	33.5	21.0	34.9	19.7	–
$T_{P-Multi}$ +P_{loc}	12.4	21.0	**10.0**	**19.5**	14.7	26.2	13.2	23.5	12.5	-36.5%
$T_{R-Multi}$ +P_{loc}	**11.3**	**19.2**	11.0	19.7	**13.1**	**23.8**	**11.0**	**19.6**	**11.7**	-40.6%

TAB. 3.20 – *Résultats du test de robustesse aux accents inconnus pour les approches de modélisation de prononciation multi-accent. Tests effectués sur les locuteurs non-natifs. Les taux d'erreurs sont exprimés en %.*

A. Grammaire contrainte :

Sans adaptation au locuteur :

Méthode	Français		Grec		Italien		Espagnol		Moyenne	
	WER	SER	WER	SER	WER	SER	WER	SER	WER	Réduction
T	6.0	12.8	5.6	12.2	10.4	19.2	7.0	15.2	7.2	–
T-T$_{P-Multi}$	2.8	5.8	2.1	4.9	5.1	10.8	3.0	7.0	3.2	-55.6%
T-T$_{R-Multi}$	**2.6**	**6.3**	**1.4**	**3.3**	**4.7**	**10.3**	**2.6**	**6.2**	**2.8**	**-61.1%**

Adaptation MLLR au locuteur :

Méthode	Français		Grec		Italien		Espagnol		Moyenne	
	WER	SER	WER	SER	WER	SER	WER	SER	WER	Réduction
T +M$_{loc}$	4.2	8.8	3.8	9.7	8.0	15.0	4.6	10.2	5.1	–
T-T$_{P-Multi}$ +M$_{loc}$	2.6	5.3	1.3	3.7	4.9	9.3	2.7	6.2	2.9	-43.1%
T-T$_{R-Multi}$ +M$_{loc}$	**2.1**	**5.0**	**0.9**	**2.3**	**4.3**	**9.2**	**2.4**	**5.8**	**2.4**	**-52.9%**

Adaptation MAP au locuteur :

Méthode	Français		Grec		Italien		Espagnol		Moyenne	
	WER	SER	WER	SER	WER	SER	WER	SER	WER	Réduction
T +P$_{loc}$	2.7	5.9	1.8	4.7	4.6	9.1	2.5	6.0	2.9	–
T-T$_{P-Multi}$ +P$_{loc}$	1.8	4.1	1.1	2.8	**2.8**	**5.8**	**1.5**	**3.8**	1.8	-37.9%
T-T$_{R-Multi}$ +P$_{loc}$	**1.3**	**3.4**	**0.8**	**2.2**	3.5	6.5	1.6	4.2	**1.7**	**-41.4%**

B. Grammaire libre :

Sans adaptation au locuteur :

Méthode	Français		Grec		Italien		Espagnol		Moyenne	
	WER	SER	WER	SER	WER	SER	WER	SER	WER	Réduction
T	35.7	47.9	36.7	49.2	43.5	52.0	39.9	53.5	38.5	–
T-T$_{P-Multi}$	20.5	33.0	18.6	32.5	24.0	37.0	21.8	37.1	21.1	-45.2%
T-T$_{R-Multi}$	**19.5**	**31.3**	**16.0**	**29.8**	**22.0**	**34.7**	**20.2**	**34.9**	**19.4**	**-49.6%**

Adaptation MLLR au locuteur :

Méthode	Français		Grec		Italien		Espagnol		Moyenne	
	WER	SER	WER	SER	WER	SER	WER	SER	WER	Réduction
T +M$_{loc}$	27.4	39.2	27.2	39.7	32.7	44.3	30.4	45.9	29.1	–
T-T$_{P-Multi}$ +M$_{loc}$	19.1	30.3	16.5	29.1	20.4	34.3	19.4	33.3	18.8	-35.4%
T-T$_{R-Multi}$ +M$_{loc}$	**17.4**	**27.7**	**12.7**	**24.0**	**19.0**	**32.2**	**16.4**	**29.3**	**16.5**	**-43.3%**

Adaptation MAP au locuteur :

Méthode	Français		Grec		Italien		Espagnol		Moyenne	
	WER	SER	WER	SER	WER	SER	WER	SER	WER	Réduction
T +P$_{loc}$	19.3	30.4	17.5	30.2	21.5	33.5	21.0	34.9	19.7	–
T-T$_{P-Multi}$ +P$_{loc}$	14.4	24.1	11.5	21.8	16.1	27.6	14.8	25.9	14.1	-28.4%
T-T$_{R-Multi}$ +P$_{loc}$	**12.8**	**21.3**	**9.9**	**19.4**	**15.1**	**26.7**	**12.9**	**23.7**	**12.7**	**-35.5%**

3.6. Adjonction de contraintes graphémiques

utilisé un système HMM discret pour la modélisation des correspondances entre les phonèmes et les graphèmes dans la langue anglaise (c.f. § 2.7). Nous avons entraîné ce système HMM discret à l'aide du dictionnaire phonétique du CMU. Ce système HMM discret est ensuite utilisé pour l'alignement (mise en correspondance) des phonèmes et des graphèmes de chaque mot du lexique du système de RAP anglaise. L'adjonction de contraintes graphémiques au lexique de la grammaire *HIWIRE* a donné 148 couples de (phonème, graphèmes).

La table 3.21 contient l'alignement phonème-graphèmes de quelques mots du lexique. En considérant l'exemple du mot *"foxtrot"*, nous pouvons voir que les deux phonèmes [k] et [x] ont été correctement associés au même graphème *x*. De même, pour le *"used"*, les phonèmes [j] et [u:] ont été correctement associés au graphème *u*. Ceci est dû à la duplication des graphèmes décrite dans la section 2.7.1.

TAB. 3.21 – *Exemples d'alignement phonème-graphèmes pour quelques mots du lexique HIWIRE.*

	Mot	Prononciation dans le lexique du système de RAP						
ancienne entrée	used	[j]	[u:]	[z]	[d]			
entrée modifiée	used	[j]-u	[u:]-u	[z]-s	[d]-ed			
ancienne entrée	foxtrot	[f]	[a:]	[k]	[s]	[t]	[r]	[ɔ:]	[t]
entrée modifiée	foxtrot	[f]-f	[a:]-o	[k]-x	[s]-x	[t]-t	[r]-r	[ɔ:]-o	[t]-t
ancienne entrée	golf	[g]	[a:]	[l]	[f]			
entrée modifiée	golf	[g]-g	[a:]-o	[l]-l	[f]-f			
ancienne entrée	mayday	[m]	[eɪ]	[d]	[eɪ]			
entrée modifiée	mayday	[m]-m	[eɪ]-ay	[d]-d	[eɪ]-ay			
ancienne entrée	position	[p]	[ə]	[z]	[ɪ]	[ʃ]	[ə]	[n]
entrée modifiée	position	[p]-	[ə]-o	[z]-s	[ɪ]-i	[ʃ]-ti	[ə]-o	[n]-n
ancienne entrée	sierra	[s]	[ɪə]	[e]	[r]	[ə]		
entrée modifiée	sierra	[s]-s	[ɪə]-i	[e]-e	[r]-rr	[ə]-a		

3.6.1 Tests de RAP non-native avec les contraintes graphémiques

Le tableau 3.22 contient les résultats de la méthode de modélisation de prononciation "T_{GRA}-T_R". Les ensembles de modèles acoustiques utilisés dans cette méthode sont :
- premier ensemble : les modèles acoustiques canoniques de la langue cible auxquels ont été rajoutées les contraintes graphémiques, "T_{GRA}".
- deuxième ensemble : modèles acoustiques de la langue cible adaptés à l'accent non-natif par ré-estimation, "T_R".

En comparaison avec l'approche "T-T_R" (cf. tableaux 3.6, 3.7 et 3.8), le système "T_{GRA}-T_R" réduit (en moyenne) le taux d'erreur en mots de 5.9% et en phrases de 4.4%, et ce en utilisant une grammaire libre. Cette augmentation de performances est maximale avec l'utilisation de l'adaptation au locuteur par *MAP*, avec une réduction en taux d'erreurs en mots de 15% et en phrases de 7.7%. L'adjonction de contraintes graphémiques augmente légèrement la précision de la modélisation de prononciation non-native.

Toutefois, l'approche "T_{GRA}-T_R" augmente en moyenne le taux d'erreurs en mots de 1.3% (relatif) et en phrases de 1.5% (relatif) en utilisant une grammaire contrainte, comparé à l'approche "T-T$_R$". Cette augmentation d'erreurs est faible, les performances des deux systèmes peuvent être considérées comme identiques. Ceci pourrait-être expliqué par la taille relativement petite du corpus *HIWIRE*. En effet, l'adjonction des contraintes graphémiques a pour but d'affiner la modélisation de prononciation non-native, et ce en considérant les couples (phonème, graphèmes) au lieu des phonèmes simples. Ceci a pour conséquences d'augmenter le nombre d'entités phonétiques à gérer, i.e. couples de (phonème, graphèmes). Dans le cas du corpus *HIWIRE*, nous avons obtenus 148 couples (phonème, graphèmes), contre 48 phonèmes de départ. La taille du corpus *HIWIRE* pourrait-être trop faible pour une modélisation de prononciation fiable de ces entités phonétiques.

De plus, la grammaire contrainte du projet *HIWIRE* (langage de commande déterministe) guide le moteur de reconnaissance vocale. Les gains en précision des modèles acoustiques apportés par les contraintes graphémiques n'ont qu'un faible poids comparés aux contraintes grammaticales imposées par le langage de commande.

3.7 Conclusion

Dans ce chapitre, nous avons présenté les différentes expérimentations que nous avons effectuées.

Tout d'abord, nous avons évalué les méthodes classiques d'adaptation acoustique à l'accent étranger *MLLR*, *MAP* et *ré-estimation*. Nous avons vu que ces méthodes classiques améliorent significativement les performances de la RAP pour les locuteurs non-natifs. Toutefois, ces méthodes dégradent la précision de la RAP pour les locuteurs natifs de la langue cible.

Nous avons ensuite présenté les résultats des tests des approches de modélisation de prononciation pour la parole non-native. La plupart des méthodes testées ont réalisé une réduction significative des taux d'erreurs atteignant 70.8%. Nous avons vu que l'utilisation de deux ensembles de modèles acoustiques différents dans la modélisation de prononciation a des répercussions positives sur la précision de la RAP. Notamment, les systèmes "T-T$_R$" et "T$_R$-T$_P$" réalisent les meilleurs résultats parmi les méthodes testées.

Nous avons également constaté que l'utilisation de l'adaptation à l'accent étranger par la technique *MLLR* (globale) dans la modélisation de prononciation n'améliore pas significativement la précision de la RAP non-native. Contrairement, l'utilisation de la technique *MAP* dans la modélisation de prononciation réduit significativement les taux d'erreurs. De plus, l'utilisation de l'adaptation par la technique de *ré-estimation* dans la modélisation de prononciation produit la meilleure précision pour les locuteurs non-natifs. Ceci est prévisible puisque la technique de *ré-estimation* n'est autre que l'apprentissage des modèles acoustiques.

Les tests des approches de modélisation de prononciation effectués pour les locuteurs anglais ont montré que la plupart de ces approches dégradent les performances en comparaison avec le système de base.

Néanmoins, les systèmes "T-T$_M$", "T-T$_P$" et "T-T$_R$" ont réalisé une amélioration des performances comparés au système de base, et ce sans adaptation au locuteur.

Par ailleurs, les systèmes "T-T$_M$", "T-T$_P$" et "T-T$_R$" ont des performances comparables au système de base, en utilisant une adaptation *MAP* au locuteur. Nous en concluons que l'utilisation des modèles canoniques de la langue cible ("T") pour la modélisation de prononciation

3.7. Conclusion

TAB. 3.22 – *Résultats de la modélisation de prononciation "T_{GRA}-T_R" combinée avec les contraintes graphémiques. Tests effectués sur les locuteurs non-natifs. Les taux d'erreur sont exprimés en %.*

A. Grammaire contrainte :

Sans adaptation au locuteur :

Méthode	Français		Grec		Italien		Espagnol		Moyenne	
	WER	SER	WER	SER	WER	SER	WER	SER	WER	Réduction
T	6.0	12.8	5.6	12.2	10.4	19.2	7.0	15.2	7.2	–
T_{GRA}-T_R	**2.0**	**4.7**	**1.2**	**3.2**	**2.9**	**6.7**	**3.1**	**7.4**	**2.2**	**-69.4%**

Adaptation MLLR au locuteur :

Méthode	Français		Grec		Italien		Espagnol		Moyenne	
	WER	SER	WER	SER	WER	SER	WER	SER	WER	Réduction
T +M_{loc}	4.2	8.8	3.8	9.7	8.0	15.0	4.6	10.2	5.1	–
T_{GRA}-T_R +M_{loc}	**1.7**	**3.8**	**0.9**	**2.5**	**2.0**	**5.1**	**2.3**	**5.8**	**1.7**	**-66.7%**

Adaptation MAP au locuteur :

Méthode	Français		Grec		Italien		Espagnol		Moyenne	
	WER	SER	WER	SER	WER	SER	WER	SER	WER	Réduction
T +P_{loc}	2.7	5.9	1.8	4.7	4.6	9.1	2.5	6.0	2.9	–
T_{GRA}-T_R +P_{loc}	**1.5**	**3.2**	**0.7**	**2.2**	**1.5**	**3.9**	**1.4**	**3.6**	**1.3**	**-55.2%**

A. Grammaire Libre :

Sans adaptation au locuteur :

Méthode	Français		Grec		Italien		Espagnol		Moyenne	
	WER	SER	WER	SER	WER	SER	WER	SER	WER	Réduction
T	35.7	47.9	36.7	49.2	43.5	52.0	39.9	53.5	38.5	–
T_{GRA}-T_R	**12.9**	**21.7**	**11.8**	**21.3**	**18.4**	**31.3**	**23.2**	**35.7**	**15.3**	**-60.3%**

Adaptation MLLR au locuteur :

Méthode	Français		Grec		Italien		Espagnol		Moyenne	
	WER	SER	WER	SER	WER	SER	WER	SER	WER	Réduction
T +M_{loc}	27.4	39.2	27.2	39.7	32.7	44.3	30.4	45.9	29.1	–
T_{GRA}-T_R +M_{loc}	**12.0**	**20.7**	**10.4**	**19.6**	**15.4**	**27.2**	**18.8**	**32.5**	**13.3**	**-54.3%**

Adaptation MAP au locuteur :

Méthode	Français		Grec		Italien		Espagnol		Moyenne	
	WER	SER	WER	SER	WER	SER	WER	SER	WER	Réduction
T +P_{loc}	19.3	30.4	17.5	30.2	21.5	33.5	21.0	34.9	19.7	–
T_{GRA}-T_R +P_{loc}	**8.5**	**17.0**	**8.3**	**17.3**	**11.4**	**22.0**	**12.2**	**24.5**	**9.7**	**-50.8%**

T_{GRA} : Modèles canoniques de la langue cible auxquels ont été rajoutées les contraintes graphémiques.

Chapitre 3. Expérimentations et résultats

conserve la précision des modèles acoustiques pour la parole native.

D'après les constations précédentes, l'approche de modélisation de prononciation "T-T$_R$" réalise la meilleure réduction de l'erreur de RAP pour la parole non-native et préserve la précision de RAP pour la parole native.

Par la suite, nous avons présenté les résultats de l'approche de modélisation de prononciation "T-T$_R$" combinée avec une détection de l'origine. Nous avons observé une faible dégradation de la précision de la RAP, comparé au système "T-T$_R$" avec connaissance *a priori* de l'origine des locuteurs. Cette dégradation, de l'ordre de 4% (relatif), est dûe aux erreurs de classification de la langue d'origine.

Nous avons ensuite présenté les résultats des approches de modélisation acoustique ("T$_{P-Multi}$" et "T$_{R-Multi}$") et de prononciation ("T-T$_{P-Multi}$" et "T-T$_{R-Multi}$") *multi-accent*. Les résultats ont montré que toutes ces méthodes sont robustes aux accents inconnus. Toutefois, les approches de modélisation acoustiques *multi-accent* sont moins robustes aux accents inconnus que les approches de modélisation de prononciation *multi-accent*.

Par ailleurs, nous avons constaté que l'approche "T-T$_{R-Multi}$" dégrades la précision en mots de la RAP de 13%, comparée au système "T-T$_R$" avec une détection de l'origine. La modélisation simultanée de plusieurs accents étrangers a l'avantage de réduire le nombre d'ensembles de modèles acoustiques pour la RAP non-native. En effet, un seul ensemble de modèles acoustiques *multi-accent* est utilisé, au lieu de plusieurs ensembles de modèles adaptés chacun à un unique accent non-natif. De plus, aucune détection de l'accent étranger n'est nécessaire. Néanmoins, cette modélisation *multi-accent* introduit une légère dégradation de la précision pour la RAP non-native, en comparaison avec la modélisation *mono-accent*. Pour la RAP non-native, un compromis est à établir entre la complexité du système de RAP et sa précision.

Enfin, nous avons présenté les résultats de RAP suite à l'adjonction de contraintes graphémiques à la modélisation de prononciation ("T$_{GRA}$-T$_R$"). Nous avons constaté que les contraintes graphémiques ont eu une répercussion non significative sur la précision de la RAP en utilisant une grammaire contrainte. Néanmoins, une réduction significative du taux d'erreur en mots (15%) a été observée en utilisant une grammaire libre et une adaptation *MAP* au locuteur. Nous en avons conclu que le corpus *HIWIRE* est de taille trop faible pour une modélisation de prononciation fiable en utilisant les contraintes graphémiques.

Chapitre 4
Calcul rapide de probabilité

Sommaire

4.1	Approches existantes	101
	4.1.1 L'approche PDE	101
	4.1.2 PDE pour le calcul de probabilité	102
	4.1.3 Sélection statique de gaussienne par VQ	107
4.2	Notre approche de EPDE	108
4.3	Notre approche de sélection dynamique de gaussiennes	110
4.4	Approches DGS et EPDE combinées	113
4.5	Evaluation expérimentale	115
4.6	Conclusion	118

Glossaire :

- HMM : *Hiddem Markov Model*, modèle de Markov caché.
- GMM : *Guassian Mixture Model*, mélange de modèles guassiens.
- PDE : *Partial Distance Elimination*, méthode classique pour le calcul rapide de probabilité.
- VQ : *Vector Quantization* (quantification vectorielle).
- gaussienne optimale (meilleure gaussienne, gaussienne prépondérante) : pour un GMM et une observation donnés, désigne la gaussienne (appartenant au GMM) donnant la meilleure probabilité d'émission de l'observation (comparée aux autres gaussiennes du GMM).
- gaussienne sous-optimale : qui n'est pas la gaussienne optimale.
- probabilité élémentaire : pour une gaussienne et une observation multi-dimentionnelles, la probabilité élémentaire au rang r est la probabilité de la gaussienne mono-dimentionnelle de rang r. Le calcul de probabilité d'une gaussienne de dimension N implique le calcul de N probabilités élémentaires.
- probabilité d'émission totale d'une gaussienne : probabilité d'émission d'une gaussienne pour une observation donnée.
- probabilité d'émission totale d'un GMM : somme pondérée des probabilités d'émission des gaussiennes qui composent le GMM, pour une observation donnée.
- rang d'arrêt : le rang (dimension) auquel l'approche PDE arrête le calcul de probabilité pour une gaussienne sous-optimale.
- $D(x|c)$: distance entre un vecteur x et un centroïde c.

Chapitre 4. Calcul rapide de probabilité

- $p(x|G)$: probabilité d'émission d'une distribution gaussienne G pour une observation x.
- $\ell(x|G)$: logarithme de la probabilité d'émission d'une distribution gaussienne G pour une observation x, $\ell(x|G) = log(P(x|G))$: log-probabilité.
- $D(x|G)$: distance entre une observation x et une distribution gaussienne G, définie comme le logarithme de la probabilité d'émission de G pour x, $D(x|G) = \ell(x|G)$.

Introduction

Dans le chapitre 2, nous avons présenté plusieurs méthodes d'adaptation de systèmes de RAP aux accents non natifs. Parmi ces méthodes, la modélisation de prononciations étrangères permet de combiner des modèles canoniques de la langue cible avec des modèles acoustiquement adaptés à l'accent non natif (ou aux accents non natifs). Dans cette approche, nous joutons, au sein de chaque modèle de phonème de la langue cible, des chemins HMMs correspondants à des modèles de phonèmes qui représentent les prononciations étrangères. De cette manière, les HMMs modifiés contiennent un chemin d'états pour la prononciation canonique de la langue cible, ainsi qu'un chemin d'états par prononciation alternative. Ces modèles modifiés permettent donc de reconnaître aussi bien de la parole canonique de la langue cible que de la parole prononcée par des locuteurs étrangers.

Nous avons montré que notre approche implique un faible augmentation de la complexité des modèles acoustiques tout en intégrant toutes les prononciations étrangères possibles (cf. 2.5.1). La taille des modèles s'accroît d'une manière linéaire en fonction du nombre de prononciations alternatives prises en compte. Toutefois, un accroissement existe et cela affecte le temps et la charge de calcul pour le système de RAP. En effet, nous observons un accroissement de la complexité des modèles HMM d'un facteur de 3, en moyenne. Ce qui conduirait à tripler le temps de calcul pour l'évaluation de probabilité (*likelihood*) des modèles acoustiques lors de la reconnaissance vocale. Nos expérimentations sur le corpus *HIWIRE* montrent une augmentation du temps de calcul de probabilité variant de 100% à 200%.

Cette observation a motivé notre travail de recherche dans le domaine du calcul rapide de probabilité. Nous avons développé deux méthodes destinées à réduire le temps de calcul de probabilité des modèles acoustiques dans les systèmes de RAP. La première est un procédé de sélection automatique de gaussiennes lors de la phase de calcul de probabilité. La deuxième est une extension de la méthode PDE (*Partial Distance Elimination*) permettant une réduction accrue de la charge de calcul ([Bei and Gray, 1985], [Pellom et al., 2001]). Dans la suite de ce chapitre, nous allons tout d'abord décrire quelques approches de l'état de l'art qui ont été développées dans le cadre du calcul rapide de probabilité. Nous décrirons ensuite notre méthode EPDE (PDE étendu, *Extended PDE*) [Bouselmi and Cai, 2008]. Nous allons ensuite présenter notre méthode de sélection dynamique de gaussiennes (DGS, *Dynamic Gaussian Selection*) ([Cai and Bouselmi, 2008], [Bouselmi and Cai, 2008], [Cai et al., 2008]). Nous présenterons ensuite une combinaison de nos deux méthodes, DGS et EPDE, appelée EDGS (*Extended Dynamic Guassian Selection*). La méthode EDGS permet une précision accrue et une réduction de temps de calcul plus importante pour la RAP. Enfin, nous décrirons les résultats expérimentaux et nous finirons le chapitre avec conclusion.

100

4.1 Approches existantes

D'une manière générale, les systèmes de RAP à grand vocabulaire (*large vocabulary continuous speech recognition*, LVCSR) utilisent des modèles HMMs à densités continues (*continuous density HMMs*, CD-HMMs) pour la modélisation acoustique des signaux de parole. Ces systèmes utilisent des modèles acoustiques dépendants du contexte pour une précision accrue de la reconnaissance, i.e. des triphones. Le nombre de triphones peut être compris entre 600 et 2000, donnant lieu à un nombre d'états dans les modèles HMMs pouvant atteindre les 6000. Ce large nombre d'états et de modèles gaussiens induit une charge de calcul importante lors de la reconnaissance puisque la probabilité de chacun des états HMM actifs est évaluée pour chaque observation du signal de parole. Les expérimentations de Gales et al. [Gales et al., 1999] montrent que le calcul de probabilité consomme de 30% à 70% du temps de reconnaissance total. La charge du calcul de probabilité dépend de la tâche et de la complexité des modèles.

4.1.1 L'approche PDE

A l'origine, Chang et al. [Bei and Gray, 1985] ont développé l'approche PDE (*Partial Distance Elimination*) dans le but de réduire le temps de calcul pour la technique de *quantification vectorielle* (*Vector Quantization*, VQ). La quantification vectorielle est une technique de classification souvent utilisée dans le cadre de compression de données avec perte. Il s'agit de classifier un vecteur de données x (de dimension N) dans une classe représentée par un centroïde $\widetilde{c}$, parmi un ensemble de centroïdes C. Un centroïde est un vecteur, de dimension N, représentant une partie de l'espace des données considérées. Un vecteur ainsi classifié est répésenté par l'identifiant du centroïde correspondant. Le critère de classification est souvent une minimisation d'une distance prédéfinie. Il s'agit donc de classifier un vecteur x dans la classe $\widetilde{c}$ vérifiant l'équation (4.1). Dans le cas d'une distance euclidienne, le critère de classification de l'équation (4.1) peut être exprimé comme dans l'équation (4.2).

$$\widetilde{c} = \underset{c \in C}{argmin}\{D(x,c)\} \qquad (4.1)$$

$$\widetilde{c} = \underset{c \in C}{argmin}\{\Sigma_{j=1}^{N}(x_j - c_j)^2\} \qquad (4.2)$$

où $C = \{c^1..c^H\}$ est l'ensemble des centroïdes, D une mesure distance et x_j (resp. c_j) est le j^{me} élément du vecteur x (resp. c).

Définissons la distance partielle (distance partielle) au rang k entre un vecteur x et un centroïde c comme dans l'équation (4.3). Cette distance partielle représente la valeur cumulée de la distance entre x et c pour les éléments $\{1..k\}$. A la première itération, la distance est initialisée à la distance entre les éléments de rangs 1 de x et c : $D_1(x,c) = (x_1 - c_1)^2$. Aux étapes suivantes, la distance partielle est calculée récursivement selon l'équation (4.4). Enfin, la distance complète entre x et c ($D(x,c)$) est obtenue à l'itération de rang N, comme explicité dans l'équation (4.5). Dans les équations (4.3), (4.4) et (4.5), nous pouvons voir que la suite de distances partielles $D_k(x,c)$ entre un vecteur x et un centroïde c est monotone et croissante par rapport au rang k : une valeur positive est additionnée, $(x_k - c_k)^2$, à la distance de rang $(k-1)$ afin d'obtenir la valeur de distance aux rang k.

$$D_k(x,c) = \Sigma_{j=1}^{k}(x_j - c_j)^2 \qquad (4.3)$$

$$D_1(x,c) = (x_1 - c_1)^2 \text{ , et } D_k(x,c) = D_{(k-1)}(x,c) + (x_k - c_k)^2, \forall 1 < k \leq N \qquad (4.4)$$

Chapitre 4. Calcul rapide de probabilité

$$D(x,c) = D_N(x,c) \tag{4.5}$$

Pour le problème de quantification vectorielle, la procédure classique est de parcourir les centroïdes $C = \{c^1..c^H\}$, calculer la distance de chacun avec le vecteur x et retenir le centroïde $\tilde{c}$ qui réalise la distance minimale $\tilde{D} = D(x,\tilde{c})$. L'idée motrice de l'approche PDE pour la VQ est d'utiliser la propriété de monotonie de la distance partielle. Connaissant la distance minimale $\mathring{D}$, réalisée par un centroïde $\mathring{c} \in \{c^1..c^s\}$, il est possible d'éliminer certains calculs de distances intermédiaires pour les centroïdes sous-optimaux dans l'ensemble $\{c^{s+1}..c^H\}$. En effet, pour un centroïde sous-optimal $\hat{c} \in \{c^{s+1}..c^H\}$, la distance $D(x,\hat{c})$ est nécessairement supérieure à la distance optimale $\mathring{D} = D(x,\mathring{c})$ (obtenue jusqu'à présent). Il existe donc un rang $\hat{k}$ pour lequel la distance partielle entre le centroïde $\hat{c}$ et x est supérieure à $\mathring{D}$, i.e. $\exists \hat{k} \in [1..N[$ tel que $D_{\hat{k}}(x,\hat{c}) > \mathring{D}$.

Lorsque la distance partielle $D_{\hat{k}}(x,\hat{c})$, au rang $\hat{k}$, devient supérieure à la distance optimale obtenue jusqu'à présent, nous pouvons déduire que la distance totale $D(x,\hat{c})$ est sous-optimale. La boucle de calcul de distance pour $\hat{c}$ peut donc être interrompue à l'étape $\hat{k}$. Le calcul des distances partielles $\{D_{\hat{k}+1}(x,\hat{c})..D_N(x,\hat{c})\}$ pour le centroïde $\hat{c}$ est ainsi évité. Il en résulte une réduction de la charge de calcul, et donc une accélération du processus de quantification vectorielle. La réduction en temps de calcul est proportionnelle à au nombre moyen de distances partielles éliminées. Elle dépend du type de données et du nombre de centroïdes considérés.

4.1.2 PDE pour le calcul de probabilité

Dans les systèmes de RAP, la densité de probabilité de chaque état de HMM (noté S) est modélisée par un mélange de distributions gaussiennes (GMM), comme explicité dans l'équation (4.6). La probabilité d'émission de l'état S pour une observation x, $p(x|S)$, est donnée dans l'équation (4.7). La probabilité d'émission d'une gaussienne pour un vecteur x est donnée dans l'équation (4.8). Le logarithme de la probabilité d'émission des gaussiennes est utilisé au lieu de la valeur directe, et ce dans le but d'éviter des débordements numériques. La log-probabilité d'une gaussienne $\aleph(\mu_i, \Sigma_i)$ pour x est donnée en (4.9).

$$S \sim \Sigma_{i=1}^{d} \omega_i \aleph(\mu_i, \Sigma_i) \tag{4.6}$$

$$p(x|S) = \Sigma_{i=1}^{d} \omega_i p(x|\mu_i, \Sigma_i) \tag{4.7}$$

$$p(x|\mu_i, \Sigma_i) = \frac{1}{(2\pi)^{\frac{N}{2}} |\Sigma_i|^{\frac{1}{2}}} e^{-\frac{1}{2}(x-\mu_i)^T \Sigma_i^{-1} (x-\mu_i)} \tag{4.8}$$

$$\ell(x|\mu_i, \Sigma_i) = log\{p(x|\mu_i, \Sigma_i)\} = Z_i - \frac{1}{2} \Sigma_{k=1}^{N} \frac{(x_k - \mu_{ik})^2}{\Sigma_{ik}} \tag{4.9}$$

où S est un modèle GMM, d est le nombre de distributions gaussiennes qui composent S, $\aleph(\mu_i, \Sigma_i)$ sont les distributions gaussiennes qui composent S, ω_i sont des poids vérifiant $\Sigma_{i=1}^{d} \omega_i = 1$, $Z_i = log(\frac{1}{(2\pi)^{\frac{N}{2}} |\Sigma_i|^{\frac{1}{2}}})$ est une constante pour la gaussienne i, N est la dimension de l'observation et des distributions gaussiennes, x_k (resp. μ_{ik}, Σ_{ik}) est le k^{eme} élément du vecteur x (resp. μ_i, Σ_i).

D'une manière similaire à la définition de l'équation (4.3), la log-probabilité $\ell(x|\aleph(\mu_i, \Sigma_i))$ est une mesure de distance pondérée entre le vecteur x et le vecteur moyen de la gaussienne μ_i. La pondération de cette mesure de distance n'est autre que la variance de la gaussienne, Σ_i.

4.1. Approches existantes

Par ailleurs, pour une observation x, uniquement un nombre limité de gaussiennes contribuent d'une manière prépondérante dans la probabilité du modèle GMM. Nous pouvons voir dans la table 4.1 que, en moyenne, trois gaussiennes constituent 98.64% de la probabilité d'émission d'un GMM pour une observation x. Le reste des gaussiennes du mélange ne contribuent que dans une proportion négligeable à la probabilité totale du GMM. D'autre part, nous pouvons voir dans cette table que la gaussienne la plus prépondérante dans un GMM contribue, en moyenne, à hauteur de 85.89% dans la probabilité du GMM. Cette dernière observation a motivé l'approximation de la probabilité d'émission d'un mélange de gaussiennes par la probabilité d'émission de la gaussienne prépondérante. La log-probabilité d'émission d'un GMM (noté S) pour une observation x se réécrit alors comme dans l'équation (4.10).

$$\ell(x|S) \approx max_{i=1}^{d}\{log(\omega_i) + Z_i - \frac{1}{2}\Sigma_{k=1}^{N}\frac{(x_k - \mu_{ik})^2}{\Sigma_{ik}}\} \qquad (4.10)$$

A la lumière de cette dernière approximation, et en considérant la log-probabilité l'émission d'une gaussienne comme une mesure de distance, le calcul de la log-probabilité $\ell(x|S)$ devient un problème de quantification vectorielle, comme défini dans le paragraphe 4.3. Il est donc possible d'utiliser l'approche PDE dans le cadre du calcul de log-probabilité d'émission de modèles HMM, en supposant l'approximation de l'équation (4.10).

Toutefois, dans le cadre du calcul de log-probabilité le but est de maximiser $\ell(x|S)$, contrairement à la problématique de la QV où le but est de minimiser une certaine distance. En effet, le but est de retrouver la gaussienne qui réalise la log-probabilité d'émission maximale pour l'observation en cours. L'approche PDE, définie dans le paragraphe 4.3, peut être utilisée pour le calcul de log-probabilité si :
- l'ensemble de centroïdes est assimilé à l'ensemble des distributions gaussiennes d'un GMM,
- la distance D est assimilée à la log-probabilité d'une gaussienne ℓ,
- le problème devient un problème de maximisation (au lieu d'un problème de minimisation).

Pellom et al. [Pellom et al., 2001] ont utilisé la technique PDE pour le calcul rapide de log-probabilité dans le cadre de la reconnaissance automatique de la parole. Leurs expérimentations ont montré que l'approche PDE permet de réduire le temps de calcul de log-probabilité de 26%, comparé à un système de base. Ils reportent une réduction dans le nombre de distances partielles calculées de 41%. L'algorithme de l'approche PDE est donné ci-dessous.

Algorithme : PDE
Entrées : x : un vecteur d'observation de dimension N
un GMM de d gaussiennes, $\Sigma_{i=1}^{d}\omega_i \aleph(\mu_i, \Sigma_i)$
Sorties : $\widetilde{D}$: la log-probabilité de la meilleure gaussienne du GMM pour l'observation x
Variables : D : distance partielle de la gaussienne en cours
DEBUT
1. $\widetilde{D} \leftarrow -\infty$
2. **Pour** $i = 1$ à d
. **Faire**
2.1 . $D \leftarrow log(\omega_i) + Z_i$
2.2 . **Pour** k $= 1$ à N
. . **Faire**
. . . $D \leftarrow D - \frac{1}{2}\frac{(x_k - \mu_{ik})^2}{\Sigma_{ik}}$
. . . **Si** $(D < \widetilde{D})$

Chapitre 4. Calcul rapide de probabilité

```
   .    .    .    Alors
   .    .    .    .    i ← i + 1
   .    .    .    .    Aller à l'étape 2.        // passage à la gaussienne suivante
   .    .    .    Fin Si
   .    .    Fin Pour
2.3  .    D̃ ← D
   .    Fin Pour
3.    Retour(D̃)
FIN
```

TAB. 4.1 – *Contributions moyennes (en %) des 10 gaussiennes les plus prépondérantes dans la probabilité totale d'un GMM. Calculés en utilisant 40 modèles de phonèmes anglais à trois états, des GMM de 128 gaussiennes par état et sur 10000 observations du corpus HIWIRE. Pour chacun des états des modèles HMM et pour chacune des observations considérées, on calcule la contribution en % de la probabilité d'émission des gaussiennes dans la probabilité d'émission du GMM. Les gaussiennes de chaque GMM et pour chaque observation sont triées selon leur contribution : celle ayant la plus grande distribution a un rang égal à 1. La moyenne des contributions des gaussiennes sont ensuite calculées pour chaque rang (moyenne sur pour tous les GMM et toutes les observations).*

Rang de la gaussienne	Contribution (%)
1	85.89
2	10.35
3	2.40
4	0.77
5	0.3
6	0.13
7	0.07
8	0.04
9	0.02
10	0.01

Pellom et al. ont également développé une méthode de *prédiction de meilleure gaussienne* (*Best Mixture Prediction, BMP*) pour le calcul rapide de log-probabilité, utilisée conjointement avec la technique PDE. Cette deuxième approche se base sur la forte corrélation qui existe entre les observations successives dans les signaux de parole. En effet, les vecteurs d'observations de parole sont généralement échantillonnés à des intervalles de 10 milliseconde. Les caractéristiques du signal de parole changent très peu durant cet intervalle de temps. L'idée qu'ont proposée Pellom et al. est d'utiliser, pour chaque GMM, la meilleure gaussienne pour l'observation précédente comme une prédiction de la gaussienne la plus prépondérante pour l'observation actuelle. En d'autres termes, les auteurs de [Pellom et al., 2001] ont proposé de débuter le calcul de la log-probabilité d'un GMM, pour l'observation en cours, avec la gaussienne qui a généré la plus grande log-probabilité d'émission pour l'observation précédente. Le calcul de la log-probabilité pour le reste des gaussiennes se déroule sans changement, avec la technique PDE. Le but de cette démarche est d'obtenir une haute log-probabilité d'émission dès le début du calcul. Cela conduit à éliminer un nombre plus important de distances partielles pour le reste des gaussiennes du GMM grâce à la technique PDE. Pour les méthodes PDE et BMP combinées, les tests conduits

4.1. Approches existantes

TAB. 4.2 – *Précision de la prédiction de la gaussienne optimale avec la méthode BMP. Calculés en utilisant 40 phonèmes anglais à trois états, des GMM de 128 gaussiennes par état et sur 10000 observations du corpus HIWIRE.*

Rang de la gaussienne prédite	Pourcentage de cas
1	52.76
2	17.59
3	8.60
4	5.07
5	3.27
6	2.32
7	1.67
8	1.27
9	1.00
10	0.79
11	0.63
12	0.54
13	0.45
14	0.37
15	0.31
16	0.27
17	0.24
18	0.22
19	0.18
20	0.17

Chapitre 4. Calcul rapide de probabilité

par les auteurs affichent une réduction du temps d'estimation de log-probabilité de 29.8% et une réduction du nombre de distances partielles calculées de 57.4%.

Nous avons évalué la précision de la prédiction de la meilleure gaussienne pour la méthode BMP. Les résultats sont résumés dans la table 4.2. Nous pouvons voir dans cette table que dans 52.76% des cas, la méthode BMP prédit correctement la meilleure gaussienne pour l'observation actuelle. Dans 52.76% des cas, la meilleure gaussienne est obtenu à la première itération du calcul de log-robabilité d'un GMM. Donc, dans la moitié des cas de figures, le processus d'élimination de distances partielles est optimal. Toutefois, dans 17.59% des cas, la gaussienne prédite est en réalité la gaussienne donnant la seconde meilleure log-probabilité d'émission pour l'observation actuelle, parmi les gaussiennes du GMM. De même, dans 8.6% des cas, il s'agit de la troisième meilleure gaussienne qui est prédite, etc. Pour ces prédictions erronées, l'élimination de distances partielles ne se déroule pas de manière optimale. Cependant, l'algorithme de calcul de log-probabilité avec PDE débute avec une probabilité d'émission élevée.

Voici l'algorithme des approches PDE et BMP combinées :

Algorithme : PDE+BMP
Entrées : x : un vecteur d'observation de dimension N
un GMM de d gaussiennes, $\Sigma_{i=1}^{d} \omega_i \aleph(\mu_i, \Sigma_i)$
B : indice de la meilleure gaussienne pour la dernière observation
Sorties : $\widetilde{D}$: la log-probabilité de la meilleure gaussienne du GMM pour l'observation x
$\widetilde{B}$: indice de la meilleure gaussienne pour x
Variables : D : distance partielle de la gaussienne en cours
DEBUT
1. $\widetilde{D} \leftarrow log(\omega_B) + Z_B$
2.   **Pour** $k = 1$ à N
.   **Faire**
. . $\widetilde{D} \leftarrow \widetilde{D} - \frac{1}{2} \frac{(x_k - \mu_{Bk})^2}{\Sigma_{Bk}}$
.   **Fin Pour**
3. $\widetilde{B} \leftarrow B$
4.   **Pour** $i = 1$ à d
.   **Faire**
4.1 .   **Si** $(i = B)$
. .   **Alors**
. . . $i \leftarrow i + 1$
. . .   **Aller à l'étape** 4.   // passage à la gaussienne suivante
. .   **Fin Si**
4.2 . $D \leftarrow log(\omega_i) + Z_i$
4.3 .   **Pour** $k = 1$ à N
. .   **Faire**
. . . $D \leftarrow D - \frac{1}{2} \frac{(x_k - \mu_{ik})^2}{\Sigma_{ik}}$
. . .   **Si** $(D < \widetilde{D})$
. . .   **Alors**
. . . . $i \leftarrow i + 1$
. . . .   **Aller à l'étape** 4.   // passage à la gaussienne suivante
. . .   **Fin Si**
. .   **Fin Pour**
4.4 . $\widetilde{D} \leftarrow D$; $\widetilde{B} \leftarrow i$

.   **Fin Pour**
5. **Retour($\widetilde{D}$, $\widetilde{B}$)**
FIN

4.1.3 Sélection statique de gaussienne par VQ

Considérons les résultats de la table 4.1. Nous pouvons voir que la contribution des 6 meilleures gaussiennes, dans un GMM de 128 gaussiennes, contribuent à hauteur de 99.8% de la probabilité d'émission du GMM. Il serait donc intéressant de réduire le calcul de probabilité d'émission d'un GMM aux gaussiennes les plus prépondérantes. Cela permettrait un gain considérable en temps de calcul sans dégrader la précision des modèles acoustiques.

Cette dernière observation a motivé plusieurs méthodes de sélection de gaussiennes pour le calcul rapide de probabilité ([Gales et al., 1999], [Bocchieri, 1993], [Fritsch and Rogina, 1996]). Ces méthodes, basées sur la technique de VQ, visent à prédire les meilleures gaussiennes à prendre en compte pour un vecteur d'observation donné. Il s'agit de prédire les gaussiennes ayant une contribution majeure dans la probabilité d'émission d'un GMM pour une observation, et ce uniquement à partir de l'observation considérée.

Le principe général de ces méthodes de sélection de gaussiennes, est de subdiviser l'espace acoustique en un ensemble de *sous-espaces* et définir des listes de gaussiennes prépondérantes pour chaque couple (GMM, *sous-espace*). Pendant les dernières étapes de l'apprentissage des modèles acoustiques, l'espace acoustique est partitionné en un nombre prédéfini de sous-espaces acoustiques. Diverses méthodes peuvent être utilisées à cette fin, telles que le partitionnement *k-means* ou encore une *analyse en composantes principales*. Chaque sous-espace est représenté par un centroïde, et nous obtenons l'ensemble des centroïdes $C = \{c^1..c^H\}$. Le nombre de sous-espaces varie de 64 à 512 dans les travaux cité plus haut ([Gales et al., 1999], [Bocchieri, 1993], [Fritsch and Rogina, 1996]).

L'étape suivante consiste à définir les gaussiennes prépondérantes pour chaque état des modèles HMM (représenté par un mélange de gaussiennes, un GMM), et ce pour chaque centroïde de C. Pour chaque couple de GMM et de centroïde (S, c^i), il s'agit de calculer les probabilités d'émission des gaussiennes de S pour c^i. Seules sont retenues les L gaussiennes qui réalisent les meilleures probabilités d'émission pour c^i, parmi celles de S. Ici, L est un nombre qui peut être prédéfini pour tous les états des modèles HMM. Cependant, il est possible d'opter pour un nombre variable de gaussiennes retenues, et ce en fonction de la distribution de probabilité obtenue pour les centroïdes et les gaussiennes. Cette liste de gaussiennes contient les composantes du GMM S les plus proches du centroïde c^i. On suppose ainsi que ces gaussiennes sont les plus prépondérantes, parmi celle du GMM S, pour les observations du sous-espace acoustique représenté par le centroïde c^i. Ainsi, à la fin de l'apprentissage des modèles phonétiques et du partitionnement de l'espace acoustique, nous obtenons une liste de gaussiennes pour chaque couple d'état de HMM et de centroïde.

A la phase de reconnaissance de parole, ces listes pré-calculées sont utilisées afin de réduire le temps de calcul de probabilité. La procédure de calcul de probabilité devient une procédure en deux passes, et ce afin de tenir compte de la classification de l'espace acoustique. D'abord, chaque observation x est classifiée dans l'un des centroïde de C, selon une simple quantification

Chapitre 4. Calcul rapide de probabilité

vectorielle. La VQ permet de retrouver le centroïde $\tilde{c} \in C$ le plus proche de x. Ensuite, la probabilité d'émission de x par chaque état S des modèles HMM est calculée uniquement pour les gaussiennes sélectionnées dans la liste correspondante au couple $(S, \tilde{c})$. Il en résulte une réduction importante du nombre de gaussiennes évaluées pour chaque observation x. Les travaux de Gales et al. [Gales et al., 1999] reportent une diminution de ce nombre allant de 50% à 90%. Le temps consommé pour le calcul de probabilité est réduit par des facteurs similaires. Dans [Bocchieri, 1993], la réduction dans le temps de calcul de probabilité varie de 50% à 85%, avec une dégradation minime dans la précision de la reconnaissance (moins de 0.1%).

Bien que la technique de sélection statique de gaussiennes prépondérantes réduise d'une manière drastique le temps de calcul et maintienne la précision de la reconnaissance, elle présente un inconvénient majeur. Elle implique un accroissement important en termes de capacité de stockage des modèles acoustiques. En effet, pour chaque état de HMM de ces modèles, il est nécessaire de stocker une liste de gaussiennes pour chaque sous-espace acoustique.

4.2 Notre approche de EPDE

Comme nous l'avons expliqué dans la section 4.1.2, l'approche PDE permet d'approximer la probabilité d'émission d'un modèle GMM S pour une observation x. Cette probabilité approximée n'est autre que la probabilité d'émission de la meilleure gaussienne du GMM S pour l'observation x. L'approche PDE pour le calcul de probabilité ([Pellom et al., 2001]) est inspirée de l'approche PDE pour le problème de quantification vectorielle. Elle permet de réduire le temps de calcul que nécessite l'estimation de la probabilité, et ce en éliminant une partie des calculs de distances intermédiaires pour les gaussiennes sous-optimales. Plus explicitement, le calcul des distances intermédiaires pour une gaussienne sous-optimale $\widehat{G}$ est arrêté à l'étape $\widehat{k}$ lorsque la distance intermédiaire de $\widehat{G}$ devient inférieure à la distance de la gaussienne optimale $\widetilde{G}$, i.e. $D_{\widehat{k}}(x|\widehat{G}) < D(x|\widetilde{G})$ (cf. 4.1.2). Rappelons que la mesure de distance D (cf. 4.1.2) est définie comme la mesure de log-probabilité ℓ, et que le but est de maximiser cette mesure.

Notre approche, nommée *PDE étendu* (*Extended PDE, EPDE*), vise une réduction plus importante du temps de calcul de probabilité. Notre but est d'éliminer plus tôt les calculs intermédiaires pour les gaussiennes sous-optimales. Pour ce faire, nous relaxons le critère d'élimination des distances intermédiaires. Nous proposons de ne plus comparer la valeur de la distance partielle à l'étape k (pour la gaussienne en cours de traitement G), $D_k(x|G)$, à la valeur de la distance finale de la gaussienne optimale obtenue jusqu'à présent $D(x|\widetilde{G}) = D_N(x|\widetilde{G})$. Nous proposons de comparer $D_k(x|G)$ à une distance intermédiaire de la gaussienne optimale $D_{k+l}(x|\widetilde{G})$. La comparaison de $D_k(x|G)$ à une valeur de distance prématurée de la gaussienne optimale est une heuristique qui permettrait de détecter plus rapidement les gaussiennes sous-optimales. Ici, l est un paramètre de l'approche EPDE qui représente le nombre de rangs futurs considérés dans le critère d'élimination. La valeur de ce paramètre dépend de la dimension des vecteurs N, de la réduction du temps de calcul escomptée et de la précision visée pour la reconnaissance. Notons que l'approche PDE classique correspondrait à la méthode EPDE avec une valeur $l = N - 1$. Le critère d'élimination des distances partielles de l'approche EPDE est exprimé dans l'équation (4.11).

$$D_k(x|G) < D_{k+l}(x|\widetilde{G}), \ si \ (k+l) \leq N$$
$$D_k(x|G) < D_N(x|\widetilde{G}), \ sinon \qquad (4.11)$$

4.2. Notre approche de EPDE

Voici l'algorithme de l'approche EPDE combinée avec l'approche BMP :
Algorithme : PDE Etendu+BMP
Entrées : x : un vecteur d'observation de dimension N
  un GMM de d gaussiennes, $\Sigma_{i=1}^{d} \omega_i \aleph(\mu_i, \Sigma_i)$
  B : indice de la meilleure gaussienne pour la dernière observation
  l : paramètre de EPDE
Sorties : $\widetilde{D}$: la log-probabilité de la meilleure gaussienne du GMM pour l'observation x
  $\widetilde{B}$: indice de la meilleure gaussienne pour x
Variables : $\widetilde{D}_{[.]}$: table des distances partielles pour la meilleure gaussienne
  $D_{[.]}$: table des distances partielles pour la gaussienne en cours
DEBUT
1. $\widetilde{D}_0 \leftarrow log(\omega_B) + Z_B$
2. **Pour** $k = 1$ à N
. **Faire**
. . $\widetilde{D}_k \leftarrow \widetilde{D}_{k-1} - \frac{1}{2}\frac{(x_k - \mu_{Bk})^2}{\Sigma_{Bk}}$
. **Fin Pour**
3. $\widetilde{D} \leftarrow \widetilde{D}_N$; $\widetilde{B} \leftarrow B$
4. **Pour** $i = 1$ à d
. **Faire**
. . **Si** $(i = B)$
. . **Alors**
. . . $i \leftarrow i + 1$
. . . **Aller à l'étape** 4.   // passage à la gaussienne suivante
. . **Fin Si**
. . $D_0 \leftarrow log(\omega_i) + Z_i$
. . **Pour** $k = 1$ à $(N - l)$
. . **Faire**
. . . $D_k \leftarrow D_{k-1} - \frac{1}{2}\frac{(x_k - \mu_{ik})^2}{\Sigma_{ik}}$
. . . **Si** $(D_k < \widetilde{D}_{k+l})$
. . . **Alors**
. . . . $i \leftarrow i + 1$
. . . . **Aller à l'étape** 4.   // passage à la gaussienne suivante
. . . **Fin Si**
. . **Fin Pour**
. . **Pour** $k = (N - l + 1)$ à N
. . **Faire**
. . . $D_k \leftarrow D_{k-1} - \frac{1}{2}\frac{(x_k - \mu_{ik})^2}{\Sigma_{ik}}$
. . . **Si** $(D_k < \widetilde{D}_N)$
. . . **Alors**
. . . . $i \leftarrow i + 1$
. . . . **Aller à l'étape** 4.   // passage à la gaussienne suivante
. . . **Fin Si**
. . **Fin Pour**
. . $\widetilde{D} \leftarrow D_N$; $\widetilde{B} \leftarrow i$
. . **Echanger** les tables : $\widetilde{D}_{[.]} \Leftrightarrow D_{[.]}$
. **Fin Pour**
5. **Retour**($\widetilde{D}_N$, $\widetilde{B}$)

Chapitre 4. Calcul rapide de probabilité

FIN

L'heuristique utilisée dans le critère d'élimination de distances partielles dans l'approche EPDE permet d'arrêter plus rapidement les boucles de calcul de log-probabilité pour les gaussiennes sous-optimales. Un gain en temps d'estimation et en charge de calcul en résulterait. Toutefois, contrairement à l'approche PDE, l'approche EPDE ne garanti pas la sélection de la gaussienne optimale. Nous pouvons constater qu'il serait possible que la gaussienne optimale réelle $\widehat{G}$ puisse vérifier la condition d'arrêt $D_{\overline{k}(x|\widehat{G}) < D_{\overline{k}+l}(x|\widetilde{G})}$. La vraie gaussienne optimale pourrait ainsi être éliminée par l'heuristique de l'approche EPDE. La figure 4.1 illustre la précision de la sélection des gaussiennes par la méthode EPDE en fonction du paramètre l (où les vecteurs sont composés de 39 éléments). Nous pouvons constater que la précision de cette sélection décroît avec les valeurs de l. Comme prévu, plus la valeur de l est petite, plus la précision de la sélection de la meilleure gaussienne par EPDE est détériorée. Une valeur de $l = 3$ résulte en une sélection de la meilleure gaussienne dans seulement 43.2% des cas. Des valeurs plus grandes du paramètre l induisent une sélection plus précise de la meilleur gaussienne. Pour une valeur $l = 10$ (resp. 13, 16 et 20) nous constatons que la méthode EPDE sélectionne la meilleure gaussienne dans 90.2% (resp. 96.2%, 98.7% et 99.7%).

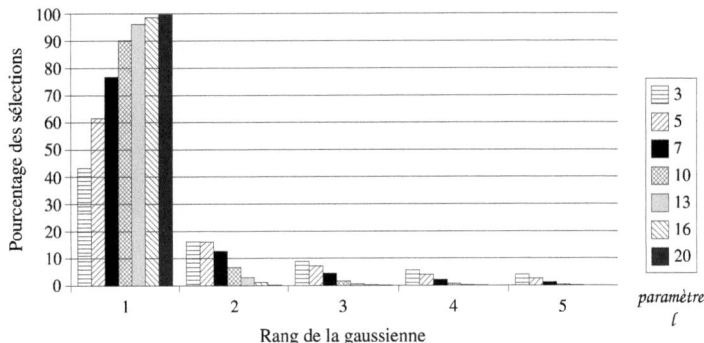

FIG. 4.1 – Pourcentage de sélection des gaussiennes d'un GMM par l'approche EPDE, en fonction du paramètre l et du rang de la gaussienne sélectionnée. Calculés en utilisant 40 phonèmes anglais à trois états, des GMM de 128 gaussiennes par état et sur 10000 observations du corpus HIWIRE. La dimension des vecteurs est de 39 éléments. Par exemple, la méthode EPDE, avec un paramètre $l = 10$, sélectionne la meilleur gaussienne (de rang 1) dans 90% des cas. De même, la méthode EPDE, avec un paramètre $l = 5$, sélectionne la gaussienne de rang 2 dans 16% des cas.

4.3 Notre approche de sélection dynamique de gaussiennes

Comme nous l'avons décrit dans 4.1.2, l'approche PDE permet une réduction du temps de calcul de probabilité avoisinant les 30%. Toutefois, cette méthode implique une approximation dans la valeur de probabilité estimée : la probabilité d'un GMM est approximée par la probabilité de la gaussienne prépondérante. Cette approximation pourrait engendrer une baisse dans la précision de la reconnaissance.

4.3. Notre approche de sélection dynamique de gaussiennes

Par ailleurs, dans la section 4.1.3, nous avons vu que les approches de sélection statique de gaussiennes permettent une réduction significative dans le temps de calcul de probabilité, de l'ordre de 85%. Ces méthodes ont également l'avantage de préserver la précision de la reconnaissance vocale, avec une augmentation minime du taux d'erreur. Cependant, ces méthodes impliquent un inconvénient concernant la capacité de stockage requise. En effet, les listes de gaussiennes pré-calculées doivent être enregistrées conjointement avec les modèles acoustiques, multipliant considérablement l'espace de stockage nécessaire.

Les propriétés des deux méthodes (PDE et VQ pour le calcul de probabilité) ont motivé le travail que nous avons publié dans les articles [Cai and Bouselmi, 2008], [Bouselmi and Cai, 2008], et [Cai et al., 2008]. Nous désirons une approche de calcul rapide de probabilité qui soit plus précise que l'approche PDE sans aucune augmentation de l'espace de stockage. La sélection dynamique de gaussiennes (*Dynamic Gaussian Selection, DGS*) que nous proposons n'utilise ni un partitionnement de l'espace acoustique ni des listes de gaussiennes pré-calculées. Contrairement à l'approche PDE, la méthode DGS approxime la probabilité d'émission, pour une observation x, par la somme des probabilités d'émission des gaussiennes les plus prépondérantes dans un GMM. L'approche DGS complémente l'approche PDE et se base sur les résultats de cette dernière. Les résultats du calcul de probabilité par l'approche PDE sont utilisés afin de sélectionner les gaussiennes prépondérantes à retenir dans un GMM. Ces gaussiennes sélectionnées contribueront à la probabilité du GMM. Les gaussiennes considérées comme non significatives sont ignorées et n'auront aucune contribution dans la probabilité finale du GMM.

Dans le cadre de l'approche PDE, la plupart des valeurs de distance entre les gaussiennes d'un GMM et l'observation x sont des distances partielles. Nous ne disposons pas des valeurs de distances complètes puisque la méthode PDE ne calcule les distances complètes que pour quelques unes des gaussiennes. Il n'est pas possible de d'estimer les distances entre les gaussiennes d'un GMM et une observation. Il n'est donc pas possible de trier ces gaussiennes afin d'en sélectionner les plus proches à l'observation en cours. Afin de remédier à cet inconvénient, nous proposons d'utiliser le rang $\hat{k}$ auquel l'approche PDE arrête le calcul de log-probabilité pour une gaussienne $\widehat{G}$ (cf. et 4.1.2). Ce rang peut être considéré comme une heuristique indiquant la distance entre la gaussienne $\widehat{G}$ et l'observation x. Plus précisément, ce rang d'arrêt est un indicateur permettant de comparer les distances (log-probabilités) des deux gaussiennes $\widehat{G}$ et G. En effet, plus la valeur de ce rang $\hat{k}$ est élevée, plus la valeur de log-probabilité de la gaussienne $\widehat{G}$ est proche de la valeur de log-probabilité de G (la distance optimale). De même, plus la valeur de ce rang $\hat{k}$ est basse, plus la valeur de log-probabilité de la gaussienne $\widehat{G}$ est éloignée de (inférieure à) la valeur de log-probabilité de G.

Dans notre approche DGS, nous proposons de sélectionner les gaussiennes G dont le rang d'arrêt $\hat{k}$ est supérieur à un seuil γ. Rappelons que l'approche PDE arrête la boucle de calcul de la distance (log-probabilité) d'une gaussienne G, et ce lorsqu'au rang $\hat{k}$ la distance partielle $D_{\hat{k}}(x|\widehat{G})$ est inférieure à la distance optimale (obtenue jusqu'à présent). Si le rang d'arrêt de la boucle de calcul PDE pour une gaussienne $\widehat{G}$ vérifie $\hat{k} > \gamma$, alors $\widehat{G}$ est sélectionnée. Le calcul de log-probabilité de la gaussienne $\widehat{G}$ est repris au rang $(\hat{k}+1)$ et ce afin de calculer la log-probabilité totale $D_N(x|\widehat{G})$.

La probabilité totale du GMM (noté S) est définie comme la somme pondérée des probabilités des gaussiennes sélectionnées, comme dans l'equation (4.12). La log-probabilité totale de S est

Chapitre 4. Calcul rapide de probabilité

donnée dans l'équation (4.13).

$$p(x|S) = \Sigma_{i \in I}\, \omega_i p(x|\mu_i, \Sigma_i) \qquad (4.12)$$

$$\ell(x|S) = log(\Sigma_{i \in I}\, e^{\ell(x|\mu_i, \Sigma_i)}) \qquad (4.13)$$

où I est l'ensemble des indices des gaussiennes sélectionnées.

Voici l'algorithme de l'approche DGS combinée avec l'approche BMP :
Algorithme : DGS+BMP
Entrées : x : un vecteur d'observation de dimension N
  un GMM de d gaussiennes, $\Sigma_{i=1}^{d} \omega_i \aleph(\mu_i, \Sigma_i)$
  γ : paramètre de la méthode DGS
  B : indice de la meilleure gaussienne pour la dernière observation
Sorties : $\tilde{D}$: logarithme naturel de la somme des probabilités des gaussiennes sélectionnées pour l'observation x
  $\tilde{B}$: indice de la meilleure gaussienne pour x
Variables : D : distance partielle de la gaussienne en cours
  $\mathring{D}$: distance de la meilleure gaussienne
DEBUT
1. $\mathring{D} \leftarrow log(\omega_B) + Z_B$
2. Pour $k = 1$ à N
 . Faire
 . . $\mathring{D} \leftarrow \mathring{D} - \frac{1}{2}\frac{(x_k - \mu_{Bk})^2}{\Sigma_{Bk}}$
 . Fin Pour
 . $\tilde{B} \leftarrow B$; $\tilde{D} \leftarrow \mathring{D}$
3. Pour $i = 1$ à d
 . Faire
 . . Si $(i = B)$ Alors
 . . Alors
 . . . $i \leftarrow i + 1$
 . . . Aller à l'étape 3.   // passage à la gaussienne suivante
 . Fin Si
 . . $D \leftarrow log(\omega_i) + Z_i$
 . . Pour $k = 1$ à N
 . . Faire
 . . . $D \leftarrow D - \frac{1}{2}\frac{(x_k - \mu_{ik})^2}{\Sigma_{ik}}$
 . . . Si $(D < \mathring{D})$
 . . . Alors
 . . . . Si $(k \geq \gamma)$
 . . . . Alors
 . . . . . Pour $j = k + 1$ à N
 . . . . . Faire
 . . . . . . $D \leftarrow D - \frac{1}{2}\frac{(x_j - \mu_{ij})^2}{\Sigma_{ij}}$
 . . . . . Fin Pour
 . . . . . $\tilde{D} \leftarrow log(e^{\tilde{D}} + e^D)$
 . . . . Fin si
 . . . $i \leftarrow i + 1$
 . . . Aller à l'étape 3.   // passage à la gaussienne suivante

4.4. Approches DGS et EPDE combinées

       . . .   **Fin Si**
       . .   **Fin Pour**
       . . $\widetilde{D} \leftarrow log(e^{\widetilde{D}} + e^D)$
       . . $\mathring{D} \leftarrow D$
       . . $\widetilde{B} \leftarrow i$
       .   **Fin Pour**
3.   **Retour**($\widetilde{D}$, $\widetilde{B}$)
FIN

4.4 Approches DGS et EPDE combinées

Nous avons combiné les approches EPDE et DGS en une nouvelle méthode que nous avons appelée DGS étendu (*Extended DGS, EDGS*). Nous désirons atteindre des performances temporelles accrues avec l'utilisation de l'approche EPDE, et une dégradation minimale de la précision de la reconnaissance vocale avec la méthode DGS.

Le principe de fonctionnement de EDGS est en tous points identique à celui de DGS. La seule exception est que EDGS se base sur l'algorithme EPDE, au lieu du simple PDE. Durant le calcul de la log-probabilité d'émission d'un GMM S pour une observation x, la log-probabilité de chaque gaussienne est estimée selon la méthode EPDE. Comme expliqué dans la section 4.2, la boucle de calcul de la log-probabilité d'une gaussienne $\widehat{G}$ est interrompue dès que sa distance partielle à l'étape $\widehat{k}$ devient inférieure à la distance partielle de la meilleure gaussienne à l'étape $\widehat{k}+l$. Plus précisément, la boucle de calcul de la log-probabilité de $\widehat{G}$ est interrompue dès que la condition de l'équation (4.11) est réalisée. Les gaussiennes dont le rang d'arrêt $\widehat{k}$ est inférieur au paramètre γ sont ignorées. Contrairement, les gaussiennes dont le rang d'arrêt $\widehat{k}$ est supérieur à γ sont sélectionnées pour participer à la log-probabilité totale du GMM en cours de traitement. Le calcul de la log-probabilité de ces dernières est repris à l'étape $\widehat{k}+1$ afin d'estimer leurs valeurs exactes. L'algorithme de la méthode EDGS est donné ci-dessous :

Algorithme : EPDE+DGS+BMP
Entrées : x : un vecteur d'observation de dimension N
   un GMM de d gaussiennes, $\Sigma_{i=1}^{d} \omega_i \aleph(\mu_i, \Sigma_i)$
   l : paramètre de la méthode EPDE
   γ : paramètre de la méthode DGS
   B : indice de la meilleure gaussienne pour la dernière observation
Sorties : $\widetilde{D}$: logarithme naturel de la somme des probabilités des gaussiennes sélectionnées pour l'observation x
   $\widetilde{B}$: indice de la meilleure gaussienne pour x
Variables : $\mathring{D}_{[.]}$: table des distances partielles pour la meilleure gaussienne
   $D_{[.]}$: table des distances partielles pour la gaussienne en cours
DEBUT
1. $\mathring{D}_0 \leftarrow log(\omega_B) + Z_B$
2.   **Pour** $k = 1$ à N
   Faire
   . $\mathring{D}_k \leftarrow \mathring{D}_{k-1} - \frac{1}{2} \frac{(x_k - \mu_{Bk})^2}{\Sigma_{Bk}}$
   Fin Pour
3. $\widetilde{B} \leftarrow B$; $\widetilde{D} \leftarrow \mathring{D}_N$

4. **Pour** $i = 1$ à d
. **Faire**
. . **Si** $(i = B)$
. . **Alors**
. . . $i \leftarrow i + 1$
. . . **Aller à l'étape** 4.   // passage à la gaussienne suivante
. . **Fin Si**
. . $D_0 \leftarrow log(\omega_i) + Z_i$
. . **Pour** $k = 1$ à $N - l$
. . **Faire**
. . . $D_k \leftarrow D_{k-1} - \frac{1}{2}\frac{(x_k - \mu_{ik})^2}{\Sigma_{ik}}$
. . . **Si** $(D_k < \mathring{D}_{k+l})$
. . . **Alors**
. . . . **Si** $(k \geq \gamma)$
. . . . **Alors**
. . . . . **Pour** $j = k+1$ à N
. . . . . **Faire**
. . . . . . $D_j \leftarrow D_{j-1} - \frac{1}{2}\frac{(x_j - \mu_{ij})^2}{\Sigma_{ij}}$
. . . . . **Fin Pour**
. . . . . $\widetilde{D} \leftarrow log(e^{\widetilde{D}} + e^{D_N})$
. . . . **Fin si**
. . . . $i \leftarrow i + 1$
. . . . **Aller à l'étape** 4.   // passage à la gaussienne suivante
. . . **Fin Si**
. . **Fin Pour**
. . **Pour** $k = N - l + 1$ à N
. . **Faire**
. . . $D_k \leftarrow D_{k-1} - \frac{1}{2}\frac{(x_k - \mu_{ik})^2}{\Sigma_{ik}}$
. . . **Si** $(D_k < \mathring{D}_N)$
. . . **Alors**
. . . . **Si** $(k \geq \gamma)$
. . . . **Alors**
. . . . . **Pour** $j = k+1$ à N
. . . . . **Faire**
. . . . . . $D_j \leftarrow D_{j-1} - \frac{1}{2}\frac{(x_j - \mu_{ij})^2}{\Sigma_{ij}}$
. . . . . **Fin Pour**
. . . . . $\widetilde{D} \leftarrow log(e^{\widetilde{D}} + e^{D_N})$
. . . . **Fin si**
. . . . $i \leftarrow i + 1$
. . . . **Aller à l'étape** 4.   // passage à la gaussienne suivante
. . . **Fin Si**
. . **Fin Pour**
. . $\widetilde{D} \leftarrow log(e^{\widetilde{D}} + e^{D_N})$
. . $\widetilde{B} \leftarrow i$
. . **Echanger** les tables : $\mathring{D}_{[.]} \Leftrightarrow D_{[.]}$
. **Fin Pour**
. **Retour**$(\widetilde{D}, \widetilde{B})$

FIN

4.5 Evaluation expérimentale

Nous avons évalué les méthodes PDE, DGS, EPDE et EDGS sur la partie de test du corpus de parole anglaise *TIMIT*. Ce corpus de test est composé de 1344 phrases en langue anglaise prononcées par des sujets américains ayant 8 accents régionaux différents. Nous avons utilisé 40 phonèmes anglais entraînés sur le corpus de développement *TIMIT*. Les modèles acoustiques sont des HMM hors-contexte à 3 états et avec une topologie gauche-droite. Les densités de probabilité associées aux états des HMM sont des mélanges de gaussiennes (GMM). Nous avons effectué des expérimentations avec différents nombres de gaussiennes pour les GMM : 16, 32, 64 et 128 gaussiennes par GMM. Notre choix s'est porté sur une paramètrisation de 13 coefficients MFCC (12 + énergie) avec leurs dérivées premières et secondes, donnant au total des vecteurs de dimension 39. Nous avons évalué les méthodes avec une reconnaissance phonétique.

TAB. 4.3 – *Résultats de la reconnaissance phonétique sur le corpus de test de TIMIT, pour les méthode PDE et DGS. "% temps" est la proportion du temps de calcul de la méthode par rapport au temps de calcul du système de base. "% calculs" est la proportion du nombre de probabilités de gaussiennes unidimentionnelles calculées pour la méthode en question par rapport à celui du système de base.*

	128 gaussiennes par GMM		
	S. de base	PDE	DGS
Précision	64.76	64.37	64.74
% temps	100.00	69.62	73.20
% calculs	100.00	29.52	29.58
	64 gaussiennes par GMM		
	S. de base	PDE	DGS
Précision	63.93	63.59	63.88
% temps	100.00	66.53	70.51
% calculs	100.00	33.32	33.42
	32 gaussiennes par GMM		
	S. de base	PDE	DGS
Précision	62.68	62.4	62.68
% temps	100.00	67.65	72.33
% calculs	100.00	37.90	38.04
	16 gaussiennes par GMM		
	S. de base	PDE	DGS
Précision	60.7	60.34	60.67
% temps	100.00	68.15	73.60
% calculs	100.00	43.49	43.69

Pour les méthodes EPDE et EDGS, les valeurs du paramètres l varient dans l'ensemble $\{3, 5, 7, 10, 13, 16, 20\}$ (valeurs choisies empiriquement). Nous avons fixé le paramètre γ à une valeur de 35 pour les méthodes DGS et EDGS. Enfin, un système de reconnaissance de base

Chapitre 4. Calcul rapide de probabilité

TAB. 4.4 – *Résultats de la reconnaissance phonétique sur la partie de test du corpus TIMIT, pour les méthode EPDE et EDGS.*

128 gaussiennes par GMM :

	EPDE-3	EPDE-5	EPDE-7	EPDE-10	EPDE-13	EPDE-16	EPDE-20
Précision	51.80	57.28	60.64	63.24	64.11	64.22	64.34
% temps	51.18	53.88	57.18	59.78	62.56	65.03	68.12
% calculs	8.88	11.58	14.46	17.83	20.69	22.98	25.52
	EDGS-3	EDGS-5	EDGS-7	EDGS-10	EDGS-13	EDGS-16	EDGS-20
Précision	51.84	57.45	60.82	63.52	64.43	64.6	64.68
% temps	51.97	55.02	58.09	61.48	64.57	67.18	70.38
% calculs	8.88	11.58	14.48	17.85	20.72	23.01	25.55

64 gaussiennes par GMM :

	EPDE-3	EPDE-5	EPDE-7	EPDE-10	EPDE-13	EPDE-16	EPDE-20
Précision	52.64	57.86	60.56	62.56	63.29	63.50	63.56
% temps	48.16	50.85	53.63	56.93	59.89	62.49	65.70
% calculs	10.39	13.41	16.69	20.53	23.80	26.39	29.19
	EDGS-3	EDGS-5	EDGS-7	EDGS-10	EDGS-13	EDGS-16	EDGS-20
Précision	52.72	57.96	60.75	62.81	63.62	63.75	63.84
% temps	49.01	52.18	55.41	59.00	62.77	64.96	68.41
% calculs	10.39	13.42	16.71	20.57	23.85	26.44	29.24

32 gaussiennes par GMM :

	EPDE-3	EPDE-5	EPDE-7	EPDE-10	EPDE-13	EPDE-16	EPDE-20
Précision	52.78	56.63	58.81	61.00	61.77	62.15	62.34
% temps	48.70	51.66	54.66	58.21	61.42	64.40	67.53
% calculs	12.82	16.20	19.89	24.23	27.91	30.76	33.77
	EDGS-3	EDGS-5	EDGS-7	EDGS-10	EDGS-13	EDGS-16	EDGS-20
Précision	52.83	56.82	59.06	61.17	62.05	62.49	62.64
% temps	49.75	53.19	56.72	60.67	64.17	67.31	70.94
% calculs	12.82	16.22	19.93	24.28	27.98	30.83	33.84

16 gaussiennes par GMM :

	EPDE-3	EPDE-5	EPDE-7	EPDE-10	EPDE-13	EPDE-16	EPDE-20
Précision	51.58	54.89	57.08	58.89	59.83	60.18	60.30
% temps	48.86	51.55	55.69	58.87	62.90	67.18	68.63
% calculs	16.78	20.46	24.49	29.27	33.30	36.35	39.48
	EDGS-3	EDGS-5	EDGS-7	EDGS-10	EDGS-13	EDGS-16	EDGS-20
Précision	51.59	55.05	57.25	59.08	60.09	60.45	60.56
% temps	51.00	53.95	57.76	62.06	65.86	74.11	72.46
% calculs	16.79	20.48	24.54	29.35	33.39	36.46	39.59

4.5. Évaluation expérimentale

(sans aucune modifications) à également été testé, i.e. un système sans aucune optimisation pour le temps de calcul des probabilités.

Les résultats auxquels nous nous intéressons sont la précision de la reconnaissance phonétique, la réduction du temps de calcul et la réduction de la charge de calcul. Le temps de calcul n'est autre que le temps que nécessitent les méthodes pour le calcul de probabilité sur tout le corpus de test. Par contre, la charge de calcul est définie comme étant le nombre de probabilités de gaussiennes unidimensionnelles calculées. Il s'agit du calcul de la valeur de probabilité pour un élément k d'une gaussienne : $\frac{1}{2}\frac{(x_k-\mu_k)^2}{\Sigma_k}$. En d'autre termes, le calcul de la probabilité d'une gaussienne $\aleph(\mu, \Sigma)$ de dimension N induit une charge de calcul de valeur N.

Les résultats du système de base, de la méthode PDE et la méthode DGS sont illustrés dans la table 4.3. Nous pouvons voir dans cette table que la méthode PDE réalise une réduction du temps de calcul de probabilité variant de 31.4% à 33.5%, et ce par rapport au système de base. La réduction du temps de calcul de probabilité réalisée par la méthode DGS varie de 26.4% à 29.5% par arpport au système de base. D'autre part, l'approche DGS nécessite un temps de calcul de 5% à 8% plus important que celui de la méthode PDE. Nous constatons que la méthode DGS affiche une précision de la reconnaissance phonétique sensiblement égale à celle du système de base. Par contre, l'approche PDE affiche, en moyenne, une augmentation relative du taux d'erreur de 1%.

Les méthodes PDE et DGS réduisent considérablement la charge de calcul. Pour des GMM comprenant 128 gaussiennes (resp. 64, 32 et 16), la réduction de la charge de calcul est approximativement de 70% (reps. 66.6%, 62% et 56.3%). Nous remarquons que la réduction de la charge de calcul est plus élevée lorsque le nombre de gaussiennes dans les modèles GMM est plus grand. Ceci pourrait-être expliqué par le fait que plus le nombre de gaussiennes dans un GMM est élevé, plus ces dernières sont précises et plus le sous-espace acoustique qu'elles représentent est réduit. Ceci résulte en une différence plus accentuée pour les distances entre chacune des gaussiennes et les observations. Ce qui induit une élimination des calculs élémentaires plus importante avec les méthodes PDE et DGS.

La table 4.4 résume les résultats des méthodes EPDE et EDGS pour différents modèles acoustiques et des valeurs de $l \in \{3, 5, 7, 10, 13, 16, 20\}$. Ces deux approches réalisent une réduction significative du temps de calcul de probabilité par rapport au système de base. Notons que cette réduction dépend de la complexité des modèles acoustiques ainsi que du paramètre l. D'une manière générale, plus la valeur de l décroît, plus la réduction du temps de calcul des deux méthodes est importante et plus la précision de la reconnaissance est dégradée. Considérons les résultats de la reconnaissance phonétique utilisant des modèles acoustiques à 128 gaussiennes par GMM. Pour une valeur de $l = 3$ (resp. 5 et 7), nous observons une importante augmentation relative du taux d'erreur pour les deux méthodes EPDE et EDGS de l'ordre de 36.7% (resp. 21% et 11.4%). Des valeurs plus élevées du paramètre l impliquent une augmentation plus atténuée du taux d'erreur de la reconnaissance phonétique. Pour $l = 20$, la méthode EPDE induit une augmentation de 1.19% du taux d'erreur alors que la l'approche EDGS n'introduit que 0.23% d'erreurs. La figure 4.2 illustre l'augmentation relative de l'erreur de reconnaissance (par rapport au système de base) pour ces deux méthodes en fonction du paramètre l, et ce pour des modèles acoustiques à 128 gaussiennes par GMM. La tendance de variation de l'augmentation de l'erreur de reconnaissance est comparables pour des modèles acoustiques de 64, 32 et 16 gaussiennes par

117

GMM.

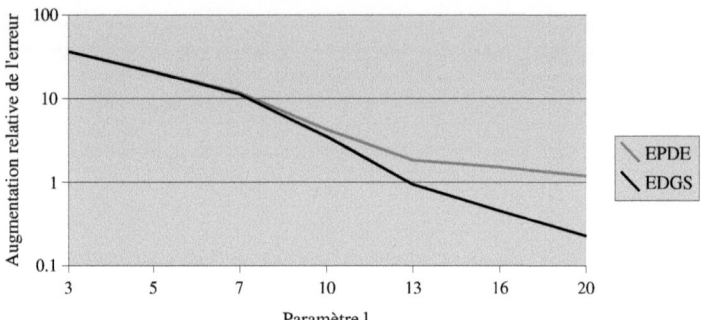

FIG. 4.2 – Augmentation relative du taux d'erreur de la reconnaissance pour les méthodes EPDE et EDGS, par rapport au système de base et pour des modèles acoustiques à 128 gaussiennes par GMM. Échelle logarithmique.

D'autre part, la réduction du temps de calcul de probabilité des méthodes EPDE et EDGS (par rapport au système de base) varie d'une manière inversement proportionnelle à la valeur du paramètre l. Pour des modèles acoustique à 128 gaussiennes par GMM, une valeur de $l = 3$ (resp. 3 et 7) induit une réduction du temps de calcul de l'ordre de 48.8% pour EPDE (resp. 46.1% et 42.8%) et de 48% pour EDGS (resp. 45% et 41.9%). Pour une valeur de $l = 20$ (reps. 16 et 13), la réduction du temps de calcul n'est que de 31.8% pour EPDE (resp. 35% et 37.44%) et de 29.6% pour EDGS (resp. 32.8% et 35.6%). Les tendances de variation de la réduction du temps de calcul des méthodes EPDE et EDGS en fonction de l sont comparables pour des modèles acoustiques à 64, 32 et 16 gaussiennes par GMM.

4.6 Conclusion

Dans ce chapitre nous avons présenté deux nouvelles approches pour le calcul rapide de probabilité dans le cadre de modèles GMM. La première méthode, EPDE, est une extension de l'approche PDE. Nous avons modifié de le critère d'arrêt de la méthode PDE dans le but d'éliminer plus de calculs élémentaires de probabilité. La deuxième approche, DGS, est une méthode de sélection dynamique de gaussiennes qui se base sur l'approche PDE. Cette méthode permet de sélectionner, pour une obervation donnée, les gaussiennes pertinentes dans un GMM afin de prendre en compte leur probabilité. Ainsi, la méthode DGS introduit moins d'erreurs dans l'approximation de la probabilité d'un GMM, par rapport à l'approche PDE. Contrairement aux approches de sélection statique de gaussiennes, aucun espace de stockage supplémentaire n'est nécessaire. Nous avons combiné les méthodes EPDE et DGS dans afin d'obtenir une réduction accrue pour le temps de calcul de probabilité et une plus grande précision dans la reconnaissance vocale.

Nos expérimentations conduites sur le corpus *TIMIT* démontrent que la méthode EPDE-

4.6. Conclusion

20 (avec un paramètre $l = 20$) réduit le nombre de calculs élémentaires de 4% par rapport à l'approche PDE. En outre, l'approche EPDE réduit le temps de calcul de 0.5% par rapport à la méthode PDE, et ce pour des taux d'erreur de reconnaissance identiques. D'autre part, la méthode EDGS est en moyenne 1% moins rapide que la méthode PDE. Par contre, la méthode EDGS réduits le nombre de calcul élementaires de 4% par rapport à l'approche PDE. De plus, l'approche EDGS affiche des taux d'erreurs de reconnaissance identiques à ceux du système de base. Ces propriétés permetteraient l'utilisation efficace de la méthode EDGS dans les systèmes de RAP. De plus, des systèmes embarqués ayant des ressources limités, tels que les téléphones cellulaires, peuvent tirer profit de la réduction importante du nombre de calculs élémentaires de la méthode EDGS. En effet, les accès à la mémoire et les calculs intensifs sont souvent très pénalisant pour cette cathégorie d'appareillages.

Conclusions et perspectives

La reconnaissance automatique de la parole (RAP) est utilisée dans des domaines de plus en plus variés. Les évolutions continues des technologies informatiques ont permis une précision accrue pour la RAP. Toutefois, les systèmes de RAP souffrent d'une chute significative des performances face aux accents non-natifs. Les taux d'erreurs des systèmes de RAP sont au moins doublés pour la parole non-native. Cette dégradation de performances est un problème bien connu pour la RAP. Elle est due partiellement à la nature intrinsèque des systèmes de RAP, qui sont basés sur des modèles statistiques et stochastiques. La différence entre les propriétés de la parole pour laquelle un système de RAP a été conçu et les propriétés de la parole à reconnaître provoquent cette chute de précision.

Par ailleurs, la parole non-native peut contenir des erreurs de différents types, provoquées par l'influence de la langue maternelle. La présence de mots communs entre la langue maternelle et cible, avec des sémantiques différentes, peut entraîner leur utilisation erronée. Ces erreurs peuvent également être provoquées par un niveau de maîtrise faible des propriétés grammaticales de la langue cible. Un locuteur parlant une langue étrangère peut produire une structure grammaticale incorrecte, mal accorder des verbes ou adjectifs ou même utiliser des mots n'appartenant pas à la langue.

De plus, la parole non-native peut contenir des erreurs de prononciation de sons. En effet, les langues humaines utilisent une partie des sons que peut produire l'appareil articulatoire humain. Les phonèmes (sons) utilisés dans une langue particulière couvrent des zones éparses de l'espace acoustique, et diffèrent d'une langue à une autre. De plus, de fines variations entre phonèmes proches peuvent être significatives pour une langue alors que dans d'autres langues ces phonèmes sont confondus. Une étude récente publiée dans [Giraud et al., 2007] montre que les cortex cérébraux auditifs (décodage et production) et moteurs (mouvements des articulateurs) sont corrélés. L'appareil articulatoire humain au sens plus large (comprenant les cortex auditif et moteur) est adapté à la production correcte de ces sons, et ce au sens des domaines acoustiques propres à la langue maternelle correspondante. Pour la parole non-native, l'appareil articulatoire est sollicité dans un exercice de "mimétisme" afin de produire de la parole dans la langue cible. Des erreurs dans les réalisations acoustiques et des remplacements de phonèmes peuvent être commis.

Les approches de RAP non-native peuvent être classées en trois catégories. La première catégorie comporte les approches de modélisation acoustique de l'accent non-natif. Ces approches visent à modifier les modèles acoustiques afin de les rapprocher des propriétés acoustiques de la parole non-native. Ces méthodes sont simples à mettre en oeuvre et améliorent grandement la précision de la RAP accentuée. Toutefois, elle provoquent une chute de performances pour la parole cible canonique. Contrairement, les méthodes de la deuxième catégories induisent une faible dégradation pour la parole canonique cible. Ces méthodes sont basées sur la modélisation de la

Conclusions et perspectives

prononciation non-native. Les prononciations non-natives de chaque phonème de la langue cible sont détectées et prises en compte dans le système de RAP comme des réalisations alternatives. Enfin, la troisième catégorie englobe les approches de modélisation linguistique. Ces approches visent la détection des erreurs grammaticales dans la parole non-native. Ces erreurs grammaticales sont ensuite utilisées pour l'adaptation du modèle de langage des systèmes de RAP.

Dans cette thèse, nous nous sommes intéressés à la RAP non-native à travers l'adaptation de systèmes de RAP existants. L'un de nos objectifs principaux fut le développement d'approches d'adaptation automatique de systèmes de RAP aux accents non-natifs, tout en préservant les performances pour la parole cible canonique. Nous nous sommes intéressés aux approches de modélisation acoustique et de modélisation de prononciation pour la RAP accentuée.

Pour la modélisation acoustique, nous avons évalué les approches classiques d'adaptation acoustique *MLLR* (*Maximum Likelihood Linear Regression*), *MAP* (*Maximum A Posteriori*) et *ré-estimation* (ré-apprentissage par l'algorithme de *Baum-Welch*). Ces approches augmentent significativement la précision de la RAP pour les locuteurs non-natifs. L'approche *MLLR* (globale) est moins performante comparée aux approches *MAP* et *ré-estimation*. En revanche, les approches *MAP* et *ré-estimation* dégradent la précision pour les locuteurs anglais.

Nous avons proposé une nouvelle approche pour la modélisation de prononciation non-native. Cette approche utilise deux ensembles de modèles acoustiques afin de modéliser les prononciations des locuteurs non-natifs. Le premier ensemble représente l'accent canonique de la langue cible. Le deuxième ensemble de modèles représente l'accent non-natif. Il peut être issu des modèles acoustiques de la langue maternelle des locuteurs non-natifs, ou encore de modèles acoustiques adaptés à l'accent étranger.

Nous avons choisi de construire automatiquement le modèle de prononciation à l'aide d'un corpus de parole accentuée. A chaque phonème de la langue cible (premier ensemble de modèles acoustiques) sont associées une ou plusieurs prononciations non-native, exprimée chacune par une suite de phonèmes du second ensemble de modèles acoustiques. La représentation d'une prononciation non-native comme une suite de phonèmes permet une meilleure flexibilité de la modélisation de prononciation, notamment dans le cas où il n'existe pas de correspondances directes entre les phonèmes du premier et du deuxième ensemble.

Nous avons proposé une nouvelle approche pour l'utilisation du modèle de prononciation qui consiste à ajouter des chemins HMM alternatifs au modèle acoustique de chaque phonème de la langue cible (premier ensemble de modèles acoustiques). Chacun de ces chemins alternatifs correspond à une prononciation non-native pour le phonème considéré. Ainsi, les modèles acoustiques modifiés contiennent, en parallèle, les modèles acoustiques représentant la prononciation canonique et les modèles acoustiques représentant les prononciations non-natives. Ces modèles modifiés permettront au système de RAP de choisir parmi les différentes prononciations de chaque phonème. Cette approche pour la modification des modèles acoustiques introduit un accroissement linéaire de leur complexité, tout en permettant de prendre en compte toutes les combinaisons de prononciations.

Nous avons évalué notre approche de modélisation de prononciation sur un corpus de parole non-native. Nous avons considéré différents couples d'ensembles de modèles acoustiques. Pour le premier ensemble de modèles, nous avons considéré les modèles canoniques de la langue cible, et les modèles acoustiques de la langue cible adaptés à l'accent étranger par *MLLR*, *MAP* et *ré-*

estimation. Pour le deuxième ensemble de modèles, nous avons considéré les modèles canoniques des langue cible et maternelle, les modèles acoustiques de la langue cible adaptés à l'accent étranger par *MLLR*, *MAP* et *ré-estimation* et les modèles acoustiques de la langue maternelle adaptés à l'accent étranger par *MLLR* et *MAP*. Toutes les combinaisons de modèles acoustiques pour la modélisation de prononciation ont apporté une réduction significative des taux d'erreurs pour les locuteurs non-natifs. D'une manière générale, l'utilisation de la technique *MLLR* a donné les performances les plus faibles, alors que l'utilisation de la technique de *ré-estimation* est la plus performante. Ceci est un résultat prévisible puisque la technique de *ré-estimation* est un apprentissage des modèles acoustiques, alors que la technique *MLLR* n'est qu'une adaptation acoustique. Enfin, en utilisant les modèles acoustiques canoniques de la langue cible comme premier ensemble de modèles, et les modèles acoustiques de la langue cible adaptés à l'accent par *ré-estimation* comme deuxième ensemble de modèles, nous obtenons les meilleures performances.

Nous avons également évalué la robustesse de notre approche de modélisation de prononciation par rapport à la parole canonique de la langue cible. Les tests indiquent que la modélisation de prononciation dégrade les performances pour la parole canonique. En effet, notre approche ajoute des prononciations alternatives à chaque phonème, diminuant ainsi leur précision. Par ailleurs, en utilisant les modèles acoustiques canoniques de la langue cible comme premier ensemble de modèles, et les modèles acoustiques de la langue cible (adaptés ou non à l'accent) comme deuxième ensemble de modèles, la modélisation de prononciation non-native n'introduit pas de dégradation significative des performances.

En résumé pour la modélisation de prononciation, en utilisant les modèles acoustiques canoniques de la langue cible comme premier ensemble de modèles, et les modèles acoustiques de la langue cible adaptés à l'accent par *ré-estimation* comme deuxième ensemble de modèles, nous obtenons les meilleure précision de RAP pour les locuteurs non-natifs et la précision est maintenue pour les locuteurs natifs de la langue cible. En effet, cette combinaison de modèles acoustiques permet de représenter les prononciations canoniques et non-natives de chacun des phonèmes. Lors de la reconnaissance vocale, il est très probable que le système de RAP sélectionne les modèles canoniques pour les locuteurs natifs de la langue cible et sélectionne l'une des prononciations non-natives pour les locuteurs étrangers, et ce pour chaque phonème.

Notre approche de modélisation de prononciation, à l'image de la plupart des approches de RAP non-native, repose sur la connaissance *a priori* de l'origine des locuteurs. Pour s'affranchir de cette contrainte, nous avons exploré la détection de la langue maternelle de locuteurs non-natifs. Nous avons proposé une nouvelle approche basée sur la détection de séquences de phonèmes discriminantes. Elle est basée sur l'analyse automatique des séquences de phonèmes reconnus dans un corpus de parole accentuée. Seules les séquences de phonèmes discriminantes sont retenues pour chacune des origines présentes dans le corpus. Un décideur probabiliste, construit à partir de ces séquences, permet ensuite de classifier l'origine d'un locuteur. Cette approche innovante augmente le taux de classifications correctes comparée à des approches classiques.

La combinaisons de la détection de l'origine avec la modélisation de prononciation non-native dégrade légèrement les performances par rapport à la modélisation de prononciation seule. Ce résultat est dû aux erreurs de détection de la langue maternelle.

Par ailleurs, nous avons étudié la possibilité de prise en compte de plusieurs accents étrangers simultanément. Cela permettrait de s'affranchir de la phase de détection de la langue d'origine. En effet, la détection de la langue d'origine nécessite l'enregistrement de certaines phrases du locuteur à traiter. Dans certaines applications cela n'est pas réalisable. Nous avons proposé d'utiliser les modélisations acoustique et de prononciation dans une perspective *multi-accent*. Il

Conclusions et perspectives

s'agit d'utiliser plusieurs accents dans les phases d'adaptation acoustique à l'accent étranger et d'extraction du modèle de prononciation. La modélisation de prononciation *multi-accent* induit une légère dégradation de performances par rapport à la modélisation de prononciation *mono-accent*. Avec l'approche *multi-accent*, les modèles acoustiques résultants sont adaptés pour la RAP de plusieurs accents simultanément, mais ils sont moins précis que les modèles acoustiques produits par l'approche *mono-accent* pour chacun des accents considérés.

Les évaluations que nous avons entreprises montrent que l'approche de modélisation de prononciation *multi-accent* est également robuste face aux accents inconnus. Une légère dégradation est observée lorsque la parole non-native avec un accent non rencontré au cours du développement se présente.

Notre approche de modélisation de prononciation pour la RAP non-native modifie les modèles acoustiques de la langue cible en y intégrant d'autres modèles acoustiques représentant l'accent étranger. Cette procédure de modification des modèles implique un accroissement linéaire de leur complexité. Ceci a pour conséquences d'augmenter la charge de calcul de probabilités lors de la phase de RAP. A cet égard, nous avons étudié certaines approches visant à accélérer le calcul de probabilités pour les modèles Gaussiens. Nous avons proposé trois nouvelles méthodes pour le calcul rapide de vraisemblance de GMM. La première méthode, basée sur l'approche classique PDE, est une sélection dynamique des Gaussiennes prépondérantes au sein d'un GMM. Cette approche accélère la RAP et maintient la précision des modèles acoustiques. La seconde méthode est une extension de l'approche PDE et se base sur un nouveau critère d'arrêt. Cette approche EPDE permet d'éliminer plus de calculs superflus et augmente ainsi la rapidité de calcul de vraisemblance au détriment d'une dégradation de précision. Enfin, nous avons combiné l'approche EPDE avec la sélection dynamique de Gaussiennes dans le but d'une accélération accrue de la RAP avec une faible dégradation de la précision.

Perspectives

Nous avons évalué notre approche sur les accents français, grecs, italiens et espagnols. Les résultats montrent une réduction significative des taux d'erreurs sur ces accents. Il serait intéressant d'évaluer cette approche sur d'autres accents étrangers, notamment des accents d'origine asiatique, africaine.

D'autre part, nous avons proposé une approche de RAP non-native *multi-accent* qui prend en charge plusieurs accents simultanément. Nous évaluations pour les quatre accents du corpus *HIWIRE* ont montré que cette approche gère correctement ces accents. Toutefois, cette approche *multi-accent* introduit une légère dégradation de la précision par rapport à l'approche *mono-accent*. Il serait intéressant d'évaluer le comportement de cette approche de RAP non-native *multi-accent* en ajoutant plus d'accents étrangers. La dégradation de précision introduite augmenterait-elle avec le nombre d'accents pris en charge ?

Par ailleurs, nos expérimentations ont montré que la précision de l'approche de RAP non-native *multi-accent* chute légèrement lorsqu'un accent inconnu se présente. Il serait également intéressant d'évaluer cette chute de performances en fonction du nombre d'accents pris en compte. L'amplitude de cette dégradation aurait-elle un lien avec les racines des langues d'origine prises en comptes ? Il serait intéressant d'évaluer cette dégradation en rajoutant des accents d'origine germanique, afro-asiatique, chinoise, etc.

D'un autre côté, nos expérimentations ont montré que l'adjonction de contraintes graphémiques dans la modélisation de prononciation n'a pas eu un effet positif sur la précision de la RAP non-native. Nous avons postulé que ce résultat est dû à la faible taille de notre corpus de parole non-native *HIWIRE*.

Nous avons testé notre approche de modélisation de prononciation non-native avec des modèles acoustiques hors-contexte. Une transposition directe de cette approche à des modèles acoustiques contextuels serait inappropriée puisque le nombre de phonèmes serait trop grand pour une modélisation de prononciation fiable. Il serait intéressant de concevoir une approche de modélisation de prononciation appropriée à des modèles acoustiques contextuels et d'évaluer ses performances.

Enfin, notre méthode de modélisation de prononciation a été évaluée en utilisant le corpus *HIWIRE*. Le lexique de ce dernier est un vocabulaire limité composé de 134 mots, et la grammaire est une grammaire de commande déterministe. Une perspective intéressante serait de considérer les applications de RAP non-native avec un grand vocabulaire et une grammaire statistique de type *n-gram*. Une approche de RAP non native pour ce type d'applications devrait être applicable à des modèles acoustiques contextuels et nécessiterait un corpus de développement plus large que *HIWIRE*. Par ailleurs, une telle approche devrait inclure une adaptation du modèle de language afin de tenir compte des erreurs grammaticales que commettrait les locuteurs non-natifs.

Annexe A
Listes de publications

Journaux

[Cai et al., 2008] Cai, J., Bouselmi, G., Laprie, Y., and Haton, J.-P. (2008). Efficient likelihood evaluation and dynamic gaussian selection for hmm-based speech recognition. *Computer Speech and Language - CSL*.

Conférences internationales

[Bouselmi and Cai, 2008] Bouselmi, G. and Cai, J. (2008). Extended partial distance elimination and dynamic gaussian selection for fast likelihood computation. In *Interspeech'2008/Eurospeech*, Brisbane, Australie.

[Bouselmi et al., 2008] Bouselmi, G., Fohr, D., and Illina, I. (2008). Multi-accent and accent-independent non-native speech recognition. In *Interspeech'2008/Eurospeech*, Brisbane, Australie.

[Cai and Bouselmi, 2008] Cai, J. and Bouselmi, G. (2008). Dynamic gaussian selection technique for speeding up hmm-based continuous speech recognition. In *Proc. of the IEEE Int. Conf. on Acoustic, Speech and Signal Processing*.

[Bouselmi et al., 2007a] Bouselmi, G., Fohr, D., and Illina, I. (2007a). Combined acoustic and pronunciation modelling for non-native speech recognition. In *Proc. of Interspeech'07*, pages 1449–1452, Antwerp, Belgium.

[Bouselmi et al., 2007b] Bouselmi, G., Fohr, D., Illina, I., and Haton, J.-P. (2007b). Discriminative phoneme sequences extraction for non-native speaker's origin classification. In *Proc. of the 9th International Symposium on Signal Processing and it's Applications ISSPA'07*, Sharjah, EAU.

[Bouselmi et al., 2006a] Bouselmi, G., Fohr, D., Illina, I., and Haton, J.-P. (2006a). Fully automated non-native speech recognition using confusion-based acoustic model integration and graphemic constraints. In *Proc. of the IEEE Int. Conf. on Acoustic, Speech and Signal Processing*, pages 345–348, Toulouse, France.

[Bouselmi et al., 2006b] Bouselmi, G., Fohr, D., Illina, I., and Haton, J.-P. (2006b). Multilingual non-native speech recognition using phonetic confusion-based acoustic model modification and graphemic constraints. In *Proc. of the Int. Conf. on Spoken Language Processing*, pages 109–112, Pittsburgh PA, USA.

[Bouselmi et al., 2005] Bouselmi, G., Fohr, D., Illina, I., and Haton, J.-P. (2005). Fully automated non-native speech recognition using confusion-based acoustic model integration.

Annexe A. Listes de publications

In *Proc. Eurospeech/Interspeech*, Lisboa.

Conférences nationales

[Bouselmi et al., 2006c] Bouselmi, G., Fohr, D., Illina, I., and Haton, J.-P. (2006c). Reconnaissance de parole non native fondée sur l'utilisation de confusion phonétique et de contraintes graphèmiques. In *XXVIes Journées d'Etude sur la Parole - JEP'06*, Saint-Malo, France.

[Bouselmi et al., 2007c] Bouselmi, G., Fohr, D., Illina, I., and Haton, J.-P. (2007c). Détection de la langue maternelle de locuteurs non natifs fondée sur l'extraction de séquences discriminantes de phonèmes. In *Proc. of Traitement et Analyse de l'Information : Méthodes et Applications - TAIMA'07*, Hammamet, Tunisie.

Workshops

[Potamianos et al., 2006] Potamianos, A., Bouselmi, G., Dimitriadis, D., Fohr, D., Gemello, R., Illina, I., Mana, F., Maragos, P., Matassoni, M., Pitsikalis, V., Ramirez, J., Sanchez-Soto, E., Segura, J., and Svaizer., P. (2006). Towards speaker and environmental robustness in asr : The hiwire project. In *SRIV'06 ITRW on Speech Recognition and Intrinsic Variation*, France.

Annexe B

Exemple de règles de confusions phonétiques

Dans cet annexe, nous allons présenter quelques ensembles de règles de confusions phonétiques pour le système "T-N". La modélisation de prononciation pour le système "T-N" utilise :
- les modèles acoustiques canoniques de la langue anglaise : "T".
- les modèles acoustiques canoniques de la langue maternelle des locuteurs de test : "N".

B.1 Cas du français comme langue maternelle

Les locuteurs de test sont d'origine française, et les modèles acoustiques "N" sont les modèles acoustiques canoniques de la langue française.

Règle de confusion	probabilité
[ɑ] → [a]	1.00
[æ] → [a]	0.59
[æ] → [ĩ]	0.41
[ə] → [a]	0.43
[ə] → [ĩ]	0.57
[ɔː] → [ɔ]	0.48
[ɔː] → [ã]	0.52
[aɪ] → [a] [ɛ]	0.58
[aɪ] → [ĩ]	0.42
[b] → [b]	1.00
[tʃ] → [ʃ]	0.39
[tʃ] → [t] [ʃ]	0.61
[d] → [d]	1.00
[ð] → [v]	0.42
[ð] → [z]	0.58
[ɛ] → [ɛ]	1.00
[ɚ] → [a]	0.44
[ɚ] → [ĩ]	0.56
[eɪ] → [ɛ]	0.42
[eɪ] → [ɛ]	0.58

129

Annexe B. Exemple de règles de confusions phonétiques

[f]	→	[f]	1.00
[g]	→	[k]	0.36
[g]	→	[g]	0.64
[h]	→	[r]	1.00
[ɪ]	→	[ɛ]	0.48
[ɪ]	→	[i]	0.52
[iː]	→	[i]	1.00
[dʒ]	→	[ʒ]	1.00
[k]	→	[k]	1.00
[l]	→	[l]	1.00
[m]	→	[m]	1.00
[n]	→	[n]	1.00
[ŋ]	→	[n]	1.00
[oʊ]	→	[o]	1.00
[p]	→	[p]	1.00
[r]	→	[j]	0.50
[r]	→	[l]	0.50
[s]	→	[s]	1.00
[ʃ]	→	[ʃ]	1.00
[t]	→	[t]	1.00
[θ]	→	[s]	0.46
[θ]	→	[f]	0.54
[uː]	→	[u]	1.00
[v]	→	[v]	1.00
[w]	→	[w]	1.00
[j]	→	[j]	1.00
[z]	→	[z]	1.00

B.2 Cas du grec comme langue maternelle

Les locuteurs de test sont d'origine greque, et les modèles acoustiques "N" sont les modèles acoustiques canoniques de la langue greque.

Règle de confusion			probabilité
[ɑ]	→	[ɑ]	0.41
[ɑ]	→	[o]	0.59
[æ]	→	[ɑ]	1.00
[ə]	→	[ɛ]	0.34
[ə]	→	[ɑ]	0.66
[ɔː]	→	[o]	1.00
[aɪ]	→	[ɑ] [i]	0.43
[aɪ]	→	[ɑ] [ɛ]	0.57
[b]	→	[b]	1.00
[tʃ]	→	[t]	0.47
[tʃ]	→	[t] [s]	0.53
[d]	→	[d]	1.00

[ð]	→	[ð]	1.00
[ɛ]	→	[ɛ]	1.00
[ɚ]	→	[ɛ]	0.47
[ɚ]	→	[r]	0.53
[eɪ]	→	[ɛ] [i]	1.00
[f]	→	[f]	1.00
[g]	→	[g]	1.00
[h]	→	[x]	1.00
[ɪ]	→	[i]	1.00
[iː]	→	[i]	1.00
[dʒ]	→	[s]	1.00
[k]	→	[k]	1.00
[l]	→	[l]	1.00
[m]	→	[m]	1.00
[n]	→	[n]	1.00
[ŋ]	→	[n]	1.00
[oʊ]	→	[o]	1.00
[p]	→	[p]	1.00
[r]	→	[r]	1.00
[s]	→	[s]	1.00
[ʃ]	→	[s] [ɕ]	0.48
[ʃ]	→	[s]	0.52
[t]	→	[t]	1.00
[θ]	→	[θ]	1.00
[uː]	→	[u]	1.00
[v]	→	[v]	1.00
[w]	→	[u]	1.00
[j]	→	[j]	1.00
[z]	→	[z]	1.00

B.3 Cas de l'italien comme langue maternelle

Les locuteurs de test sont d'origine italienne, et les modèles acoustiques "N" sont les modèles acoustiques canoniques de la langue italienne.

Règle de confusion			probabilité
[ɑ]	→	[a]	0.48
[ɑ]	→	[o]	0.52
[æ]	→	[e]	0.34
[æ]	→	[a]	0.66
[ə]	→	[a]	1.00
[ɔː]	→	[o]	1.00
[aɪ]	→	[a] [e]	0.42
[aɪ]	→	[a] [i]	0.58
[b]	→	[v]	0.41
[b]	→	[b]	0.59

Annexe B. Exemple de règles de confusions phonétiques

[tʃ] → [tʃ]		1.00
[d] → [d]		1.00
[ð] → [d]		1.00
[ɛ] → [e]		1.00
[ɚ] → [o]		0.45
[ɚ] → [a]		0.55
[eɪ] → [e]		0.38
[eɪ] → [e] [i]		0.62
[f] → [f]		1.00
[g] → [g]		1.00
[ɪ] → [i]		1.00
[i:] → [i]		1.00
[dʒ] → [dʒ]		1.00
[k] → [k]		1.00
[l] → [l]		1.00
[m] → [m]		1.00
[n] → [n]		1.00
[ŋ] → [n]		1.00
[oʊ] → [o]		1.00
[p] → [p]		1.00
[r] → [r]		1.00
[s] → [s]		1.00
[ʃ] → [ʃ]		1.00
[t] → [t]		1.00
[θ] → [t]		0.40
[θ] → [f]		0.60
[u:] → [u]		1.00
[v] → [v]		1.00
[w] → [w]		0.48
[w] → [u]		0.52
[j] → [i]		1.00
[z] → [z]		0.49
[z] → [s]		0.51

B.4 Cas de l'espagnol comme langue maternelle

Les locuteurs de test sont d'origine espagnole, et les modèles acoustiques "N" sont les modèles acoustiques canoniques de la langue espagnole.

Règle de confusion	probabilité
[ɑ] → [a]	0.49
[ɑ] → [o]	0.51
[æ] → [a]	1.00
[ə] → [a]	1.00
[ɔ:] → [o]	1.00

B.4. Cas de l'espagnol comme langue maternelle

[aɪ]	→	[a] [e]	0.47
[aɪ]	→	[a] [i]	0.53
[tʃ]	→	[tʃ]	1.00
[d]	→	[t]	0.40
[d]	→	[d]	0.60
[ð]	→	[v]	1.00
[ɛ]	→	[e]	1.00
[ɚ]	→	[e]	0.39
[ɚ]	→	[a]	0.61
[eɪ]	→	[e] [i]	1.00
[f]	→	[f]	0.34
[f]	→	[θ]	0.66
[ɪ]	→	[i]	1.00
[iː]	→	[i]	1.00
[dʒ]	→	[tʃ]	0.49
[dʒ]	→	[s]	0.51
[k]	→	[k]	1.00
[l]	→	[l]	1.00
[m]	→	[m]	1.00
[n]	→	[n]	1.00
[oʊ]	→	[o]	1.00
[p]	→	[p]	1.00
[r]	→	[r]	1.00
[s]	→	[s]	1.00
[t]	→	[t]	1.00
[θ]	→	[θ]	1.00
[uː]	→	[u]	1.00
[v]	→	[v]	0.41
[v]	→	[b]	0.59
[w]	→	[w]	1.00
[z]	→	[s]	1.00

Annexe B. Exemple de règles de confusions phonétiques

Bibliographie

[Amdal et al., 2000] Amdal, I., Korkmazskiy, F., and Surendran, A. C. (2000). Data-driven pronunciation modelling for non-native speakers using association strength between phones. In *ASR2000*, Paris, France.

[Atal and Hanauer, 1971] Atal, B. S. and Hanauer, S. L. (1971). Speech analysis and synthesis by linear prediction of the speech wave. *The Journal of the Acoustical Society of America*, 50(2) :637–655.

[Bacchiani and Roark, 2003] Bacchiani, M. and Roark, B. (2003). Unsupervised language model adaptation. In *Proc. of the IEEE Int. Conf. on Acoustic, Speech and Signal Processing*, pages 224–227, Hong-Kong.

[Bacchiani et al., 2004] Bacchiani, M., Roark, B., and Saraçlar, M. (2004). Language model adaptation with map estimation and the perceptron algorithm. In *Human Language Technology Conference - North American Chapter of the Association for Computational Linguistics Aannual Meeting (HLT-NAACL)*, pages 21–24.

[Bartkova and Jouvet, 2004] Bartkova, K. and Jouvet, D. (2004). Multiple models for improved speech recognition for non-native speakers. In *Proceedings SPECOM'2004, 9-th International Conference on Speech and Computer*, St Petersburg, Russia.

[Bartkova and Jouvet, 2006] Bartkova, K. and Jouvet, D. (2006). Using multilingual units for improved modeling of pronunciation variants. In *Proc. of the IEEE Int. Conf. on Acoustic, Speech and Signal Processing*, pages 1037–1040, Toulouse, France.

[Baum, 1972] Baum, L. E. (1972). An inequality and associated maximization technique in statistical estimation for probabilistic functions of markov processes. In *Inequatilities*, volume 3, pages 1–8.

[Bei and Gray, 1985] Bei, C.-D. and Gray, R. M. (1985). An improvement of the minimum distortion encoding algorithm for vector quantization. In *IEEE Transactions on Communications*, volume 33(10), pages 1132–1133.

[Bellagarda, 2001] Bellagarda, L. (2001). An overview of statistical language model adaptation. In *Proceedings of the ISCA Tutorial and Research Workshop (ITRW) on Adaptation Methods for Speech Recognition*, pages 165–174.

[Bocchieri, 1993] Bocchieri, E. (1993). Vector quantization for the efficient computation of continuous density likelihood. In *Proc. of ICASSP'93*, volume 2, pages 692–695.

[Bouselmi and Cai, 2008] Bouselmi, G. and Cai, J. (2008). Extended partial distance elimination and dynamic gaussian selection for fast likelihood computation. In *Interspeech'2008/Eurospeech*, Brisbane, Australie.

[Bouselmi et al., 2007a] Bouselmi, G., Fohr, D., and Illina, I. (2007a). Combined acoustic and pronunciation modelling for non-native speech recognition. In *Proc. of Interspeech'07*, pages 1449–1452, Antwerp, Belgium.

Bibliographie

[Bouselmi et al., 2008] Bouselmi, G., Fohr, D., and Illina, I. (2008). Multi-accent and accent-independent non-native speech recognition. In *Interspeech'2008/Eurospeech*, Brisbane, Australie.

[Bouselmi et al., 2005] Bouselmi, G., Fohr, D., Illina, I., and Haton, J.-P. (2005). Fully automated non-native speech recognition using confusion-based acoustic model integration. In *Proc. Eurospeech/Interspeech*, Lisboa.

[Bouselmi et al., 2006a] Bouselmi, G., Fohr, D., Illina, I., and Haton, J.-P. (2006a). Fully automated non-native speech recognition using confusion-based acoustic model integration and graphemic constraints. In *Proc. of the IEEE Int. Conf. on Acoustic, Speech and Signal Processing*, pages 345–348, Toulouse, France.

[Bouselmi et al., 2006b] Bouselmi, G., Fohr, D., Illina, I., and Haton, J.-P. (2006b). Multilingual non-native speech recognition using phonetic confusion-based acoustic model modification and graphemic constraints. In *Proc. of the Int. Conf. on Spoken Language Processing*, pages 109–112, Pittsburgh PA, USA.

[Bouselmi et al., 2006c] Bouselmi, G., Fohr, D., Illina, I., and Haton, J.-P. (2006c). Reconnaissance de parole non native fondée sur l'utilisation de confusion phonétique et de contraintes graphèmiques. In *XXVIes Journées d'Etude sur la Parole - JEP'06*, Saint-Malo, France.

[Bouselmi et al., 2007b] Bouselmi, G., Fohr, D., Illina, I., and Haton, J.-P. (2007b). Discriminative phoneme sequences extraction for non-native speaker's origin classification. In *Proc. of the 9th International Symposium on Signal Processing and it's Applications ISSPA'07*, Sharjah, EAU.

[Bouselmi et al., 2007c] Bouselmi, G., Fohr, D., Illina, I., and Haton, J.-P. (2007c). Détection de la langue maternelle de locuteurs non natifs fondée sur l'extraction de séquences discriminantes de phonèmes. In *Proc. of Traitement et Analyse de l'Information : Méthodes et Applications - TAIMA'07*, Hammamet, Tunisie.

[Bracewell, 1999] Bracewell, R. N. (1999). *The Fourier Transform and Its Applications.* McGraw-Hill Science/Engineering/Math, Boston, 3 edition.

[Cai and Bouselmi, 2008] Cai, J. and Bouselmi, G. (2008). Dynamic gaussian selection technique for speeding up hmm-based continuous speech recognition. In *Proc. of the IEEE Int. Conf. on Acoustic, Speech and Signal Processing*.

[Cai et al., 2008] Cai, J., Bouselmi, G., Laprie, Y., and Haton, J.-P. (2008). Efficient likelihood evaluation and dynamic gaussian selection for hmm-based speech recognition. *Computer Speech and Language - CSL*.

[Clarke and Jurafsky, 2006] Clarke, C. and Jurafsky, D. (2006). Limitations of mllr adaptation with spanish-accented english : An error analysis. In *Proc. of the Int. Conf. on Spoken Language Processing*, pages 1117–1120, Pittsburgh PA, USA.

[CMU,] CMU. The cmu english pronunciation dictionary v.0.6d, carnegie mellon university. In *http ://www.speech.cs.cmu.edu/*.

[Compernolle, 2001] Compernolle, D. V. (2001). Recognizing speech of goats, wolves, sheep and ... non-natives. *Speech Communication*, 35(1–2) :71–79.

[Davis et al., 1952] Davis, K. H., Biddulph, R., and Balashek, S. (1952). Automatic recognition of spoken digits. *The Journal of the Acoustical Society of America*, 24(6) :637–642.

[Dudley et al., 1939] Dudley, H., Riesz, R. R., and Watkins, S. S. A. (1939). A synthetic speaker. *The Bell System Technical Journal*, 227 :739–764.

[Dudley and Tarnoczy, 1950] Dudley, H. and Tarnoczy, T. H. (1950). The speaking machine of wolfgang von kempelen. *The Journal of the Acoustical Society of America*, 22(2) :151–166.

[Fletcher, 1922] Fletcher, H. (1922). The nature of speech and its interpretations. *The Bell System Technical Journal*, 1 :129–144.

[Fritsch and Rogina, 1996] Fritsch, J. and Rogina, I. (1996). The bucket box intersection (bbi) algorithm for fast approximation evaluation of diagonal mixture gaussians. In *Proc. of ICASSP'96*, volume 2, pages 837–840.

[Gales, 1998] Gales, M. J. F. (1998). Maximum likelihood linear transformations for hmm-based speech recognition. *Computer Speech and Language*, 12.

[Gales et al., 1999] Gales, M. J. F., Knill, K. M., and Young, S. J. (1999). State-based gaussian selection in large vocabulary continuous speech recognition using hmm's. In *IEEE Trans. on Speech and Audio Processing*, volume 7(2), pages 152–161.

[Gales and Woodl, 1996] Gales, M. J. F. and Woodl, P. C. (1996). Mean and variance adaptation within the mllr framework. *Computer Speech and Language*, 10.

[Gao et al., 2006] Gao, J., Suzuki, H., and Yuan, W. (2006). An empirical study on language model adaptation. In *ACM Transactions on Asian Language Information Processing (TALIP)*, volume 5(3), pages 209–227.

[Giraud et al., 2007] Giraud, A.-L., Kleinschmidt, A., Poeppel, D., Lund, T. E., Frackowiak, R. S. J., and Laufs, H. (2007). Endogenous cortical rhythms determine cerebral specialization for speech perception and production. In *Neuron*, volume 56, pages 1127–1134.

[HIWIRE, 2004] HIWIRE (2004). The hiwire project. In *http ://www.hiwire.org/*.

[Itakura and Saito, 1970] Itakura, F. and Saito, S. (1970). A statistical method for estimation of speech spectral density and formant frequencies. In *Electronics and Communications in Japan*, volume 53A, pages 36–43.

[Jeffers and Lehiste, 1979] Jeffers, R. J. and Lehiste, I. (1979). *Principles and Methods for Historical Linguistics*. MIT press.

[Jelinek et al., 1975] Jelinek, F., Bahl, L. R., and Mercer, R. L. (1975). Design of a linguistic statistical decoder for the recognition of continuous speech. In *IEEE Trans. on Information Theory*, volume 21, pages 250–256.

[Juang, 1985] Juang, G. H. (1985). Maximum likelihood estimation for multivariate stochastic observations of markov chains. *AT&T Tech. Journal*, 64(6) :1235–1249.

[Juang et al., 1986] Juang, G. H., Levinson, S. E., and Sondhi, M. M. (1986). Maximum likelihood estimation for multivariate mixture observations of markov chains. In *IEEE Trans. on Information Theory*, volume 32, pages 307–309.

[Kratzenstein, 1782] Kratzenstein, C. G. (1782). Sur la formation et la naissance des voyelles. *Journal de Physique*, 21 :358–380.

[Ladefoged and Maddieson, 1996] Ladefoged, P. and Maddieson, I. (1996). *The Sounds of the World's Languages*. Blackwell Publishers.

[Lee and Gauvain, 1993] Lee, C.-H. and Gauvain, J.-L. (1993). Speaker adaptation based on map estimation of hmm parameters. In *IEEE International Conference on Acoustics, Speech, and Signal Processing, ICASSP*, volume 2, pages 558–561.

[Lippmann, 1990] Lippmann, R. P. (1990). Review of neural networks for speech recognition. *Readings in Speech Recognition*, 5 :374–392.

[Liu and Fung, 2000] Liu, W. K. and Fung, P. (2000). Mllr-based accent model adaptation without accented data. In *Proc. of the Int. Conf. on Spoken Language Processing*.

[Livescu and Glass, 2000] Livescu, K. and Glass, J. (2000). Lexical modeling of non-native speech for automatic speech recognition. In *Proc. of the IEEE Int. Conf. on Acoustic, Speech and Signal Processing*, Istanbul, Turkey.

[Martin et al., 1964] Martin, T. B., Nelson, A. L., and Zadell, H. J. (1964). Speech recognition by feature abstraction techniques. In *Tech. Report AL-TDR-64-176, Air FOrce Avionics Lab*.

[McCullough and Pitts, 1943] McCullough, W. S. and Pitts, W. H. (1943). A logical calculus of ideas immanent in nervous activity. In *Bull Math Biophysics*, volume 5, pages 115–133.

[Morgan, 2004] Morgan, J. (2004). Making a speech recognizer tolerate non-native speech through gaussian mixture merging. In *Proc. of InSTIL/ICALL*, Venice, Italy.

[Oh et al., 2006] Oh, Y. R., Yoon, J. S., and Kim, H. K. (2006). Acoustic model adaptation based on pronunciation variability analysis for non-native speech recognition. In *Proc. of the IEEE Int. Conf. on Acoustic, Speech and Signal Processing*, pages 137–140, Toulouse, France.

[Pellom et al., 2001] Pellom, B. L., Sarikaya, R., and Hansen, J. H. L. (2001). Fast likelihood computation techniques in nearest-neighbor based search for continuous speech recognition. In *IEEE Signal Processing Letters*, volume 8, pages 221–224.

[Potamianos et al., 2006] Potamianos, A., Bouselmi, G., Dimitriadis, D., Fohr, D., Gemello, R., Illina, I., Mana, F., Maragos, P., Matassoni, M., Pitsikalis, V., Ramirez, J., Sanchez-Soto, E., Segura, J., and Svaizer., P. (2006). Towards speaker and environmental robustness in asr : The hiwire project. In *SRIV'06 ITRW on Speech Recognition and Intrinsic Variation*, France.

[Schaden, 2003] Schaden, S. (2003). Generating non-native pronunciation lexicons by phonological rules. In *15th International Congress of Phonetic Sciences*, Barcelona, Spain.

[Schultz and Waibel, 1998] Schultz, T. and Waibel, A. (1998). Language independent and language adaptive large vocabulary speech secognition. In *Proc. of the Int. Conf. on Spoken Language Processing*, Sydney.

[Segura et al., 2007] Segura, J., Ehrette, T., Potamianos, A., Fohr, D., Illina, I., Breton, P.-A., Clot, V., Gemello, R., Matassoni, M., and Maragos., P. (2007). The hiwire database, a noisy and non-native english speech corpus for cockpit communication. In *http ://www.hiwire.org/*.

[Thomas et al., 2002] Thomas, R., Moore, R. F., and Wheeler, P. A. (2002). *The Science of Sound*. Addison Wesley, San Francisco, 3 edition.

[Tomokiyo and Waibel, 2001] Tomokiyo, M. and Waibel, A. (2001). Adaptation methods for non-native speech. In *Multilinguality in Spoken Language Processing*, Aalborg, Denmark.

[Vintsyuk, 1968] Vintsyuk, T. K. (1968). Speech discrimination by dynamic programming. In *Kibernetika*, volume 4(2), pages 81–88.

[Viterbi, 1971] Viterbi, A. J. (1971). Error bounds for convolutional codes and asymptotically optimal decoding algorithm. In *IEEE Trans. on Information Theory*, volume 13, pages 260–269.

[Wang et al., 2003] Wang, Z., Schultz, T., and Waibel, A. (2003). Comparison of acoustic model adaptation techniques on non-native speech. In *Proc. of the IEEE Int. Conf. on Acoustic, Speech and Signal Processing*, pages 540–543, Hong-Kong.

[Witt and Young, 1999] Witt, S. and Young, S. (1999). Offline acoustic modelling of non-native accents. In *Proc. Eurospeech/Interspeech*.

Oui, je veux morebooks!

i want morebooks!

Buy your books fast and straightforward online - at one of world's fastest growing online book stores! Environmentally sound due to Print-on-Demand technologies.

Buy your books online at
www.get-morebooks.com

Achetez vos livres en ligne, vite et bien, sur l'une des librairies en ligne les plus performantes au monde!
En protégeant nos ressources et notre environnement grâce à l'impression à la demande.

La librairie en ligne pour acheter plus vite
www.morebooks.fr

 VDM Verlagsservice-
gesellschaft mbH

VDM Verlagsservicegesellschaft mbH
Heinrich-Böcking-Str. 6-8   Telefon: +49 681 3720 174   info@vdm-vsg.de
D - 66121 Saarbrücken   Telefax: +49 681 3720 1749   www.vdm-vsg.de

Printed by Books on Demand GmbH, Norderstedt / Germany